求索创新教育，筑梦共赢未来

清华学堂人才培养计划
钱学森力学班十周年纪念文集

郑泉水　何　枫　主编

清华大学出版社
北京

U0368081

图书在版编目(CIP)数据

求索创新教育，筑梦共赢未来：清华学堂人才培养计划钱学森力学班十周年纪念文集 / 郑泉水，何枫主编.—北京：清华大学出版社，2019（2022.6重印）

ISBN 978-7-302-53509-6

Ⅰ.①求… Ⅱ.①郑… ②何… Ⅲ.①清华大学－人才培养－纪念文集 Ⅳ.①G649.281-53

中国版本图书馆 CIP 数据核字(2019)第 180094 号

责任编辑：佟丽霞
封面设计：傅瑞学
责任校对：王淑云
责任印制：宋　林

出版发行：清华大学出版社
　　　　网　　　址：http://www.tup.com.cn, http://www.wqbook.com
　　　　地　　　址：北京清华大学学研大厦 A 座　　邮　　编：100084
　　　　社 总 机：010-83470000　　　　邮　　购：010-62786544
　　　　投稿与读者服务：010-62776969, c-service@tup.tsinghua.edu.cn
　　　　质 量 反 馈：010-62772015, zhiliang@tup.tsinghua.edu.cn
印 装 者：三河市君旺印务有限公司
经　　销：全国新华书店
开　　本：185mm×260mm　　印　　张：20.5　　字　　数：460 千字
版　　次：2019 年 10 月第 1 版　　印　　次：2022 年 6 月第 3 次印刷
定　　价：149.00 元

产品编号：085342-01

序

十年寻心，任重道远

郑泉水

初具特色

清华学堂人才培养计划钱学森力学班（简称"钱学森班"）创建十周年了！要给十岁的钱学森班画一张像，其显著的特色是什么呢？我总结为如下四条：

大工科、少学时、高强度；

开放、交叉、重综合素养；

通过研究去学习和定方向；

学生动力强、老师参与高。

（1）大工科、少学时、高强度：这是许多人对钱学森班的第一印象（除了学生入班的门槛高外）。这个特征虽常见于欧美，但在中国较为稀缺。钱学森班遵循钱老的技术科学和通识教育思想，定位于工科基础。钱学森班并非是传统概念下的大学力学专业，而是既有钱老本人力学出身的因素，更因力学特有的、同时具备的"量化"和"创新"两大"基因"，是创新工科的天然基础。钱学森班的工科，一定含义上甚至比美国大学工学院的工科还要"大"，因为钱学森班毕业生的去向，除了几乎覆盖所有的工科，还有数学、物理、生物、管理等。与"大"对照的是，钱学森班的总学分要求却比清华每一个具体的工科专业所要求的都"少"很多。但每一门核心课程的挑战度都很大，多要求1∶3的课内课外投入时间比。此外，钱学森班引导和鼓励每一位学生自主学习，因人而异地追求独到的精深，体现钱学森班学生T型知识能力结构中的竖。

（2）开放、交叉、重综合素养：对钱学森班有一定了解后，很容易就会注意到这个特质。与传统的院系教学有很大不同，钱学森班采用首席教授负责的项目组管理制度，是清华大学一个独特的人才培养特区；同时又非常地开放，如它行政上挂靠清华大学航天航空学院，业务上受"清华学堂人才培养计划"指导，运行上依托"微纳米力学与多学科交叉研究中心"（Center for Nano and Micro Mechanics，CNMM），并与学校内其他十余个院系和研究中心建立了合作关系。除了有来自全世界不同学科的数十位研究员组成的CNMM外，航院本身的教师也具有相当的多学科背景，因此，钱学森班具有强烈的学科交叉特征。例如，负责钱学森班项目的 9 位核心老师具有的学科背景分别是：力学与多学科交叉（郑泉水）、工科基础（刚体力学李俊峰、固体力学陈常青、流体力学何枫、热力学陈民和任建勋）、数学和人文素质（白峰杉）、生物物理学与创新教育（徐芦平）、心理和教育学（孙沛）。钱学森班作为全校的首个本科荣誉学位试点，其 18 门荣誉学位核心课的 1/3 是综合素养；通过创建"今日与未来"、X-ideas 等系列，特别注意同学们视野和知识面的拓广、格局和美感的构建、交流与领导力能力的提升等，以实现 T 型知识能力结构中的横。

（3）通过研究去学习和定方向：钱学森班从实施小班授课、强调课程挑战度、倡导提问开始，逐渐发展形成一套完整的以"通过研究学习"为牵引的培养体系，即 CRC（course-research-community）体系。主干由大一和大二的交叉创新挑战性问题（X-ideas）和多轮学生研究训练（student research training，SRT），大三的一整年的开放性创新挑战研究（open research for innovation challenge，ORIC），以及大四的在全球顶尖高校和企业半年实践的高年级学生研究员（senior undergraduate research fellowship，SURF）所组成。通过研究学习指的是通过对未知的探究，来实现精深学习的目的，是最具挑战性的精深学习方法。越来越多的实践案例表明，CRC 也许是创新型人才培养最有效率的培养模式（或至少是之一），实现了下文将细述的四大收获：学生发现内心、知识自主构建、优秀师生互认、抓住重大机遇。

（4）学生动力强、老师参与高：得益于钱学森班 CRC 平台和多维评价体系"MOGWL"的建立，在项目组和导师们的引导帮助下，多数钱学森班学生在较短的时间内，就较明确了相对长期的发展方向，从而内生动力很足，敢于挑战困难的问题，并长期坚持。钱学森班除了有项目组老师的高强度参与，还有上百位来自清华和世界各地的优秀教授、专家、企业家和管理者等组成的教师组和导师团。这源于大家对钱学森班理念和实践的认同，得益于钱学森班通过"志同道合"聚人和靠口碑扩大和发展的战略。在钱学森班，学生是自发自愿的"小白鼠"，是钱学森班模式创新与发展的主力军，是钱学森班招生的"明星广告"；高年级带低年级，实现"朋辈学习"；毕业生们组建了班友会，帮助学弟学妹们发展；学生家长们则成为帮助钱学森班全面发展的不计报酬的忠实志愿者。

归结起来，遵循清华大学"自强不息、厚德载物"校训，钱学森班逐渐形成了"不断追求卓越、持续激励他人"的班级文化。

钱学森班的上述特色、追求和文化，使得它成为清华大学吸纳优秀新生的一块金字招牌和推荐毕业生广泛去向的一张闪光名片。例如：2018 年钱学森班冬令营吸引了两千余位各省竞赛一等奖及以上的学生报名；钱学森班毕业生广受清华大学、麻省理工学院、华为技术有限公司等顶尖大学和企业的欢迎。

点-线-面-体

这些特色是如何形成的呢？其形成的内在逻辑又是什么呢？我想从点、线、面、体逐级升维的角度，来概括一下我对钱学森班十年和未来发展演化的认识和展望。

首先要追溯到钱学森班的初心和使命。

钱学森班的使命是：发掘和培养有志于通过技术改变世界、造福人类的创新型人才，探索回答"钱学森之问"。

这不仅是清华大学赋予的使命，更是国家赋予的使命。2009年，钱学森班与数学、物理和计算机科学实验班一起，成为"清华学堂人才培养计划"首批四个实验班；2010年，钱学森班成为国家"基础学科拔尖学生培养试验计划"唯一的工科基础实验班。

点：引导和帮助学生寻找内在激情

爱因斯坦说："如果一个想法最初听起来并不荒谬，那就不要对它寄予太大希望。"

十年间，钱学森班始终坚持三条核心理念。第一，是核心中的核心，即引导和帮助学生寻找到发自内心的远大志向或梦想，鼓励他们全力以赴去追求；第二，帮助学生找到方向对口并且乐于提供帮助的优秀导师；第三，开放多元化的资源整合，我们需要的不仅是清华的老师，且希望有更多国内外的老师和社会资源的加入。以上理念，我们简称为："学生为主、师生互赢、开放资源"。[①]

上述两段有什么关系呢？为什么把"寻找内心"放到了核心的位置？

首先，伟大的创新，几乎无一例外需要打破常规的开拓精神、"十年磨一剑"（或"一万小时天才理论"[②]）的长期艰苦的努力、心无旁骛的专注、屡败屡战的坚持。如果不心怀巨大的梦想，不具备强大的内心，是无法做到的。

其次，当下随处可见追求短期目标的人，即便是来到清华的天之骄子，也有相当的比例，在很长一段时间，甚至直到博士毕业，还一直迷茫。为什么会是这样呢？除现有的应试教育一直在强化短期目标外，学生面对清华大学80多个专业，能够选中自己内心兴趣激情所在并愿意为之付出的方向，很可能是个小概率事件。我询问过很多家长，他们告诉我，"不知道孩子真心想做什么。"我们发现，有清晰目标的学生快乐地、自发自愿地踏实苦干，内心迷茫的学生痛苦地、不情不愿地被动接受着不知为何的"学习"。毫无疑问，内生动力是决定人生成功和幸福的第一要素。

但是，要让钱学森班的大多数，甚至每一位学生找到各自的"心"，真的很难。犹太人、著名投资家沃伦·巴菲特说过："父母唯一应为孩子做的就是找到孩子的热情所在，并鼓励他全力以赴地去追求、发挥得淋漓尽致。"但是，"找出热情所在是一个既辛苦又玄奥的过程"。

归结起来，钱学森班十年一以贯之遵循的"第一性原理"，就两个，即"passion"（内心激情、酷爱）和"一万小时天才理论"；而前者又是后者得以实现的基础，因此passion是钱学森班十年建设与发展的"原点"。

线：构建了通过研究学习为牵引的创新型人才培养体系

为了引导和帮助每一位学生寻得自己的志趣所在，钱学森班不断地进行着尝试和迭代（如每年都要举行深入的专题研讨会），取得了长足的进步。现在回头看，有三方面的安排、

---

① 郑泉水（2012）：开放式创新人才培养（未加出处的，都可参见本文集第3章，后同）。

② 郑泉水（2015）：谈谈精深学习；丹尼尔·科伊尔（2010）：一万小时天才理论，中国人民大学出版社。

做法和努力至关重要：

首先，清华学堂人才培养计划有 6 个实验班，每个班都由真心热爱教育的著名学者担任全面负责的首席教授，给予了相当大的"特区"政策和首席自决权[①]。这使得具有长周期特征的创新人才教育规律的探索，有了对"试错"的宽容和理念的一以贯之。

其次，钱学森班定位于工科基础[②]，而不是具体的专业，这是钱学森班从创办伊始就十分明确的基础性安排，这得益于创办时陈希、顾秉林、袁驷等校领导的远见，得益于黄克智、余寿文、过增元等先生和我本人的坚持，得益于郑哲敏、王永志、杨卫、J.R. Hutchinson、R. Abeyaratne、姚期智、高华健、N.-C. Yeh、胡海岩、谢维和、钱永刚等顾问的支持。

最后，经过多年摸索和试点，钱学森班创立了系统性、台阶式的"通过研究学习"体系，由 1～2 年级的 X-ideas 和若干次 SRT、3 年级的 ORIC 和 4 年级的 SURF 组成。调研结果表明[③,④]，这一体系能够高效地帮助大多数学生：

- ➤ 找到自己热爱的发展方向、对自己的长期目标愈加清晰；
- ➤ 目标导向地自主选择课程，高效地实现精深学习，构建系统性、真正深植的知识体系，逐步培养科研与创新等相关核心能力与素养；
- ➤ 助入名师门——"名师出高徒"；
- ➤ 抓住机遇，机不可失。

对这个体系的创建，除了大量老师的参与和智慧外，杨锦、薛楠、胡脊梁、黄轩宇等钱学森班学生的探索性实践也起到了关键性的启迪作用。对此，时任校长陈吉宁给予了极大的关注、支持和鼓励，时任教务处处长郑力给予了全力的推动。

在上述工作的基础上，钱学森班于 2016 年推出了第 2 版培养体系，其特色是以研究实践为牵引，带动课程的学习和社群的发展，同时强调跨越学科壁垒的学习与实践。这一实践，得到了邱勇校长、陈旭书记和杨斌副校长等现任校领导的充分肯定和大力支持，使得钱学森班成为清华大学首个本科荣誉学位试点[⑤]。

为了激发钱学森班的同学们立大志、塑格局、明目标，2018 年钱学森班开启了"今日与未来"对话系列，邀请各领域的领袖或著名人士为钱学森班学生做人生经验分享，至今已举办或即将举办的对话嘉宾依次有黄克智、杨卫、薛其坤、范守善、胡海岩、高文、周海宏、何满潮、施一公、陈十一、吴燕生、白春礼、申长雨等。2019 年启动了 X-ideas 的试点，邀请有经验的杰出专家学者，就相关领域内意义重大、富于挑战性与颠覆性、优秀本科生有能力逐渐深度参与并做出重要突破贡献的问题，与钱学森班同学深入探讨相关主题的前沿进展以及未来可能开展的颠覆性研究。

---

① 清华大学招生网（2019）："清华学堂"人才培养计划。

② 郑泉水（2018）：论创新型工科的力学课程体系；白峰杉（2019）：钱学森班的大工科梦想。

③ 欧媚（2019）：如何回答钱学森之问——清华大学钱学森力学班的十年探索。

④ 孙沛（2019）：清华大学钱学森班教育与培养实践十周年：理念、过程及成效；陆一（2013）：中国大学本科科技精英教育新试验：以清华大学钱学森力学班为例。

⑤ 郑泉水、白峰杉、苏芃、徐芦平、陈常青（2017）：清华大学钱学森力学班本科荣誉学位项目的探索。

面与体：未来畅想

清华学堂人才培养计划的核心理念是"领跑者"。作为一个群体，钱学森班未来十年应该选择在哪些方向努力做好领跑者呢？

破解钱学森之问的最大挑战，一定程度上在于如何突破现有招生体系的单维（即分数）模式限制，同时又确保足够的公平性。钱学森班或广义钱学森班的目标在于不仅能够选拔出未来的钱学森们（学霸型），更要选拔出未来的爱因斯坦、乔布斯、任正非们（非学霸型）。为此，钱学森班于 2017 年推出了大学中学创新人才培养联动，2018 年推出了"MOGWL"（即内生动力、开放性、勇气与坚毅力、智慧、领导力）测评系统[①]。

针对未来十年的发展战略，钱学森班工作组进行了深入的讨论并逐渐达成了一定的共识[②]。最重要的结论是需要走出钱学森班，参与甚至引导构建一个更大的平台，发掘和助推未来像钱学森、爱因斯坦、乔布斯这样的人才。为此，准备从以下三个维度着手（图 1）。

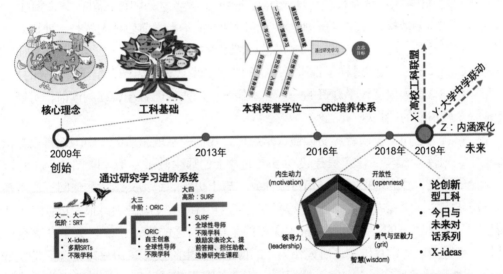

图 1 钱学森班成长标志：核心培养理念（学生为主、师生互赢、开放资源）和工科基础定位（2009）；通过研究学习系统的建立（2013）；CRC 培养体系的建立（2016）；选拔和评价学生的多维体系（MOGWL）、论创新型工科、今日与未来对话等（2018）；未来的深化和两维度拓展（2019）。

X 维度扩容：探讨钱学森班在清华大学的扩容问题，分享钱学森班的经验教训于更多的工科院系，服务清华大学整体的教育改革目标；探讨与全国范围关注创新型工科人才培养的高校或老师建立资源共享、互赢合作的有效模式，使得更广义（不单是考试成绩优秀）的拔尖创新人才，能分享到清华钱学森班的资源和教育。

Y 维度联动：建立与高中（甚至初中、小学）更密切的联动关系。通过互联网、云技术、实验室等平台，开放钱学森班的资源，在孩子们尚未卷入高考迷局之前，引导并鼓励他们开展研究性学习，通过研究学习，以实现更清晰的自我认知，找到自己的内在热情。

---

① 郑泉水（2018）：多维测评招生：破解钱学森之问的最大挑战；陈民（2019）：钱学森班多维度的发展空间与评价标准。
② 徐芦平（2019）：创新时代的人才战略与钱学森班下一个十年；白峰杉（2019）：钱学森班的大工科梦想。

通过这些努力，更有效地实现对拔尖创新人才的选拔；进一步探讨毕业模式的个性化、多元化，从高校读研向顶尖企业就业扩展。

Z 维度深化：放眼更长远的未来，钱学森班需要持续地深化，特别是，急需将为钱学森班服务、目前分散在校园多处的 OWL（Open Wisdom Lab 或猫头鹰实验室）汇聚在一个统一的物理空间，以便更好地为上述三个努力方向服务。在此基础上，建成一个在未来有广泛影响力的技术创新型人才培养模式和高地，不断孕育改变世界的伟大创新，造福全人类。

文集导读

虽说"百年树人"，但十周年，依然是一个需要回顾总结、理性思考、认真规划的节点，是值得纪念和表示感恩的日子。

在领导题词作者中，黄克智院士是钱学森班主要倡议者之一和首届顾问委员会的主席，余寿文教授和袁驷教授是钱学森班创立和定位时期的清华大学前后任副校长。他们对钱学森班的创立和发展，倾注了巨大的热情、智慧和持续的关注、支持。来自美国麻省理工学院的陈刚（Gang Chen）院士对钱学森班所取得的成绩和所代表的方向，给予了充分的肯定。

第一章：该章列出了钱学森班的一些基本信息，以方便读者在后续阅读前，对钱学森班形成一个较清晰的"物理"图像。

第二章：为了使更多读者容易读懂钱学森班，我们荣幸地邀请到《中国教育报》记者欧媚女士，对深度参与钱学森班建设与发展的几十位师生做了专访。欧媚女士在此基础上，从她的角度，独立地撰写了一篇可读性好、忠于史实的纪实文学"如何回答钱学森之问——清华大学钱学森力学班的十年探索"。作为一个补充，《经济观察报》记者陈伊凡女士对我创建钱学森班的心路历程，做了深度的采访和有趣的描述。复旦大学高等教育研究所陆一老师曾以钱学森班实证研究作为她的博士研究生阶段（2010—2013 年）的主题；多年后，她重新审视了这个主题，撰写了一篇"教育理想试验田，教与学的共同体"的纪实报告。上述三篇纪实，构成了本文集的第二章。

第三章：钱学森班的基本理念和模式发展，是一个主要由钱学森班项目组近十位不同学科背景和经历的核心成员从不同角度、不同深度智慧共鸣的结果，得益于上百位导师和近 300 位学生的反馈推动，得益于学校领导的远见和顾问委员会委员们的睿智的引导。我们在第三章汇聚了有关论文和历史性文件，其中彭刚论述了学校的人才培养理念与钱学森班的深度关系，白峰杉的论文体现了他对创新时代大工科和通识的长期思考，徐芦平描绘了人工智能时代对创新型人才培养的紧迫性和广泛性，孙沛等的论文阐述了文化对钱学森班行远的不可或缺性和如何实现，陈民的论文细述了多维评价的实践，李俊峰和吴昊等的两篇论文代表性地反映了钱学森班广泛教学改革的思考深度和实践成效。该章也收录了笔者在 2011—2018 年独立撰写发表的 6 篇关于创新教育的论文，从中可以清晰地看出我的"变"与"不变"——不变的是初心、使命和理念，变的是逐步加深和系统化的认识与不断闯入未知领域的实践案例。

第四章：汇编了 34 位钱学森班师生的随笔感言，他们从更广泛和多元的角度，点点滴滴，记录着钱学森班的成长史，丰满着她今天的身躯和形貌。这里有老师们体现深爱、付出和骄傲的发声，有学生充满了感恩、责任和自豪的感言。老师方面的具体内容是：教务处和航院领导（段远源、梁新刚、庄茁、李路明、刘彬、王兵等）为什么及如何支持钱学森班的历程和心得，两任钱学森班项目主任朱克勤和何枫的辛勤和感慨，课程体系负责人陈常青的奉献和缜密，班主任（张雄、何枫、任建勋、柳占立、龚胜平、陈常青）对学生成长的如数家珍，招生官张锡文对所招学生的得意列举，特聘任课教师（郑建华、张贺春、李强、张雄、许春晓等）的教学改革，郑钢铁老师与钱学森班学生一起扩展创新项目的奇妙故事……这些情真意切的文字，令我无比温暖和感动，带给我无限鼓励和力量。

第五章：为了纪念文集的完整性，本章给出了钱学森班的历史和统计资料汇编。

孙沛和他的博士生郭双双、杨泽云等在对钱学森班常年跟踪、参与和调研的基础上，从现代教育心理学的角度，更加系统、深入地展现了钱学森班的理念与实践，与时代发展和教育本质的关系。这部分内容所构成的一书《清华学堂人才培养计划钱学森力学班教学与培养实践十周年：理念、过程及成效》，有助于理解钱学森班的内在逻辑，并对钱学森班未来的发展提供了非常有价值的参考。

致谢

除了感谢全体钱学森班学生和家长们、所有钱学森班任课老师们、钱学森班的顾问们、本文前面提到的每一位领导、同事和朋友，欧媚女士报告文学中采访到的每一位师生，以及本文集的数十位作者外，还要感谢如下人士（按姓名拼音排序）：AEPPLI Gabriel、BHATTACHARYA Kaushik、曹莉、曹颖、陈旭、鄂炎雄、方岱宁、冯西桥、高虹、高策理、郭樑、GREY Francois、韩厚德、HSIA Jimmy K.、胡和平、黄鑫、李伯重、李韶军、梁园园、廖莹、刘英依、陆一、QUERE David、任荣、史静寰、史宗恺、宋军、孙国富、TADDI Francois、URBAKH Michael、王丹、王煦、王颐、杨家庆、YEH Hsien-Yang、余淑娴、张克澄、ZHANG Zhiliang、赵劲松、周华、周青等，他们每一位都在钱学森班建立与发展历程中以不同形式做出过特别的贡献或帮助。还有更多的支持者们，在这里向他们一并致以衷心的感谢。

最后，黄克智先生和余寿文先生是钱学森班最坚定不移的支持者；我的妻子骆淑萍则是对钱学森班倾注了最多心血的志愿者和对我最强大的支撑。对他们，光表达感激是远远不够的！

2019 年 6 月于清华园

目　录

领导题词

清华大学钱学森力学班
创办十周年

以创新理念

育优秀人才

黄克智敬题
2019年7月

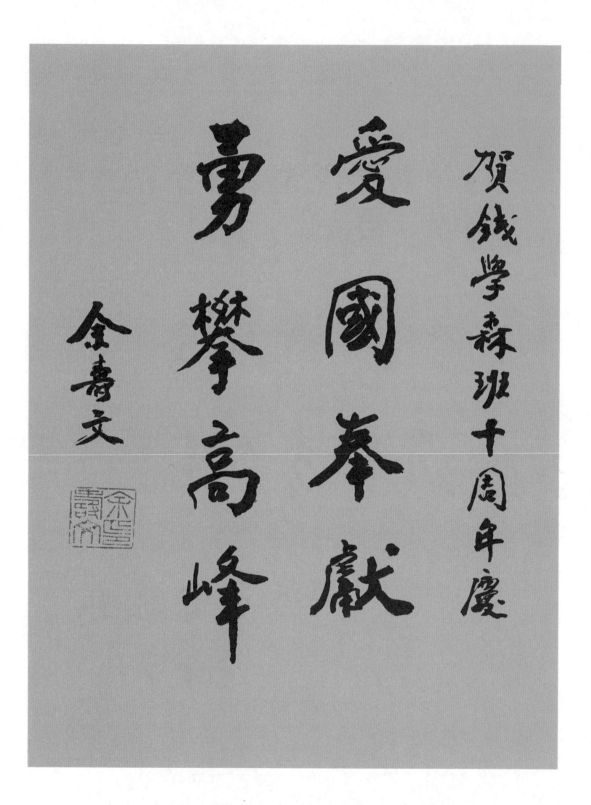

贺钱学森班十周年庆

爱国奉献

勇攀高峰

金寿文

领跑者

不是光环，是使命

不是荣誉，是责任

不是娇宠，是磨炼

不是圈养，是放飞

不是孤傲，是引领

贺学堂计划钱学森力学班十周年！

袁驷 题

2019 年 5 月

中国大学工科教育专业分得太细，大大限制了学生的创新能力和职业生涯。钱学森班是一个教育改革的勇敢实验，取得了优异的成绩。祝钱学森班越办越好！也希望钱学森班的实践能推动中国教育的进一步改革。

Gang Chen

钱学森班顾问、麻省理工学院教授

（美国工程院院士）

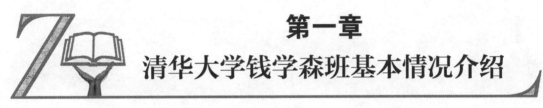

第一章
清华大学钱学森班基本情况介绍

钱学森班简介

钱学森先生是全球华人中近代最有影响的学术大师之一，是我国近代力学和航天事业的奠基人，也是清华大学工程力学系的前身——"工程力学研究班"的创办者。清华大学钱学森力学班（简称"钱学森班"）的创办旨在秉承钱老对创新型人才培养的探索，致力于构建一个开放型的创新教育模式，以有利于学生成长为在工程技术领域具有健全人格、领导力和突出创新研究和发明能力的人才。

钱学森班创立于 2009 年，是国家"基础学科拔尖学生培养试验计划"唯一定位于工科基础的试验班，纳入清华大学拔尖创新人才培养计划——"清华学堂计划"。其使命是：发掘和培养有志于通过技术改变世界、造福人类的创新型人才，探索回答"钱学森之问"。

钱学森班培养模式

清华大学钱学森班创立了独特的 CRC（course-research-community）培养模式，以"通过研究（research）学习"为牵引或抓手，来实现以课程（course）知识为主的深度学习，并通过以社团和同伴（community）为主的交流和活动，来实现全面发展并构建多维能力和 T 型知识结构（更深-更宽）。

钱学森班虽然行政上挂靠清华大学航天航空学院，但每位同学都可以自由选择自己志趣所在的发展方向（包括但不限于力学与工程科学、航空与宇航工程、高端制造工程、能源与环境工程、生物医学工程、信息科学与工程等）。为此，钱学森班组建了由钱学森班首席郑泉水教授牵头，由清华大学航天航空学院、微纳米力学与多学科交叉研究中心、十多个理工院系、教育研究院、心理学系等几十位教授参加的强大的项目工作组。已构建独特定制的数学、自然科学、工程基础、研究实践、人文和综合贯通的课程体系，为学生提供学有专术的知识结构；同时，还为学生设计了大一、大二的 X-ideas（开放创新重大问题）和 SRT（student research training）、大三的 ORIC（open research for innovation challenge）以及大四的 SURF (senior undergraduate research fellowship，即为期 3～6 个月的出国研学或企事业单位研修）。通过研究性学习来引导每位同学精深学习、构建自己独有的知识结构，是钱学森班贯通整个本科教育过程的一个独特之处。学生在此过程将逐步提升自身的研究能力，同时寻找挚爱的研究方向，并由此注入"技术创新基因"。

荣誉学位项目

2016 年，清华大学本科荣誉学位项目在钱学森班首试，荣誉学位项目共招收 50 名学生，除钱学森班学生外，其他院系将有 20 名学生经过个人申请、所在院系同意并推荐、项目导师团队认证，可以进入荣誉学位项目平台。本荣誉学位项目突出"挑战式"学习的重要性；在培养计划全部课程要求中，设置有 18 门"挑战性"课程，并划分为 6 个系列，分别是数学、自然科学、工程基础、研究实践、人文和综合贯通。参与本项目的每位同学，将依据本人的学业发展意愿和培养计划规定的基本原则，在项目导师团队的指导和协调下，制定个性化的培养方案。

培养特色

鼓励学生按照自己的兴趣和特长选择发展方向

帮助学生找到兴趣和热情所在，鼓励学生全力以赴地去追求，并发挥得淋漓尽致，是钱学森班的一个核心理念。为此，给学生提供了多层次了解不同工程和技术科学领域、接触杰出专家学者的机会，构建了新的培养和评价体系以鼓励学生深耕基础、个性化发展，鼓励和帮助学生选择自己喜爱的工科方向去做职业规划和后续发展。

引导学生从被动学习，转向主动学习、挑战学习、通过研究学习

钱学森班设计并不断优化一套面向创新人才培养的全新模式，引导学生从被动地甚至无奈地学习、不许犯错、缺乏创新实践、缺乏合作的学习模式解脱出来，转换到一种充满探索与创造的乐趣、激情与成就的主动学习模式。钱学森班通过对核心课程模块的全面改造，让专业课程的学习从片面追求学分数量与学分绩的竞争模式变成充满挑战性的主动式学习环节；通过人文素养模块培养学生全面的文化、艺术与思想修养，培养人生的志趣；通过创建全新的创新与科研实践模块，令研究与创新实践本身成为核心的学习方式，从而充分调动学生的个性与志趣，全身心地投入到探索、研究与创造的实践中去，达到学习的最高境界。

系统性的创新研究和实践模块

钱学森班打破传统的以专业课程学习为唯一主线的大学培养体系，倡导"learning by doing"的主动式、探索式学习模式，开设了全新的"创新与研究实践"培养模块。钱学森班依照研究与创新能力的发展规律，为大一到大四的同学设计了循序渐进的创新研究实践环节，并通过与清华大学各院系、国内外一流大学与科研机构密切合作，为学生提供多元化研究指导与支持，充分满足学生个性化创新能力与志趣发展的需要。

开放式、国际化培养

在全球范围内帮助学生找到所感兴趣方向或专业上有深度造诣的专家指导，到他们的实验室学习和科研，并给予相应研究经费支持。以多种形式帮助学生建立国际化的视野，包括国际著名教授来校授课及参与教学和研究指导，安排每位学生赴国际名校进行 3～6 个月的研究访问。

实行人生成长的导师制。从入学起，以双向选择实现学生与导师配合，对学生在学习、科研、成长、职业发展等方面遇到的问题答疑解惑，通过深度交流与辅导让每一位青年学子成长为坚毅、阳光、积极、向上，不断追逐理想并有社会责任感的人。

全方位多维度评价体系

建立并逐渐完善按照基础知识（理论、计算和实验）、综合素养（人文、社科和素质）

和实践能力（实习、设计和研究）三位一体的综合评价体系。弱化以学习成绩为单一指标的评价方式，鼓励学生主动快乐的学习，大胆挑战和有深度的学习，积极团队协作的学习。具体评价标准为前述 MOGWL 评价标准。

本研培养贯通化和课程方案模块化

90%的学生具有从本科到研究生的读研资格，选择到清华大学的其他院系或者中国科学院，其他各高校，中国航天、航空集团等具有研究生培养资格的研究院所攻读研究生更加灵活的制度。强调在基础知识（理论、计算和实验）、综合素养（人文、社科和素质）以及实践能力（实习、设计和研究）方面的模块化课程设计与多学科融合，核心课程采用小班授课，灵活培养方式。

招生来源与毕业去向

钱学森班自创办以来招生一直处于全清华大学理工科前列，持续吸引了通过全国高考、竞赛选拔的拔尖学生，一半以上学生是各省理科前十名。

截至 2019 年 7 月，共毕业的 100 多位同学几乎全部继续攻读研究生，基本呈 1（清华航院）：1（清华外院系）：1（海外名校）的去向分布；海外院校主要为：麻省理工学院、哈佛大学、加州理工学院、斯坦福大学、普林斯顿大学、布朗大学、宾夕法尼亚大学、美国西北大学、普渡大学、加州大学伯克利分校。

历届顾问委员会成员

钱学森班第一届钱学森班顾问委员会（2010 年 7 月—2016 年 6 月）

主席：

　　黄克智（力学，清华大学）

　　Rohan Abeyaratne（工程，美国麻省理工学院）

成员：

　　Kaushik Bhattacharya（力学，美国加州理工学院）

　　陈十一（力学，北京大学）

　　Huajian Gao（力学，美国布朗大学）

　　过增元（热能，清华大学）

　　胡海岩（力学，北京理工大学）

　　Yonggang Huang（力学，美国西北大学）

　　John W. Hutchinson（力学，美国哈佛大学）

　　李家春（力学，中科院力学所）

　　钱永刚（信息，钱学森之子）

　　Zhigang Suo（力学，美国哈佛大学）

　　John R. Willis（力学，英国剑桥大学）

　　谢维和（教育，清华大学）

　　杨卫（力学，浙江大学）

　　余寿文（力学，清华大学）

　　王永志（航天，清华大学和航天五院）

　　Wen Wang（生物，英国伦敦玛丽女王大学）

　　郑哲敏（力学，中科院力学所）

　　周哲玮（力学，上海大学）

钱学森班第二届钱学森班顾问委员会（2016 年 7 月—2019 年 6 月）

主席：

　　姚期智（信息，清华大学）

　　高华健（力学，美国布朗大学）

成员：

　　陈刚（工程，美国麻省理工学院）

　　Detlef Lohse（力学，荷兰特文特大学）

　　马蔚华（创业）

Francois Taddi（生物、教育，法国RCI）

叶乃裳（物理，美国加州理工学院）

翟小明（教育，人大附中校长）

荣誉成员：

黄克智（力学，清华大学）

Rohan Abeyaratne（工程，美国麻省理工学院）

钱永刚（信息，钱学森之子）

历届项目工作组成员

钱学森班工作组现任成员

姓名	职务
郑泉水	工作核心组成员、项目首席
何 枫	工作核心组成员、项目主任
李俊峰	工作核心组成员、院系协调
陈常青	工作核心组成员、教学
白峰杉	工作核心组成员、综合素质
徐芦平	工作核心组成员、科研
孙 沛	工作核心组成员、心理观察
任建勋	工作核心组成员、SRT、大班主任
陈 民	工作核心组成员、SURF
刘 彬	工作组成员、推研
王 兵	工作组成员、学生工作、评价体系
张锡文	工作组成员、招生
郑钢铁	工作组成员、钱学森班学生实践基地"未来系统实验室"负责人
郑建华	工作组成员、数学系教授

钱学森班工作组首届成员

姓 名	职务
郑泉水	项目组长、项目首席
朱克勤	项目副组长、项目主任
庄 茁	项目副组长、分管招生宣传
李俊峰	项目副组长、分管课程与教学
殷雅俊	项目助理、招生宣传小组成员
陈常青	项目助理、课程与教学小组组长
曹艳平	课程与教学成员
许春晓	课程与教学成员
杨 春	素质教育小组组长

续表

姓 名	职 务
任玉新	素质教育小组成员
张锡文	招生宣传交流小组组长
曹炳阳	招生宣传交流小组成员
王 兵	班主任与学生工作小组组长
牛莉莎	班主任与学生工作小组成员
张 雄	班主任与学生工作小组成员
何 枫	班主任与学生工作小组成员
刘 彬	国际化合作培养小组组长、素质组成员
彭 杰	国际化合作培养工作小组员
吴 坚	国际化合作培养工作小组员
李群仰	实验室

历届班主任和辅导员

年级	班主任	辅导员
2009 级	牛莉莎	常　诚
2010 级	杨　春	罗堃宇
2011 级	张　雄	林孟达
2012 级	何　枫	张　程
2013 级	陈　民	倪彦硕
2014 级	赵治华	艾立强
2015 级	柳占立	于　强
2016 级	龚胜平	辛　昉
2017 级	任建勋	张梓彤
2018 级	陈常青	巩浩然
2019 级	张　雄	黄云帆

历届学生名录

2009级

金 鹏

张 程

董延涛

姚天罡

张驰宇

钱 亚

刘 彧

刘 洋

杨 阳

瞿苍宇

陈 享

罗海灵

王哲夫

夏 晶

赵 甜

张婉佳

张博戎

倪彦硕

刘佳鹏

奚柏立

陈镇鹏　　　周文潇　　　娄晶　　　王西蒙　　　周嘉炜

陈翔　　　尹光　　　杨锦

~~~~~~ 2010级 ~~~~~~

艾立强　　　柴一占　　　郭静怡　　　贺思达　　　黄杰

来旸　　　厉侃　　　刘思祎　　　刘幸　　　马曙光

孟伟鹏　　　沈浩　　　苏杭　　　孙宇申　　　唐晓雨

王申	王天宝	王宇生	王云杰	王梓岩
危伟	萧遥	谢思娴	杨富方	姚宏翔
姚泉舟	张迥	赵振昊	邹济杭	左珩

~~~~ 2011 级 ~~~~

宝鑫	陈梓钧	狄嘉威	董云飞	方励尘
房文强	黄圣濠	黄世成	李默耕	李天奇

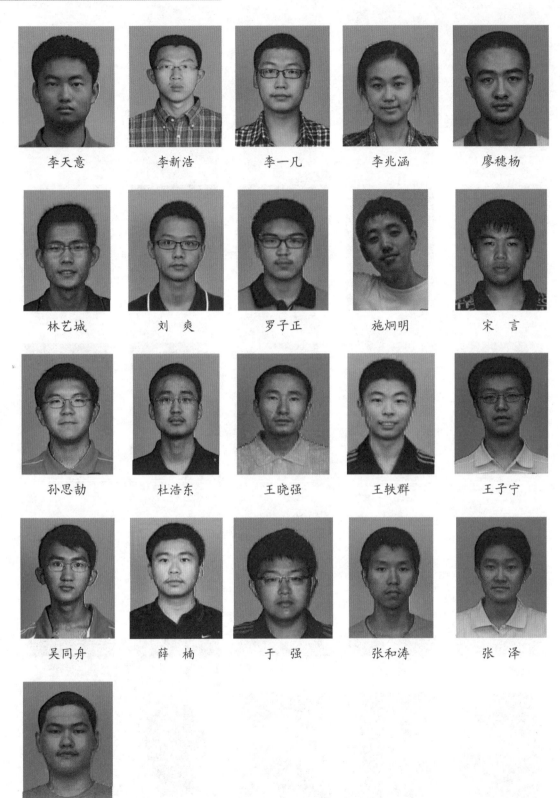

李天意　　　　李新浩　　　　李一凡　　　　李兆涵　　　　廖穗杨

林艺城　　　　刘　爽　　　　罗子正　　　　施炯明　　　　宋　言

孙思劼　　　　杜浩东　　　　王晓强　　　　王轶群　　　　王子宁

吴同舟　　　　薛　楠　　　　于　强　　　　张和涛　　　　张　泽

钟麟彧

～～～ 2012级 ～～～

黄维啸　　　　祝世杰　　　　刘佳俊　　　　黄懿　　　　　贝帅

何长耕　　　　袁博　　　　　李彤宇　　　　赵晨佳　　　　李润泽

杨权三　　　　李闯　　　　　曾克成　　　　高叶　　　　　唐家兴

赵烜　　　　　马明　　　　　辛昉　　　　　杨连昕　　　　祝凌霄

刘斌琦　　　　杨柳　　　　　林景　　　　　孙帆　　　　　周宇思

| 章雨思 | 常艺铧 | 潘哲鑫 | 王敖 | 舒炫博 |

2013 级

| 李家其 | 刘凡犁 | 杨策 | 朱秉泉 | 王罗浩 |

| 何泽远 | 任建勋 | 武迪 | 俞嘉晨 | 张恩瑞 |

| 袁李 | 阚镭 | 王子路 | 孙传鹏 | 胡脊梁 |

| 王宇嘉 | 米泽民 | 张梓彤 | 王博涵 | 高炜 |

包佳立

巩浩然

邵枝淳

陈百鸣

李步选

高政坤

杨赛超

杨伟东

李逸良

龙佳新

赵雪轩

2014 级

杜迎霜

艾尼亚尔

刘思琪

黄伟智

黄馨仪

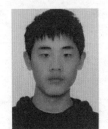
周昊宸

朱子霖

杨昊光

单子毓

邹 旭

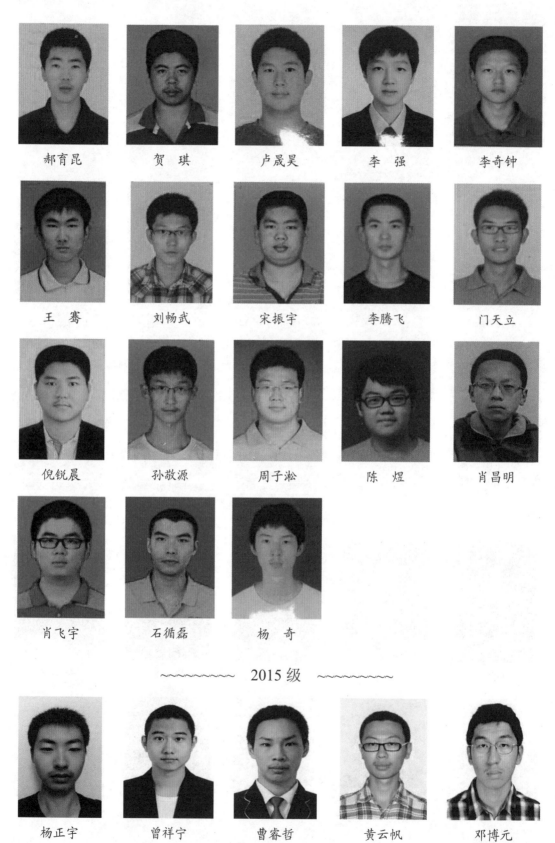

郝育昆　　　贺琪　　　卢晟昊　　　李强　　　李奇钟

王骞　　　刘畅武　　　宋振宇　　　李腾飞　　　门天立

倪锐晨　　　孙敬源　　　周子淞　　　陈煜　　　肖昌明

肖飞宇　　　石循磊　　　杨奇

~~~~~~ 2015级 ~~~~~~

杨正宇　　　曾祥宁　　　曹睿哲　　　黄云帆　　　邓博元

王诗达　　　　钟 源　　　　李澍鹏　　　　祝 乐　　　　刘圣铎

孙嘉玮　　　　王博文　　　　赵靖宇　　　　刘 浩　　　　管唯宇

许欣童　　　　李念霖　　　　陈一彤　　　　胡佳音　　　　霍江浩

屈颖钢　　　　李维灿　　　　刘 晨　　　　曾治鑫　　　　崔 森

边正梁　　　　迟 昊　　　　余伟杰　　　　孙海博　　　　何睿豪

王克杰　　　　　张　楠　　　　　马天麒

～～～～～ 2016 级 ～～～～～

司马锲　　　张　鹏　　　邓鹏杰　　　郁斯钦　　　邓书劼

贾　粤　　　胡昌平　　　毕恺峰　　　李钟艺　　　徐乐朗

朱静远　　　费家骏　　　郑蕴哲　　　黄轩宁　　　赵星宇

张煜洲　　　张逸葑　　　刘向前　　　易泽吉　　　郭沫杉

| 杨 帆 | 吉首瑞 | 李烜赫 | 许朝屹 | 吴浩宇 |

| 陆俞朴 | 马宇翔 | 康金梁 | 黄立昊 | 姚铭泽 |

~~~~~ 2017 级 ~~~~~

| 蒋 琪 | 刘晏铭 | 孟详迪 | 张泰铭 | 陈春晖 |

| 杨鸿澳 | 戴文越 | 付厚文 | 陈世纪 | 谭子裴 |

| 杨馥玮 | 胡腾戈 | 李诗妤 | 杨皓宇 | 张淞源 |

肖智文

罗雯瑛

樊　钰

舒致远

赖丞韬

温智瑄

张启宁

牛浩宇

李润道

卢佳键

舒子昕

周靖霖

吴　茜

谢　鑫

王政和

桑宛萱

贾子尧

2018 级

杜胜南

李欣宸

印嘉驹

赵丙辰

钟瀚中

| 张巷腾 | 丘铱可 | 方政清 | 房拓 | 马竟泽 |

| 刘增祺 | 王龙飞 | 夏羿 | 程奥华 | 朱笑寒 |

| 李洋 | 赵金钰 | 黄浥尘 | 叶安宁 | 李京洋 |

| 吴睿 | 刘逸舟 | 马吉汉 | 孙熙辰 | 弓翼然 |

| 孙弘毅 | 王泽凯 | 胡文馨 | 龙程一 | 臧诗慧 | 赖禹辰 |

历届优秀毕业生名录

2013届优秀毕业生：周嘉炜

2013届优秀毕业生：杨　锦

2014届优秀毕业生：姚宏翔

2015届优秀毕业生：李新浩

2016届优秀毕业生：杨权三

2017届优秀毕业生：李逸良

2018届优秀毕业生：郝育昆

2019届优秀毕业生：赵靖宇

第二章
钱学森班十年探索的纪实故事

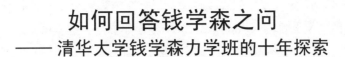

如何回答钱学森之问
—— 清华大学钱学森力学班的十年探索

中国教育报记者 欧 媚

【写在前面的话】

"为什么我们的学校总是培养不出杰出的人才？"著名的钱学森之问将全社会对科技领域创新人才培养成效的关注提到了前所未有的高度和热度，也成为中国教育一直被追问的命题。如今这一命题面临着更加严峻、紧迫和复杂的形势。

中国经过了40多年的改革开放，科技发展取得了巨大的、历史性的进步，但关键核心技术受制于人的局面并没有得到根本性改变。中美贸易摩擦升级为贸易战，美国对中兴、华为等中国高新技术企业的制裁让国人幡然醒悟中国还有很多"卡脖子"的技术没有攻克。

此外，传统的以知识传授为主体的教育正遭遇挑战，借助互联网，人们获取知识的方式和途径已经变得非常便捷，现在的很多工作岗位未来也将会被人工智能替代。在这样的背景下，创造性思维和能力变得愈发重要，创新人才的培养正从少数精英的需求变成全社会的共同诉求。

在高等教育内部，如何提振本科教育质量、如何激发学生的内生动力、教师如何回归育人本位等问题也是当前大学本科教育改革的重点。

以上的种种，一个以钱学森名字命名的班级正在以十年的探索实践寻求破解之道。2009年9月，清华大学成立了一个特殊的班级——清华学堂人才培养计划钱学森力学班（简称"钱学森班"），试图回答钱学森之问，这个班的学生被寄希望成为中国乃至世界科技创新的领军人物。

这十年，钱学森班重构了以力学为基础的工科课程体系，中国大学学分太多一直为人诟病，钱学森班真正将学分降下来了，水课消灭了，课程挑战度提上去了；如何激发学生对科研的热爱？钱学森班找到一条"通过研究学习"的道路，通过阶梯式的研究训练，学生不仅能实现精深学习，还能在自主研究中构建知识体系，找到热爱的方向；如何发现具有创新潜质的"苗子"，钱学森班改革单一的招生方式，用五维测评体系选拔出适合的学生；更难能可贵的是，一批志同道合的高水平教师以极大的热情投入到钱学森班的人才培养中……

十年树木，百年树人。要真正培养出用技术改变世界的领军人物，培养出"大师""先生"，十年时间还太短。那这十年值得书写和记录什么呢？我想是钱学森班这十年的探索给中国高等教育的启发。十年前钱学森之问提出时，中国大学存在的问题，十年后再看仍然存在，有些问题甚至更加严峻。钱学森班在一个小范围内做了很多的尝试，把这些尝试放大到整个高等教育来审视，其实映射了中国高等教育目前改革的一些方向。

"十年，钱学森班的核心定位就是创新型工科。"钱学森力学班首席教授郑泉水把这个班级比作"面向创新型工科的一块试验田"，经过十年探索，这块试验田已经拔节育穗，或许能给"钱学森之问"一些答案。

为什么没有人做学术？我们在误人子弟

"清华学生入口的质量这么好，出口的学生质量不能说是很差，但是像国际公认的钱学森这样的人没有。"

郑泉水真正开始关注创新型本科人才培养是在2001年。那年郑泉水招收了一个非常优秀的清华本科生赵治华跟着他读硕士。有多优秀呢？郑泉水说，一个博士后一年多没有解决的问题，他还是本科生时两个星期就解决了。

这名学生告诉他的导师："我们本科班只有我一个人有兴趣做学术。"郑泉水十分震惊：清华这么好的资源和条件，你们这么好的天赋，怎么可能一个班只有一个人做学术呢？

以第一获奖人身份两次拿过国家自然科学奖二等奖、在结构超滑领域处于世界领先地位、从本科开始就受益于多位恩师、做了导师后也带出了三个获得全国优秀博士论文奖博士生的郑泉水，在本科教书育人这件事上被深深地刺痛了，"我觉得我们误人子弟"。

"可能是教师投入不够，可能是课程体系不对，可能是教学内容落后，总而言之就是学生没兴趣了，结论是清楚的。"郑泉水分析原因。

对行政领导职务不感兴趣的郑泉水因为这件事毛遂自荐清华大学工程力学系固体力学所所长，想要推动本科教学改革。2003年和2004年两年，固体力学所组织了密集的讨论和调研，每周都花几个小时讨论怎么改革现有的课程体系和教学内容。

调研和讨论的结果是"本科生到达这个知识水平付出了过多的代价"，但是因为各种原因，这场"自救式"的本科教学改革迟迟没能推动。

到了2007年，情况似乎变得更糟了。"那年我们九十几个学生，最后有十几个没能毕业，那些老问题仍然存在。"时任航天航空学院学术委员会主任的郑泉水坐不住了，"这个问题太严重了。"

面向整个航院，郑泉水主持召开一个连续两天的讨论会，所有教师都感到了问题的严峻，一场历时3个月的密集调研再次拉开。这一次大家达成了共识：要大力提升本科教学质量，尤其是要把一些课的水分挤掉，提升课程质量。

那么，问题来了，哪些课要砍掉？哪些课要加强？教师们很难达成一致意见，都希望加强自己专业领域的课程。

"都加强的话，学分得到200多分，学生受不了。"在郑泉水感觉改革又要陷入僵局的时候，即将百年校庆的清华大学也在思考新百年人才培养的战略与使命。

2007年秋，清华大学刚刚接受了教育部主持的本科教学工作评估，专家组在对清华大学人才培养工作高度评价的同时，也对清华这面中国高等教育旗帜在拔尖创新人才培养方面提出了更高的期许。

"改革开放这么多年了，清华学生入口的质量这么好，出口的学生质量不能说是很差，但是像国际公认的钱学森这样的人没有。所以学校也在反思这个事情。"钱学森力学班首任项目主任朱克勤说。

郑泉水找到时任清华大学党委书记陈希，向他汇报了两件事：一件事是关于建设一个多学科交叉的国际力学研究中心；另一件事是建立一个人才培养特区。随后郑泉水又向时任校长顾秉林汇报了上述想法。

在得到学校领导的充分肯定之后，人才培养特区筹备速度加快。郑泉水找到两院院士、国家最高科技奖获得者郑哲敏，他是钱学森在加州理工学院时期的博士生和回国后长期的合作者。在郑哲敏的安排下，郑泉水和钱学森的儿子钱永刚进行了两次深入的当面沟通，病榻上的钱学森首肯了在清华大学设立的这个力学班以钱学森名字命名。

在郑泉水筹备钱学森班的过程中，国家也在酝酿一个更大范围的拔尖创新人才培养计划。2009年，教育部、中组部、财政部等8个部门联合推出基础学科拔尖学生培养试验计划，选择了数学、物理、化学、生物和计算机五个领域，在清华、北大等19所高校进行拔尖创新人才培养试点，清华大学钱学森力学班作为全国唯一的工科基础实验班被纳入该计划。

2009年9月5日，30名刚经过高考稚气未脱却意气风发的少年走进清华，成为钱学森力学班的第一届学生。

10月31日，钱学森去世，冥冥之中他坚持看到了他生前最忧虑的一件事有了着落：中国还没有一所大学能够按照培养科学技术发明创造人才的模式去办学，而一个以他名字命名的班级向前迈出了第一步。

学分能降下来吗？学了多少门课一点儿都不重要

"学这么多，学分绩还这么高，一方面说明这学生确实很优秀，但是另一方面说明我们整个教学和课程体系是有很大问题的，水分很大。"

"我们希望能培养出一些有志于通过技术创新改变世界的人。"虽然命名为力学班，但是钱学森班并不局限于力学人才的培养，而是定位为工科基础，这是郑泉水在最初构思的时候就确定并坚持的。"交叉，从最开始就强调交叉，提供足够的跨学科宽度"。

从一开始，钱学森班就是清华航院与机械、土木、汽车等8个工科院系联合承办的。在筹备期间，通过合作院系联席会议以及与系主任们的深入沟通，钱学森班的理念得到了各院系的认可和支持，并签订了院系合作协议。钱学森班的学生因此能够自由地在清华的八大工科院系选导师、进实验室、跨学科推研等。

对钱学森班已有的6届毕业生的统计表明，毕业生读研方向大体上力学占1/3，其他学科如航天航空、机械工程、土木水利、材料科学、信息技术等占2/3。

事实上，在钱学森班成立初期，不乏"钱学森班就是为力学系甚至是为固体力学培养人才"的质疑声。"实践证明了，钱学森班工科基础的定位是实在的、正确的、可行的。"郑泉水说。

交叉、跨学科，钱学森班的学生要学的课是不是更多了？但实际上，经过几次培养方案的迭代，现在钱学森班培养方案总学分要求是148分，远低于现在清华其他工科院系不下170个学分的要求。

关于学分，清华大学教务处处长彭刚讲了这样一件事：有一年评清华大学特等奖学金，有一名学生大学前3年一共修了220多个学分，每门课成绩都在90分以上。

"学这么多，学分绩还这么高，一方面说明这学生确实很优秀，但是另一方面说明我们整个教学和课程体系是有很大问题的，水分很大。"彭刚认为，对于本科生来说，学得多学得全不是最要紧的，最要紧的是学得深学得宽，"少学一两门课，学生就不合格了吗？"

郑泉水和他的同事们很早就对当时的培养方案有切肤之痛。"主要问题是，强塞给学生的东西太多，其中还有大量本应该与时俱进被删除，但因为习惯或者教师原因被保留的课，这也是造成学习效率低、学生学习兴趣不高的原因之一。"

他举例，比如"材料力学""弹性力学"等课程，基本上还是几十年前的体系，学生需要花费太多时间去学习解题技巧以及今天相对价值不大、没有多少用途、今后越来越没有用途的知识。

与前两次未遂的改革相比，这次郑泉水作为校长聘任的首席教授，有了足够的权力和自由对培养方案进行大刀阔斧地改造。钱学森班虽然下设在航天航空学院，但是它不属于任何院系，任何一个院长、系主任、教务处长都无法干涉钱学森班的课程设置、教师聘用和日常管理，这是一个名副其实的人才培养特区。

钱学森班工作组对当时的课程体系做了细致深入的调研，并对标剑桥大学、麻省理工学院、加州理工学院等世界顶尖大学的工科课程，在经过了无数次讨论甚至是争吵后，钱学森班用了近6年时间构建起了现在2.0版本的培养方案。

在钱学森班成立之初的那几年，尽管已经对课程体系进行了大的调整，学分减少到178分，但是郑泉水仍然不满意。

"学分还是太多，科学技术类'硬'的课程开展得比较好，视野、格局、领导力等'软'的方面学生提升不足。"郑泉水为此很苦恼，如何做到既减少总学分，又加强数理基础训练，加固源头创新的根基，同时还能满足学生按照自己兴趣选择专业方向需要的课程？

前面没有先例，钱学森班摸着石头过河，对培养方案进行了多次调整，试图找到最合适的方案。早几年的培养方案经常变动，每一届学生都不一样，早几届的钱学森班学生都自嘲是"小白鼠"。

白峰杉是清华大学数学系教授，有长期从事教学管理工作的经验，是清华大学数理基科班的四位创始人之一，也曾主管清华大学文化素质课程。郑泉水找到白峰杉，说："你上我这儿来，咱们设计钱学森班课程体系。"

白峰杉的逻辑是"在大学期间学了多少门课，我觉得这事一点儿都不重要。但是学透了几门课，这事特别重要。"依照这个逻辑，他没有对钱学森班的某一门具体的课程进行删减，"这里减一个学分，那里减一个学分，这门课要，那门课不要，如果这样，这事就根本没法做了"。

郑泉水和白峰杉两人理念一致，一拍即合，一个叫做荣誉学位课程的体系呼之欲出，是清华大学本科荣誉学位第一个试点方案。

由18门课组成的荣誉挑战性课组，分为6大类：数学、自然科学、工科基础、专业与研究、人文、综合与贯通，每个类别3门课。一个钱学森班学生在大学前3年的6个学期中，每个学期荣誉挑战性的课程只需上3门[①]，从数学、自然科学、工科基础、专业与研究这4类里面选择两门，人文和综合与贯通这两类里选一门。

"我只管这18门课，因此可以对这18门进行精心设计和选择。"郑泉水说，这18门课都是高强度、高挑战度的知识学习和实践研究。郑泉水团队对这些课程内容进行了清理，"该深的更深了，该剔除的尽量剔除了，目的是重点发展核心知识、关键概念和科学技术方法论。"

在18门挑战性荣誉课程之外，学生还可以根据自己的兴趣和研究方向选择基本结构性课程以及全校的公共必修课，构建自己的知识和能力体系。如果学生对某一门课程已经掌握，还可以向郑泉水申请免修。

在白峰杉看来，要真正学深学透18门的每一门也是不太可能的，"甚至你只需要学深学透其中的几门，并形成个性化的体系就足够好了。"

把学生"燃"起来 蒸干"水课"

学期初学生惊呼：这怎么能是一门课的作业？这怎么能做得完？学期结束，学生感叹：收获太大了。

刚在高考或竞赛的战场中"厮杀"一番成为胜利者的钱学森班学生迎来了更大的挑战：高难度、高挑战度的课程。

"我们说老师讲1，学生学2，考试考3，说得好听，实际做到的有多少？"在清华大学工作40多年的余寿文，曾担任清华研究生院院长、教务长、副校长，有多年教学经历的他坦言，即使在清华这样的学校，水课仍然不少，聪明的清华学生在期末临时抱佛脚就能拿个不错的分数，并没有真正深入学习。

"如何把学生吸引住，让他像火一样把自己燃烧起来释放能量？"余寿文认为钱学森班找到了一条可行的路径。

钱学森班在总学分上做"减法"的同时在课程质量和挑战度上做"加法"。同样的课程，在钱学森班上就会加难度，比如钱学森班的数理基础课完全是按照数学系和物理系的专业课设置，远超一般工科院系的课程难度。

在以上难课为荣、存在鄙视链的清华，钱学森班首届毕业生倪彦硕回忆，当时因为上的数学课比其他工科院系难，感觉"还挺风光的"。

"脑子转得飞快。"这是黄轩宇大一上"数学分析"课时的状态，高中拿过国际奥林匹克物理竞赛亚洲金牌的他在上大学前就已经自学了《数学分析》，但一次数学作业还是要花上四五个小时，"那些推理演绎令人着迷"。

[①] 钱学森班的148总学分由70个学分的荣誉学位课程、50学分的（不同学生不同选择，与专业方向相关）结构性课程、和28学分的全校统一要求的课程组成。

"老师经常会提出一些带有科研性质的问题，鼓励我们去探索。"在麻省理工学院读博的李逸良说，大一上"大学化学"的课，自己在图书馆查了很多资料，任课老师还鼓励他参加研究生组会，"我后来到高年级才发现，我大一时候自学的知识已经涉及研究生阶段的了。"

"没有虚度。不怕数学，不惧推导，严密的理论推导对于高水平的工科生来说非常有帮助。"倪彦硕说，高难度、高挑战度的课，尤其是数理基础课，为他在博士阶段打下了坚实的基础。

仅仅增加课程难度和挑战度并不够，教师总是能出更难的题考验学生。钱学森班更看重的是能否把研究性的学习、创新性的东西贯彻在课堂上。因此，如何聚集一批志同道合的高水平教师为这群好学生上课，是郑泉水和他的同事们一直在做的事。

"我们希望请一些不仅研究做得好，而且课也上得好，沟通表达能力也好的老师。"航天航空学院工程力学系教授陈常青找到数学、物理、化学这些院系的教师，请他们吃饭，跟他们谈钱学森班的理念，最后落脚点是"愿不愿意加入我们这个教学团队？"一些教学成绩卓著的退休教师也"重出江湖"，为钱学森班讲授数理基础课程。也曾有知名院士主动要求为钱学森班上课，被拒绝了，理由是"表达能力不太好，缺乏上课艺术"。

郑泉水、黄克智、朱克勤等这些在百度百科上能搜出一长串学术成就的人也利用自身人脉资源，寻找认同钱学森班理念、能热心为钱学森班上好课的教师。"我不是钱学森班教学上最受学生欢迎的老师，但是我很高兴有很多优秀的老师都在开心地为钱学森班授课。"郑泉水说。

好的老师和好的学生碰撞，能发生奇妙的化学反应，燃起美丽的焰火。

"你会觉得脑中一亮，老师清楚地提炼了你的问题并且引导你走上正确的方向。"钱学森班2013级学生巩浩然说，"有限元法基础"是他印象最深的课之一，"老师几乎考虑到了学生在哪里会有疑惑，节奏把握得非常好，多讲一点啰嗦，少讲一点又不够。"

"有限元法基础"的任课教师张雄，是清华大学航天航空学院航空宇航工程系系主任。他从自己的科研经历中总结出学生未来长远发展需要培养的能力，比如软件工程、科研协作等，并把这些能力培养整合到教学中。

他给学生布置的大作业要做一个学期，五六个学生小组合作，写几千行代码，最后真正解决一个实际问题，比如怎么造一座桥。学期初学生惊呼：这怎么能是一门课的作业，怎么能做得完？学期结束，学生感叹：收获太大了。

有学生反映课程太难、任务量太大，张雄有些于心不忍，问学生："那我降低难度？"学生说："不用。"

"目标设定应该有一定难度和挑战性，这样才能激发学生的潜质；同时目标设定也不宜太难实现，否则就会打击学生前进的动力和勇于实践的信心。"在教书育人上深耕几十年的张雄，获得过清华大学和北京市的许多教学荣誉，教学艺术炉火纯青。

对钱学森班的学生来说，课程难度是一个挑战，更大的挑战和心理落差或许是：他们人生前十几年积累的、帮助他们进入清华的学习经验和方法不那么管用了。

"最开始并不是很适应大学一些课的思维方式，我已经很努力了，但似乎还是很吃力。"

通过竞赛保送清华的胡脊梁坦言，尽管拿过奥赛一等奖，但是自己在大一时并不太适应钱学森班高强度、高挑战度的学习，还在用以前的学习方法应对。

清华大学航天航空学院教授李俊峰讲授钱学森班荣誉挑战课"理论力学"，在这门课上他曾经给了几名学生不及格。"把大一大二当作'高四''高五'来读，迷信以前的学习方法，我特别担心的是，他们进清华的时候是全国最优秀的中学生，毕业后还是全国最优秀的中学生。"为了打开学生思维的边界，李俊峰做了大量努力。

期末考试他没有让助教出题，也没有从题库里面选题，而是对考题进行了精心设计。他把考题分为三类，第一类是钱学森班学生在中学就已经自学过的大学知识，第二类是学生在"理论力学"课上学的新的知识，第三类是用第一类题目的基本原理，结合理论力学的思维方法，解决新问题。

"第三类题一些学生就是做不出来，因为他们画地为牢，把自己的思维局限在一条小巷子里了，不去突破边界。"李俊峰把教学看成是和学生掰手腕，努力想把学生带出习惯的路径依赖。

"经过大一大二严格的训练，后来就越来越得心应手，现在回想起来，当初那些困惑、迷茫，那种很累的感觉还是值得的，这些积淀为我后面做研究打下了坚实的基础。"2017年本科毕业时，胡脊梁已经发表了5篇学术论文，其中一篇发表在国际顶级期刊上。

找到你的内心所爱 飞出来就开窍了

要实现学生从被动学习到主动学习、自主学习，再到研究性学习的转变，最核心、最重要的是学生找到自己真正热爱、擅长的发展方向。

在钱学森班创立之初，郑泉水就有一个核心理念：帮助每一个学生找到他们内心真正热爱的事情。

有了逐渐清晰完善的课程体系，有了一群充满热情、志同道合的好老师给钱学森班学生上课，但是郑泉水还是觉得缺少点什么。

在他看来，钱学森班学生学业非常好，基础知识也非常扎实，个人能力也很强，"但是如果把他们和世界顶尖大学最优秀的本科生相比，不和一般学生比，就会发现他们还不够主动"。

"要实现学生从被动学习到主动学习、自主学习，再到研究性学习的转变，最核心、最重要的是学生找到自己真正热爱、擅长的发展方向。"郑泉水用了很多方法激发学生的内生动力，比如小班上课，导师制，不同院系间的流动机制，邀请不同方向的学术大师介绍最前沿的研究，鼓励学生按照自己的追求挑战培养方案等。

"每个方法都发挥了一些作用，但整体上还是不尽如人意。"郑泉水坦言。

直到2009级一个叫杨锦的本科生做了一个"永不破灭的泡泡"实验。

郑泉水经常和学生探讨一些比较奇怪的想法，比如在石油里撒一些纳米颗粒，给石油装上轮子，让更多的石油自己跑出来。杨锦抓住了这个想法，开始做实验。

有一天，杨锦在实验中观察到水面上漂浮着一层微小的泡泡，过了好几天仍然不破。

他把这个现象告诉了郑泉水。郑泉水也不懂但觉得有趣，他没有敷衍学生的好奇心，而是鼓励并指导杨锦进行文献调研和实验探究，最终成功发现了"永不破灭的泡泡"的原理。

"不是进实验室随便做做很水的实验，那个时候是真的非常开心，因为我找到了兴趣点，而且郑老师也特别鼓励和支持我。"在威斯康星麦迪逊大学做博后的杨锦说，正是因为兴趣，他才能够非常积极主动地查阅文献、做实验、建模型，主动联系清华相关的实验室设计、操作实验方案。

"也正是这段自主的科研经历，让我发现了科研的乐趣，对未来博士生活、科研生活有了一个窥视。"杨锦说，后来出国留学、走上科研的路子与那时候做"泡泡"的经历密不可分。

"他的研究报告给我一个感觉，通过这个持续半年的项目，他积累的知识和建立的研究能力快赶上一个普通博士生两年学习后论文开题时的水平。"郑泉水对此非常兴奋，他又指导了一个叫薛楠的学生成功破解了液面悬浮颗粒自组装缺陷的原理，这个发现登上了美国化学协会网站的头条。

"我以前很少带本科生做研究，我觉得浪费时间。"郑泉水开始反思自己之前的想法，"其实本科生也能做很好的科研。"

杨锦、薛楠这样的学生仅仅是个例吗？能不能有一个机制让更多这样的个例发生？郑泉水把他的想法告诉了同事徐芦平，他们一起梳理了钱学森班的科研训练，发现当前的大学生研究训练计划（student research training，SRT）开展得太早，时间太短，深度不够，学生的自主性不强。

于是，郑泉水和徐芦平主导构建了一个叫做开放自主研究（open research for innovation challenge，ORIC）的研究性学习课程，这逐渐成为钱学森班最重要的特色之一和人才培养方式的重心。

这门钱学森班学生必修的研究课程，说是一门课，但实际上却是让学生自主选题、自主找导师、自主解决问题的研究创新平台。郑泉水认为，通过研究学习，学生不仅能深度掌握所学知识，还能找到自己内心所爱。

"学习和做研究是两个不同的思维，从学习到研究是一个破茧成蝶的过程，需要足够的时间来转化。"郑泉水认为，这个过程越早发生越有利于创新人才的培养，"一旦学生飞出来，就开窍了。"

"不再有一个标准答案，与以往的学习过程是完全不同的感觉。"钱学森班学生张梓彤说，以往上课、写作业，总是有老师给你判卷子，但是做科研不是，老师甚至也不知道前面是什么，要你自己去探索，"第一次感受到孤独且担惊受怕"。

"有点慌。"刚来清华时还要开导航认路的黄轩宇坦言，做科研和自己以前学习、搞竞赛完全不一样，联系实验室、自学实验技能、弥补知识盲点，全部都是困难，但同时也收获很大。"做科研有很明确的目的性，知识积累快，而且内化为自己的东西了，单纯上课的话，很快就忘了。"

"通过研究学习"其实和郑泉水自己的科研经历密切相关，"只是我之前没有把这个事情当作一个可以普遍推广的经验。"

作为"文革"后的首届大学生，郑泉水并没有接受过良好的基础教育，在大学期间很多课程都是他自己看书完成的，理论力学、材料力学、结构力学、弹性力学……郑泉水通过自学一点一点构建起了力学的核心知识体系。而他的老师们也给了他自由宽松的环境，支持他做自己喜欢的事情，甚至邀请他为老师上课，让他免修一些课程。

他希望，这种研究性的学习、宽松的环境、师长的信任与鼓励也能够让钱学森班学生自由地去研究、去创新。

"你要让学生做他自己想做的方向，他如果不去做研究，他怎么知道哪个是自己一心想做又擅长做的方向？"郑泉水说。

谁敢说自己十七八岁的时候就知道将来想干什么？这群刚到清华的天之骄子也不知道，没关系，他们有很多的机会试错。

胡脊梁就是在研究性学习中找到了生物物理的研究方向。大一结束的暑假，抱着试一试的心态他加入了航天航空学院生物力学研究所。

作为一个科研"小白"，胡脊梁抓住一切机会和研究所的老师、研究生师兄交流，在别人看来是"搬砖"的过程，在胡脊梁眼中是训练。大二一年，他不仅熟练掌握了细胞培养、原子力显微镜和激光共聚焦显微镜使用等实验技能，而且还自学和选修了很多生物学的课程，在这个过程中逐渐明确了自己跨学科的研究方向——生物物理。

"你看那些细胞，做了荧光染色后，你可以观察它们的骨架，还可以测它们的力学性质，它们居然能够表现出这么奇妙的特质。"在阅读大量文献之后，胡脊梁意识到生物物理是一个很重要的方向，"有趣又很重要，这两点就给了我很大的勇气和幸福感。"

在实验中，胡脊梁发现细胞膜的曲率与蛋白分布密度有着明显的相关性，他自主提出这个原创性课题后，深入系统学习复杂系统科学、发育学和进化学，而且主动联系了很多实验室的老师讨论，包括清华微纳力学与多学科交叉中心，清华和北大的生命科学学院，还有麻省理工学院的老师。

胡脊梁的研究取得了突破，本科毕业时他一共发表了5篇论文，其中一篇以第一作者的身份发表在顶尖的科学期刊PNAS上，"这项研究达到了生物系博士生的水平。"郑泉水说。

胡脊梁幸运地一开始就找到了自己的研究方向，也有学生试了很多次，才明确了心中所爱。

2015年入学的赵靖宇曾经获得过国际奥林匹克金牌，位居世界第二，是中国选手最好的名次。

大一大二的时候他尝试了很多方向，比如跟郑钢铁老师做自主车，发现太应用了，不是自己喜欢的。

然后去找陈常青老师，他做出了一个声二极管的模型，大大超出导师的期望，尽管很有成就感，但还不是自己最喜欢的。

他又找了王天舒老师，做飞行器，王天舒对他说："你的刚体动力学学得不错，比我的博士生还好。"

所有的都试过之后，赵靖宇在大三做完 ORIC 后，决定转向物理方向并被保送到高等研究院，师从翁征宇教授研究超导理论，做自己最喜欢也是最擅长的理论推演，成为钱学森班第一个转物理的人。

高等研究院设立在科学馆，那里走出了一大批学术大师，叶企孙、熊庆来、萨本栋，还有后来的"两弹一星"元勋。从百年建筑清华学堂走向对面的另一座百年建筑科学馆，赵靖宇说"好像自己去开了一条路"，而钱学森班给了他足够的自由和宽松的环境去探索这条路。

"钱学森班的老师支持任何有想法的同学，不会限制你一定要去做固体力学，一定要做流体力学。"胡脊梁说，班上同学本科毕业后有做能源的、有做材料的，有做生物的，有做人工智能的。"老师们努力给我们提供很好的环境和资源，这是非常难得的。"

"知道自己要做什么，又那么聪明和努力，怎么能不成功呢？"陈常青说。

无论学生做什么方向，只要他们找到内心真正热爱的研究，郑泉水就觉得自己是成功的。

小鸡找到母鸡，小象找到大象

你的研究成果可能几十年过去没人用了，人们也就遗忘了，但是这些学生成长起来，他们可以做更多的事。

"通过研究去学习的最终目的是创新，而创造性很容易死掉，这就需要老师的精心呵护。"郑泉水喜欢他自己创作的一张图，图的中心是小鸡、小马、小象等动物婴幼儿，中间是这些动物的成年形态，外围是有利于成长的食物供给。

"这个学生可能想做小鸡，那个可能想做小象，每个学生的天赋、热爱都不一样，不能让大象去教小鸡，可能一脚就踩死了，也不能让母鸡去训练小象，非折腾死不可。"郑泉水说，"永不破灭的泡泡"机制的发现，就是因为杨锦这只"小鸡"遇到了他这只"母鸡"，杨锦的想法如果没有合适的老师指导注定夭折，而郑泉水恰好在微纳结构表面湿润性方面有深入的研究。

郑泉水希望，钱学森班的学生在寻找自己方向的途中，都能有合适的导师呵护、引导他们宝贵但脆弱的新想法。

郑泉水不时会组织钱学森班的学生一起出游。在一次京郊秋游的合影中，20 多个人随意地站在满树的黄叶下，脸上是灿烂的笑容，如果不仔细看，很难发现钱学森班的首席教授郑泉水站在哪里。他没有站在前排中间，而是站在后排，还被学生挡住了大部分，只露了个标志性的笑脸。

一张普通的照片背后却可以看出钱学森班的理念——以学生为中心。在钱学森班，导师不是上司，不是老板，不是权威和命令，而是学生的呵护者、引路人。

胡脊梁建模遇到困难时，他向郑泉水寻求帮助。那个冬天，室内暖气不利于人保持清醒，郑泉水带着胡脊梁，师生两人在清华校园里边走边讨论，势能函数、微分几何、张量理论……这些名词顺着冷风帮胡脊梁打开了思路。

后来胡脊梁主动找到生命科学学院教授俞立的课题组。"说实话，我那时的研究能力并不能帮助他们课题组，但是俞立老师毫无保留地帮助我、指导我。"在俞立的指导下，胡脊梁做出了超乎导师期待的成果，发表在顶级科学期刊上。

"没有这些老师的关怀和指导我不会有这么大的成长。"胡脊梁想起本科毕业时候，俞立老师找他一起吃饭，他们亦师亦友地聊了很多，有人生经历、有未来期待，"很美好"。

2013 级学生巩浩然有一次有了一个新想法，找到导师陈常青，陈常青给了他一笔研究经费支持他去做。最后，他没有做出成果，心怀愧疚地敲开导师的门，预想中的责怪和批评没有发生。"我花了他的钱却没有出成果，老师问了我一遍过程和结果，还安慰我一番。"

2014 级学生杨昊光记得，有一年他们去密云野营，他和"水哥"（学生们都这么称呼郑泉水）在一个帐篷里聊天，帐篷外是星空，他们聊梦想，聊未来科技的发展，聊人生选择。

在郑泉水看来，创造条件并帮助学生，使他们的创新意识和能力得到充分的发挥，不仅能让学生深度学习和找到兴趣方向，而且对导师也特别有帮助，是一个双赢的局面。

郑泉水直言，最近几年研究取得的进展，很多都是在师生互动中找到的灵感，"是学生在帮着我阅读，并不断激发出创新思想。"

对于每一位新来的研究生，郑泉水都会仔细考察他是否对自己正在做的某些方向的研究感兴趣。郑泉水发现，一些学生并不知道自己对什么感兴趣，甚至只是为了拿学位，"很多时候师生间都陷入了长期尴尬郁闷的状态。"

汽车系教授周青对此感触很深。在指导钱学森班学生科研之前，他坦言自己"看不准学生"，不十分了解学生的科研兴趣、性格、品质，而最近三四年他开始指导本科生做科研后，情况大为改观，这也激发了他以更大的热情投入学生培养。

"我最得意的事是把一群极度优秀的学生拉在一起做事。"清华大学航天航空学院教授郑钢铁长期从事飞行器设计和研究工作，通过航天技术的转化，他设置了很多具有创新性和挑战性的 SRT 和 ORIC 项目。音乐工厂、卫星模拟器、自主车、手术机器人……通过指导学生科研，郑钢铁吸引了一批学生帮助他实现"疯狂"的想法。

"你的研究成果可能几十年过去没人用了，人们也就遗忘了，但是这些学生成长起来，他们可以做更多的事。"李俊峰讲到激动处，挺直后背，挥手在空中划了一圈，指向自己，"我很有成就感的。"

"本科生有极大的创新潜质。"郑泉水在指导本科生科研的过程中发现，许多博士生不敢碰、不愿碰的题目，本科生凭借初生牛犊不怕虎的精神敢去啃"硬骨头"。大一的黄轩宇在郑泉水的指导下，勇敢地开启了微型发电机的研究，现在大三的他，带着一群博士生在"闯关"。这个"零"摩擦的应用未来或许会改变世界。

"未来的创新机遇一定是在交叉领域，而交叉领域不需要太多的知识积累，本科生有这个优势。"和钱学森班前后脚创建的清华大学微纳力学中心是一个跨学校、跨学科的交叉研究中心，也成为了钱学森班学生科研训练的平台，学生稀奇古怪的想法都可以在这里找到多学科背景的老师指导。

郑泉水非常推崇卢瑟福所领导的英国剑桥大学卡文迪什实验室。自 1871 年成立以来，卡文迪什实验室培养出了 25 位诺贝尔奖获得者，在 1919—1937 年担任实验室主任的卢瑟福培养出了历史上最多的诺贝尔奖获得者，达 11 位之多。

卢瑟福的弟子道出了卢瑟福培养人才的主导思想，即"尊重和相信助手与学生的志趣及内在潜力，让他们自己在条件和环境允许的范围内做出自己的选择，提出自己的想法和做法，然后加以引导，创造条件使他们的积极性充分发挥，从而做出成绩来。"

郑泉水的梦想即是如此。

小鸡找到母鸡，小象找到大象……一批有强烈创新意识、重视人才培养、在自己领域有深厚积淀的老师，一群有自己想法、有强烈兴趣、有内生动力的学生，或许希望就在其中。

培养爬树冠军要找到松鼠而不是兔子

"钱学森之问"最大的挑战是，如何识别并招入具有巨大创新潜质的人才。

在钱学森班的十年探索中，郑泉水感到，破解"钱学森之问"所面临的挑战，不仅是大学四年如何培养创新型人才的问题，还包括能否招到具备成为创新型人才的"苗子"。

在郑泉水看来，"钱学森之问"最大的挑战是，如何识别并招入具有巨大创新潜质的人才。

在多数人眼中，"优中选优"的钱学森班学生，理应构成清华学生中的精英，但是实践下来，郑泉水发现，虽然每一届钱学森班学生都有特别优秀的，平均水平较高，但是也有一定比例的学生达不到期望的标准。

郑泉水和他的清华同事观察到：清华不少高考或者竞赛意义上的顶尖学生过于关注短期目标，比如每次的考试成绩，以及同学之间的竞争，缺乏源于兴趣和志向的内生动力，而且形成的学习方法、思维方式和价值观等具有巨大的惯性。"把在清华的学习变成了'高四''高五'，甚至还有一些智商超群的天才学生，博士毕业了，还是'高十二'年级学生，还是迷茫。"

"选才不当一方面使钱学森班的许多优质教育资源被浪费，另一方面也造成了学生的痛苦。"郑泉水说，就像要培养爬树冠军，最关键的一环是找到"松鼠"，而因为跑得快挤进爬树训练营的"兔子"们，其实是很受折磨的。

在 2013 级学生入学前，钱学森班学生有 3 个来源。一是高考统招：各省高考理工科前 10 名有申请钱学森班的资格，经过面试后决定是否录取；二是二次招生：清华所有新生在入学第二天都可以申请转入钱学森班，在参加为期半天的综合考试后，经由面试决定是否录取；三是竞赛保送，以全国物理竞赛金牌为主。

"一个特别值得重视的观察是，学生 4 年成长的优劣，与学生进清华时的高考或竞赛成绩关联度不大，而与他们的创新素养和潜质关联度很大。"郑泉水认为，尽管在招生时有面试考察，但是因为面试时间短，很难在短时间内看出一个学生的创新潜质，同时参与面试的教师往往职业性地偏好学习力这一单一维度。

"看不准。"参与招生和面试的多位老师都发现，即使在面试中有良好表现的学生，在入学后也没有达到理想的成长幅度，而有些在面试中表现不突出的学生，四年的成长却给了他们很大的惊喜。

在苦苦思索如何构建钱学森班评价标准那几年，郑泉水和同事们参考了哈佛大学、加州理工学院等名校的标准，学习了心理学和脑科学近期的重大进展，还研究了若干著名招聘专业公司的经验，结合钱学森班的实践经验，总结出了五维度的测评体系（MOGWL）用于钱学森班招生、本科培养和毕业后的长期追踪。这五个维度如下：

一是内生动力（motivation）：对科学发现或技术创新有着迷般的极强志趣和不断追求卓越的内在力量；

二是开放性（openness）：有强烈的求知欲、好奇心，具有批判性思维和提出有意义问题的习惯，能从多角度看问题，有很好的观察力，有思维的深度等；

三是坚毅力（grit）：包括开始和改变的勇气，拥抱失败、屡败屡战，对目标锲而不舍的追求和专注，耐得住寂寞、坚持到底等；

四是智慧（wisdom）：不仅包括智商、学有余力，还综合了从他人、从失败、从实践中学习和领悟的能力；

五是领导力（leadership）：主要衡量远见卓识、奉献精神、表达能力、团队合作能力等。

钱学森班在 2013 年、2017 年和 2018 年分别进行了 3 次多维测评招生。2018 年 1 月开展的第 3 届钱学森创新挑战营，全国有 2000 多名获得省级以上学科竞赛一等奖的高三学生报名，最终选拔了 60 多名学生参加挑战营。

持续 4 天的挑战营，学生需要动手实践，比如用最少的纸搭建一座承载最重的桥，在这个过程中有心理学方面专家观察学生的情绪变化、团队合作能力、领导力等并进行心理测试。面试官既有资深教授也有社会阅历丰富的清华杰出校友，所有面试官都经过了专业培训，每场面试时间 45 分钟。

"这个优中选优的人群，虽然有很高的学习天分和学习能力，但是符合钱学森班需求的学生不多，最应该展现的兴趣、激情、思考明显暗淡。"郑泉水不无担忧。

但是也有令人看到希望的光芒。2013 年入学的 30 名钱学森班学生中，有 13 名学生是来自按照多维测评体系考察的挑战营，对比实施同样培养方案的其他年级学生，郑泉水认为"2013 级学生整体上明显优于后者。"

"或许，对培养创新人才而言，最关键的是找对培养对象，而构建培养体系还是相对容易的事情。"郑泉水认为，发现具有创新潜质的"苗子"，回答"钱学森之问"，只靠大学单兵作战是不行的，还需撬动中学、小学、幼儿园和家庭的教育体系，更离不开社会资源的支持，"将是一场教育的大变革。"

时光拉回到 62 年前，回国不久的钱学森为解决当时中国力学人才严重匮乏的问题，举办了清华大学工程力学研究班。这个班一共招收了 3 届共计 325 名学员，其中培养出了 6 名院士，大部分学员成为中国力学学科重要的科研和教学力量。这是第一个"钱学森班"。

余寿文是这个"钱学森班"的第 2 届学员，他回忆，当时钱学森讲水动力学，郭永怀讲流体力学，钱伟长讲应用数学，学员是来自全国工科学校最优秀的毕业生和青年教师。

很多年后，余寿文成为另一个"钱学森班"——钱学森力学班的顾问，他相信，这两个相隔数十年的"钱学森班"有一些东西像血脉一样传承了下来，"钱学森之问"的答案一定就在其中。

"我们越来越感到回答钱学森之问的最大挑战，还不在于如何改进培养模式，而是如何突破现有高考体系。"

钱学森力学班十年

经济观察报记者　陈伊凡

"为什么我们的学校总是培养不出杰出人才？"

在世纪之交提出的"钱学森之问"，至今仍是萦绕在中国教育界的未解难题。不过，这一"时代之问"，在当下已经变得更加复杂。

"智力被非人类全面超越，导致对教育的核心需求产生了千百年来最大的一次变化：从知识传授转为创新能力培养，且这一转变到来的速度和范围都远远超过预期。""钱学森力学班"（以下简称"钱学森班"）的首席科学家郑泉水说。

钱学森是中国近代力学和航天事业的奠基人，以他命名的"钱学森力学班"，是清华大学拔尖创新人才培养计划的一个部分。这里的学生，都被赋予了成为相关科学技术领域领军人才的期待。

2009 年，"钱学森力学班"成立，迄今已近 10 年。郑泉水说，破解"钱学森之问"已经是最急迫的国家战略性挑战。

对话之前，郑泉水刚结束为期一天半的会议。

这里是液晶大厦三层的会议室，会议室外的墙上挂着钱学森班师生们的跨学科研究成果。

这是郑泉水在清华的第 26 年，是他建立钱学森班的第十年。他的普通话带着浓厚的江西口音，时不时摘下眼镜，揉揉眼睛。"未来 30 年的机会在纳米技术，未来 50 年的机会在生物科技"，郑泉水说。

他语速很快，谈话中，他常提爱因斯坦及其所代表的犹太学者的群体，这是他进行研究，包括教导学生的参考和借鉴，这个占据全球人口 0.2% 的民族，产生了覆盖各领域约 20% 的诺贝尔奖获得者，诞生众多源头创新的技术。

他几乎能记起每个钱学森班学生的名字，津津乐道和学生们一起做研究的故事，这些年轻人总能给他许多启发。他乐于分享自己的科学想象，尽管这些想象在最初几乎被定义为不可能，例如对"零"摩擦世界的探索。

郑泉水所在的区域，囊括了中国国家核心的创新动力，从液晶大楼往北，依次是技术科学楼、建筑馆和钱学森班所在的航天航空学院大楼，往西的清华科技园里紫光、同方大厦、启迪控股大楼高耸。

10 年来，郑泉水在钱学森班倾注心血，但如今的钱学森班所交出的答卷，在他眼里，目前只能打 70 分。

这里的问题包括：一些像"爱因斯坦"这种成绩一般但创新能力超强的学生难以进入钱学森班；二是成绩好的学生，创新能力和潜质却不足。

组建钱学森班十年，教育方案不断迭代，郑泉水总结出一套人才培养的方法论——通过研究学习。他认为，这是能够解决后面这个问题的最佳办法。至于第一个问题，却涉及整个教育体系。

"但我仍然坚信，大的方向是正确的，尽管中途会磕磕碰碰。"郑泉水说。

爱因斯坦的梦想

梦想，从家门口的一条河开始。

江西省金溪县浒湾镇，以出书之盛而闻名，赣东俗谚"临川才子金溪书"说的便是此地。郑泉水就来自这里。小时候，家住在抚河边，16 岁的他，梦想是造一座桥，让家乡的人可以到对岸去。于是，作为恢复高考后的首届大学生，郑泉水在 1977 年被江西工学院土建系录取。

天地被一下子打开。在大学里，他开始接触了爱因斯坦，这个科学巨匠的传记把他"吸引住了"，"原来科学是这么一回事。"他发现，土木学距离爱因斯坦太遥远，"我觉得我应该去学力学。"力学，自此开始走进他的学术生涯，并成为毕生追求的志趣。这门能够追溯到中世纪的古老科学，在此后的时间里不断发展，与工程技术、计算技术、自然科学相互融合。

20 世纪 70 年代末 80 年代初，就在郑泉水开始将力学作为钻研的方向时，世界的科技创新正在进入一个新的阶段。美国的 DARPA（国防高级研究计划署）一系列科技项目，涌现了一批对现代社会影响深远的重大发明。1980 年，美国《拜杜法案》颁布，至今仍被视为推动美国技术成果转化的关键。

力学与数学密不可分，许多有名的力学家同时也是数学家。大学课业繁重，为了能够保证学好每一门力学相关的课，他在保证其他课程学得不差的前提下，每学期主攻一门。大一一年花了很多工夫学数学，大二第一学期开始着重学物理。"爱因斯坦大学期间就开始写文章，所以我觉得我也要写文章。"除了上课之外，郑泉水在本科时期开始写文章发表。转专业，加上为了发表文章，郑泉水自己钻研了很多力学方面的书籍，学校的老师给了他宽松的学习环境，不仅说他学得好，甚至提出让他来上课。

当时，在德国的郭仲衡院士给他写信，说郑泉水是他所知道的第一个看懂他那本《非线性弹性力学》的中国人。1982 年，郑泉水留校工作，当时，他参加了力学家戴天民教授的讲习班，颇受赏识，戴天民便把他介绍给了钱伟长。1983 年到 1985 年他到北京大学应用数学专业进修在职硕士，1985 年，郑泉水获湖南大学固体力学专业硕士学位，1989 年直接申请并获得清华大学固体力学专业博士学位，师从固体力学家黄克智。

1989 年，郑泉水出国，在力学的理论、张量本构关系上做了许多系统性的理论工作，组建了这一领域的体系；20 世纪 90 年代中后期，郑泉水又致力于细观力学的研究；"但我觉得它还不够吸引人"。于是在 2000 年之后，郑泉水开始研究固、液、气的界面问题，"这也是我决定要做的方向。"

"快 20 年了。"郑泉水看了一眼身边的妻子，"可能还会做很长时间。"

"你可以看到，这个过程中是有主线的，我一直在寻求我自己想做的事，但一开始不知道方向，因为认知存在局限。但随着时间的推移，我一直在拓展自己的认知，追寻自己的梦想，去找导师，去找各种机会，然后按照自己的目标去组织自己的知识结构。"通过研究进行学习的方式，后来成为钱学森班所提倡的学习方法。

真正开始思考如何培养创新型人才，始于 2001 年前后。当时，郑泉水的一名硕士生告诉他，整个班上想继续做学术研究的学生，可能只有他一人。

这句话对郑泉水震动很大，"我一直觉得自己不适合做行政工作。"知道这件事之后，郑泉水下定决心，主动请缨担任固体所所长。因为我需要有一个平台来做这件事。"

之后，郑泉水和同事们开始进行课程改革的研讨，每周花几个小时的时间讨论，在全世界各所大学进行调研。当时，郑泉水和他的同事们认为，学校目前上课的内容不够新、太枯燥。

于是，第一阶段的工作重心，是考虑如何调整课程的结构，改进上课的方法，使得同学们能够感兴趣。这样的讨论进行了整整一年，最后发现这样的方式行不通，"因为涉及课程质量、课程体系，不是一个研究所能解决的事情。"

之后，他们又决定从研究生课程入手进行调整，同样无疾而终。一直到了 2007 年，一件事让老师们又开始思考课程改革。刚刚升级为航天航空学院的力学所招收的学生中，有十几个学生没有毕业。"现在想想太正常了，但当时觉得很震惊。"

由于认为问题很严重，老师们开了研讨会，讨论课程改革，时任学术委员会主任的郑泉水主持了研讨会议。他们花了 3 个月的时间进行讨论，大家都认为应该加强课程的挑战性，但还有一个问题无法解决，就是有 3 个专业学科的培养课程里包含力学，每个专业都认为应该把自己的那部分加强，最后发现，如果按照这样的思路，培养方案可能要达到 200 个学分，原本希望减轻学生负担，最后却适得其反，围绕这个问题经过多次的讨论，都无法解决，决定放弃。

但郑泉水仍不死心，他与许多老师商议，最终决定，干脆办一个特殊的班级，由郑泉水担纲首席科学家，主持这项工作。

2009 年，钱学森力学班成立。这距离美国"高等教育实验室"欧林工学院招收第一届学生过了 7 年。这一年，美国研制出世界首个固态量子处理器，微软为了扩展其竞争领域，推出了"Bing"（必应）搜索引擎和 Windows 7 操作系统；11 月 3 日，时任中华人民共和国总理的温家宝在人民大会堂向科技界发表题为《让科技引领中国可持续发展》的讲话，指出，面对当前国际金融危机，各国正在进行抢占科技制高点的竞赛，全球将进入空前的创新密集和产业振兴时代。教育部联合中组部、财政部为回答著名的"钱学森之问"而推出的一项人才培养计划——基础学科拔尖学生培养试验计划，选择了数学、物理、化学、生物科学和计算机 5 个领域，在清华大学、北京大学等 19 所高校进行拔尖创新人才培养试点。

永远不破灭的"泡泡"

正如欧林工学院校长给其学校的定位为——高等教育的实验室，钱学森力学班的定位也是——"面向创新型工科的一个实验田"。其定位是工科基础，使命是发掘和培养有志于通过技术改变世界的源头式创新型人才。

第一个理念，也是核心，就是帮助学生找到他们想做的事，然后再帮助他们全力以赴去做。

"这是犹太人的教育理念，就是尊重孩子的选择。"有了这个理念之后，钱学森班的定位就不是力学方向，而是工科基础。也就是说，在钱学森班主要是打基础，以后可以做很多方向。

第二个理念师生共赢，让学生做想做的事，也需要让老师能够从中受益。

第三个理念是开放式。做这件事需要的可能还不止是清华的老师，还需要许多国外的老师和社会资源来做这件事。

基于三个理念下，培养方法在实践过程中逐步迭代。

一个叫杨锦的学生走进郑泉水的视线。钱学森班 2009 年入校的本科生杨锦在郑泉水的课题组做 SRT（学生研究训练）课题，偶然看到水面上漂有一层带微小颗粒的泡泡，能许久不破，感到十分好奇。他将这个观察报告给了老师。

"好玩！"郑泉水知道后，建议他从网上查找这方面的报道。当初步得知现有泡泡都不能持久时，就鼓励、指导和支持他进行较全面的文献调研和较系统的实验。在文献和杨锦的实验观察基础上，郑泉水提出了一种"永久不破泡泡的机理"，指导杨锦完成了实验验证。

"他的一次综合报告甚至让我产生了一种感觉：他进行该项研究半年所积累的知识和建立的能力快赶上普通博士生 2 年学习后开题时的水平了。"郑泉水说。

当时他把这件事告诉了时任校长陈吉宁，陈吉宁表示，要把这个泡泡放到清华校史馆。为了放到校史馆，郑泉水的目标是，把"泡泡吹大"一些。但最后，"泡泡"还没有"吹大"，杨锦就出国留学了。

郑泉水又指导了两届学生和他一起做这件事——"把泡泡吹大"。

这件事给了郑泉水启发，"第一件是坚持，第二件是本科生也可以做研究。"这一启发构筑了他在钱学森班培养模式的核心方法——通过研究学习作为牵引，激发学生的学术兴趣，从而能够实现创新基因的培养和强化。到了 2013 级，钱学森班的学生，28 人发表了 31 篇学术文章。

这时的郑泉水开始逐渐意识到，自己曾经那套通过研究掌握知识的方法，具有普适性。"尤其是，在知识大爆炸，呈现指数增长的时代，很难通过正常的学习模式把知识学完，因为学习过程中，知识可能已经增长了几十倍。"

"所以首先需要有一个方向，才能走到前沿。"而做研究，就是寻找方向最有效的方法。这与研究性学习有本质性不同，前者是寻求未知，寻找答案，而后者则是将已知当作未知。

郑泉水说，通过研究进行学习不仅能够帮助学生们寻找自己的兴趣，还能够提高学习效率和学习的系统性，并且可以帮助学生找到合适的导师。

钱学森班培养模式有两次迭代。第一个阶段是 2009—2015 年，总体框架突出三个重点：追求师生双赢、重视基础和深度学习以及鼓励创新思维和研究。

为了达成师生双赢，钱学森班采取小班上课、导师制、不同院系之间的流动机制、实验室探究等方案。此外，在基础学科课程上投入更多学时。为了增加挑战性，要求学生课外和课内的时间投入比为 3:1，专门聘请授课教师，进行大量讨论和研究性学习。鼓励创新思维和研究方面，从 2012 年的首届大四学生开始，安排学生进行为期 3~6 个月的海外研修，2014 年设立 ORIC 自主研究课程等。

第一阶段的培养模式在改进中，却仍然有几个难题未能解决。例如，学分过多，加上不少学生重视学分绩，导致尽管科学技术课程的方面实施较好，但在价值观、交流和领导力等几个方面不足。

虽然钱学森班的一大核心是帮助学生找到自己的兴趣，但在第一版培养模式实施下，仍存在相当部分的学生动力不足或不够坚持、目的不明确的问题。

2015 年之后，培养模式迭代为 CRC 体系，增加了三个方面：第一个方面是以研究学习为核心思想，创建系统性台阶式的研究实践体系，以此帮助学生真正找到自己的兴趣和热情所在。四个台阶包括初识研究、研究学徒、自主研究和实习研究员；第二个方面就是建立结构清晰的课程体系，把总课时从原来的 178 学分减少到 148 学分，将全部课程划分为 3 个课组，即挑战性、结构性和普遍性；第三个方面是建立朋辈学习和创新生态，邀请各行业有突出成就的人士作为志愿者担任钱学森班的社会导师。

"我愿意打 70 分"

"如果从我自己的角度，我愿意打 70 分。"在被问到给如今钱学森班的成就打分时，郑泉水说，"70 分，这样能够有更多的上升空间，如果能够到 90 分，那么我将会非常开心。"

现在的钱学森班，在郑泉水看来仍然有很大提升空间。

"可能钱学森班更多的，是那种天资特好，特别会考试，但是比较迷茫的人。因为他的整个人生经历都是向短期目标努力。"郑泉水说。

这涉及中国教育的问题，中国教育更多的都是一种短期目标，先考上高中，然后高考。但创新需要的是长期目标。在郑泉水看来，目前高考招生体系下的优秀，多数不是创新素养和发展潜力意义下的优秀，学生们四年的成长优劣，与学生进清华时的高考或竞赛成绩关联度不大，而与他们的创新素养和潜质关联度很大。

钱学森班的评价标准究竟是什么，钱学森班所培养的是什么样的学生，是郑泉水和同事们苦苦思索的一个问题。

他们参考了哈佛大学、加州理工学院等的标准，学习了心理学和脑科学的有关重大进展和新认识，并研究了若干著名招聘专业公司的经验，提炼了五个钱学森班的基因，他将其提炼为：MOGWL。即内生动力（motivation），即对科学发现或技术创新有着迷般的极强志趣和不断追求卓越的内在力量；开放性（openness），即有强烈的求知欲、好奇心，具有批判性思维和提出有意义问题的习惯，能从多角度看问题，有很好的观察力，有思维的深度等；坚毅力（grit），包括开始和改变的勇气，拥抱失败、屡败屡战，对目标锲而不舍的追求和专注、耐得住寂寞、坚持到底等；智慧（wisdom），不仅包括智商、学有余力，也综合了从他人、从失败、从实践中学习和领悟的能力；领导力（leadership），主要衡量远见卓识、正能量价值观、奉献精神、表达能力、动员追随者和资源的能力、团队合作能力等。

在这几个素质当中，钱学森班将内生动力作为核心，这正是郑泉水所关注的"长期目标"，"一个不知道自己'要去哪里'，甚至连方向都没有的'迷茫'者，是不可能激发自己所有的潜能，去达成一个艰难的使命（创新）的。"郑泉水在他的文章《"多维测评"招生，破解钱学森之问的最大挑战》中写到。

钱学森班试图通过招生，找到那些有长期目标的学生。钱学森班每年招收 30 名新生，前四届招生主要由两部分组成：第一种是通过高考统招，各省高考理工科前十名具有申请钱学森班的资格，面试后决定是否被录取；第二种是二次招生：清华所有新生在刚入学的前三天，都可以报名申请转入钱学森班，在参加为时半天的综合考试并取得靠前的成绩后，经面试决定是否被录取。此外，在大一和大二阶段，不适应的学生可以休学调整，也可以转到其他班；同时也有其他班级的学生择优补入钱学森班。

郑泉水和他的团队目前正在试验多维测评的方式招生，通过面向有志于报考清华的高中生举办了 3 届钱学森创新挑战营，从 5 个维度对学生进行考察。2017 年 1 月，在第二届清华钱学森创新挑战营的高三和高二学生中，老师们根据内生动力、开放性、坚毅力、智慧和领导力五个维度标准打分，发现排名前五的都是高二学生。2018 年 1 月，在第三届钱学森创新挑战营中，面试官根据五个维度标准打分，符合条件者寥寥。"我希望，钱学森班的学生是能够有自己的长远目标，不断追求卓越，能够激励他人，关心他人。但目前看来，离这个目标还有距离。"郑泉水说。

"在钱学森班的实践过程中，我们越来越感到回答钱学森之问的最大挑战，还不在于如何改进培养模式，而是如何突破现有高考体系，招进真正有巨大创新潜力的学生。"郑泉水说。而这也将会是一个持续很久的课题，这将是一场波及高中、初中、小学、幼儿园甚至家庭教育的革命。

机遇的力量

郑泉水反复强调，机遇的重要，而通过研究学习，一定能够抓住重大机遇。

"比尔·盖茨、乔布斯，他们都是 1955 年出生，这几年最有财富的一批人似乎都是这个时间前后诞生。其中一个原因是，他们 20 岁的时候，正好是个人计算机出现的时候。再比如，爱因斯坦做狭义相对论，现在看来，并没有什么难度，但那个时候，正好麦克斯韦方程提出，关于光的各种理论提出，时代走到那个点。"

在人工智能逐鹿中原，边缘计算、物联网、5G 等一些社会变革式的创新正在逐步影响人类社会时，把握这一机遇的关键，在于立足于基础研究的源头式创新。

"曾经中国企业更多的是跟随，没有自己的创新。如今，中国正在慢慢走向价值链的上部，取决于其能否做到独一无二的，就是来源于基础研究的创新。而现在在中国，已经能够看到这样的企业案例。"如今，郑泉水也在与一些中国企业共同探索技术无人区的可能与创新。他与钱学森班的学生最近所做的一项未来技术，就是"零"摩擦的研究，为制作纳米级的机器人提供了可能，如果想要做一个十几微米大小的机器人，为了减少摩擦，可能添加的润滑油就要几十微米，"零"摩擦可以解决这一问题。

在他的这个"零"摩擦的研究中，涉及多个学科的知识。

"创新最富饶的领域，就是跨学科领域。"跨学科的创新，也是郑泉水笃定的未来创新方向。他甚至鼓励学生们能够在找到自己兴趣所在的前提下，提出转系到另一个自己更加感兴趣的院系。他的多学科交叉研究中心里，学生们能够用纳米技术结合光学技术、生物技术等实现自己的想象。

郑泉水认为，尽管信息技术如今仍蓬勃发展并深受热捧，且将在未来越来越重要。但相应的，其市场价值将降低，因为与传统（硬）技术相比较，信息技术有两个特别优势，一是技术发展的迭代周期短，且开发成本低很多。对于技术创新市场化来讲，这两个优势是巨大的。以往主要依赖实验来迭代的硬技术的开发周期通常都要几年甚至数十年；而主要依赖计算和大数据实现迭代的软技术的周期，一般短至几个月甚至几周。

然而，市场还有另外一个基本法则无所不在：物以稀为贵、低成本和短周期，使得进入的门槛相对较低、竞争对手更多，导致产品一片"红海"，利润下降。"当远远超出市场需求的计算机专业毕业生涌向就业市场时，对多数人讲，理想的就业机会和较高的起薪就只能是明日黄花了。"

未来 30 年内，将是以纳米技术为代表的硬+软技术，因为纳米技术相对来说体系相对简单，它所进入的，是一个以前没有过的领域。未来 50 年内以生物技术为代表的硬（+软）技术，将取而代之成为全球发展的主导技术。而生物技术的发展，则是建立在纳米技术发展的前提之下。

"钱学森班的机遇，正在于此。"

郑泉水起身，往办公室走去，他的身后是满书架的专业书籍，囊括了现在和将来几十年重要技术的理论基础，一本泛黄的《张量理论》横放在桌旁，他拿起书，翻了翻。未来这面书架上，将会有一波新的书籍取而代之，他希望，在新的基础研究创新中，将会有那么几本，来自钱学森班。

教育理想试验田，教与学的共同体

复旦大学高等教育研究所 副研究员　陆　一

引言

2010 年 9 月，我从日本东京大学教育学研究科毕业回国，开始攻读清华大学博士学位。这个"回国读博"的决定在当时并不多见，清华大学的在校博士生群体中名校海归硕士大约只有个位数。为此清华大学新闻网还给我们做了专访，记得另一名是工科生。我的考虑在于，教育要研究人和社会，教育问题深深地嵌入在政治、历史、社会、经济、文化观念等所有本土属性的背景之下，如果不亲自站在这片土地上，深入现场，怎能做出切中时弊的选题、活生生的研究？既然立志研究中国教育问题，回国读博势在必行。

同年，钱学森力学班首席教授郑泉水向教育研究院史静寰教授（我的导师）发出了研究邀约，于我而言，正是天赐良机。在清华大学，研究中国特色的科技精英教育实验，没有比这更加符合我回国治学愿望的选题了。通常博士学位论文选题会令人百般琢磨，煞费苦心，而我从接触到郑泉水教授那一刻起，就完全清楚了自己的使命，真是一种幸运！

此后三年，既为了完成博士学位论文，也为了钱学森班的教育探索实践，我与实验班的管理层、教师和学生开展了不计其数的交流。特别是与每一名学生从访谈演变为促膝长谈，与管理团队的探讨中激荡出大大小小的火花，这些经历照亮了我最初的学术道路。中国教育问题高度复杂，教育改革实践中凝聚着那么多的热诚和行动力，而学术研究对实践的贡献又是如此不足。在这些胸怀赤诚理想的教育实践者当中，我的研究工作有了真正的意义感。多年后回望，正是这种意义感带给我历久弥新的动力、敏感和热情，把越来越多的中国教育问题纳入论域。而中国的拔尖创新人才培养始终是我最关切的研究问题，以博士论文为开端，以每十年为一阶段，希望我在这个领域的学术探索与钱学森班的办学实践共同推进。

在钱学森班创建十周年之际，回看 2013 年的博士论文《中国大学本科科技精英教育新试验：以清华大学钱学森力学班为例》，自感稚嫩粗糙，不过其中一些内容依旧可读。钱学森班的办学历程就是一个真正意义上志同道合的教与学共同体的构建历程。下面围绕这个主题抽取博士论文部分章节，回顾当年调查的钱学森班起步时的状态。

共同体的育人与成才目标

共同体，意味着其成员抱有一些共有的价值目标与观念，并自发为了这个共同的目标发挥各自的力量。钱学森班作为一个特殊的教育实验区，制度层面看，师生都从原有的组织中抽脱出来得到了这个新的身份，而他们内在是否具有共同的价值与追求？尤其在教育意义上，从个体竞争中脱颖而出的学生进入清华大学、进入钱学森班，他们需要面临重塑自我的重大挑战。这个新生的实验班在多大程度上影响着每个学生重塑自我？我们从其成员各自抱有的理念和目标之间的异同关系来看教与学共同体的构建程度，从中可以折射出钱学森班的教育力度。

本节的问题是，一个实验班的管理者（制度设计者）、教师和学生是否分享着共同的价值内核？过程诊断性的实证研究结果显示，在具体能力素质方面，师生达到了较高的一致。可是在更高的层面上要使学生的志趣与教育目标相匹配则还有距离。这一方面由于此前招生时识别匹配未做到位，另一方面培养过程中价值层面的教育影响力也有待提升。并且，本节关于学生自述前途规划的数据再次揭示了：一个具有学科属性的实验班再怎么强调志趣匹配问题也不为过。

一、两种教育目标

教育者由管理者和教师组成。实验班的教育理念与目标首先由管理者制定，然后由教师通过自我的解读和教育活动来实施应用。

考察教育者的教育理念与目标，有两种不同的观点受到支持：一是具有特定学科领域属性的教育目标；二是鼓励学生自由发展的教育目标。教师问卷中，我们用表 1 中 5 题来表征。同时，表 1 显示了管理者的态度。

表 1 管理者的教育理念与目标

具有特定学科领域属性的教育目标	4A. 通过严格选拔和精心培养，希望钱学森班大部分学生将来能够投身科研事业，做出比较大的贡献	同意
	4C. 钱学森班以培养具有开创性、引领性的世界顶级科学家为目标，希望有学生未来能做出与诺贝尔奖相当的重大科技贡献	同意
	4F. 如果钱学森班的学生最终选择去做与科学无关的事，从教育培养的角度看是非常可惜的	不同意
鼓励学生自由发展的教育目标	4D. 钱学森班的教育理念是提供高水准的教育资源和相对宽松的学习环境，让学生能够逐渐找到自己真正想做的、能做的事，按照自己的兴趣、才能充分发展自己	非常同意
	4E. 如果在本科阶段，钱学森班的学生感到对科学以外的方面（如历史、哲学）更感兴趣，应该积极鼓励他去追求	非常同意

对于相同的问题，统计教师一方的答题百分比可得图 1 与图 2。比较管理者与教师群体，我们发现管理者比较认同"具有特定学科领域属性的教育目标"，而明显更加赞同"鼓励学生自由发展的教育目标"。这一点和教师群体是一致的。

当从两类目标中各选取同意者最多的题项做交叉分析得表 2。值得注意的是，合计两题项都回答"非常同意"的、两题中任意一题回答"同意"另一题回答"非常同意"的或者两题都回答"同意"，即参与答题的 81.4% 的教师同时赞同具有特定学科领域属性的和鼓励学生自由发展的两种教育目标。这看似存在矛盾的结果揭示出来自教师的现实愿望——在招生及后续选拔环节要选择那些自身兴趣和才能方向符合特定学科领域的学生——只有在

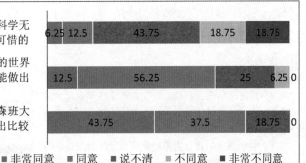

图 1 是否同意具有特定学科领域属性的教育目标（%）

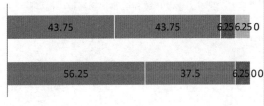

图 2 是否同意鼓励学生自由发展的教育目标（%）

表 2 教师的两类教育目标的交叉表

		4D. 钱学森班的教育理念是提供高水准的教育资源和相对宽松的学习环境，让学生能够逐渐找到自己真正想做的、能做的事，按照自己的兴趣、才能充分发展自己		
		非常同意	同意	说不清
4A. 通过严格选拔和精心培养，希望钱学森班大部分学生将来能够投身科研事业，做出比较大的贡献	非常同意	31.3%	12.5%	0
	同意	18.8%	18.8%	0
	说不清	6.2%	6.2%	6.2%

这个前提下，教师所赞同的两种教育目标可以达到一致。否则，如果教师所面对的学生志不在此，则必然在两类目标中做出取舍。就问卷回答结果来看，更多教师会倾向于鼓励学生发展自己的兴趣。那么教师和学生的努力方向就会背离具有学科属性的实验班管理者所能设计和测评的学科教育目标。

关于教育理念与培养目标，学生如何理解？分别统计学生问卷 2013 与教师问卷可得图 3。对于带有学科领域属性（科研）的人才培养目标，81.4% 的教师非常同意或同意，感知到这种培养目标的学生有 84.4%，另有 9.6% 的学生不同意这种教育目标的表述，可能与没有同意该目标的 18.7% 的教师影响有关。

虽然大部分学生明确感知到带有学科领域属性的人才培养目标，但是与学生自己的兴趣志向却没有那么高的匹配度。非常同意或同意"有志于成为科学家，愿意通过持续的努力付出，未来做出重大科技贡献"为 54.8%；"对力学及相关领域非常感兴趣，很喜欢学习它"为 51.5%，均为刚过半数。且除去"说不清"的，两者均有 10% 左右的学生表示不同意或非常不同意。

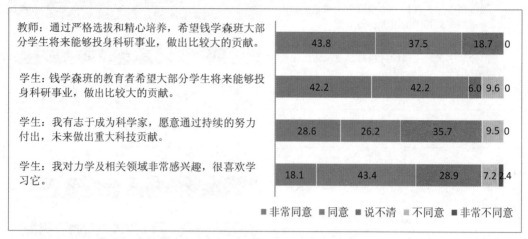

图 3　学生对教育理念与目标的理解（%）

以上数据说明，大部分教育者认同带有学科领域属性（科研）的人才培养目标，大部分学生也感知到了，然而兴趣志向符合培养目标的学生占半数，有约 10% 的学生明确表示自己的志向与带有学科领域属性（科研）的培养目标不匹配。

二、学生的志趣

那么，学生的兴趣志向究竟何在？图 4 和图 5 分年级列出了学生在本科毕业后想要在什么领域深造、发展（数据来自：学生问卷 2013-第 3 题，多选题）。

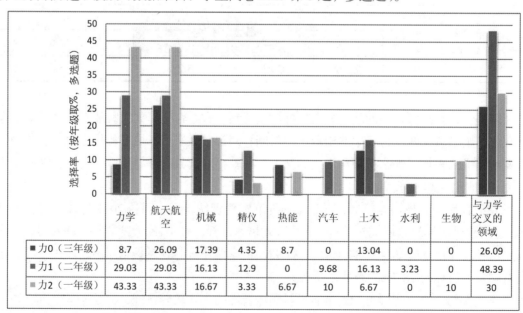

	力学	航天航空	机械	精仪	热能	汽车	土木	水利	生物	与力学交叉的领域
■力0（三年级）	8.7	26.09	17.39	4.35	8.7	0	13.04	0	0	26.09
■力1（二年级）	29.03	29.03	16.13	12.9	0	9.68	16.13	3.23	0	48.39
■力2（一年级）	43.33	43.33	16.67	3.33	6.67	10	6.67	0	10	30

图 4　分年级学生本科毕业后深造专业意向——力学相关领域（%）

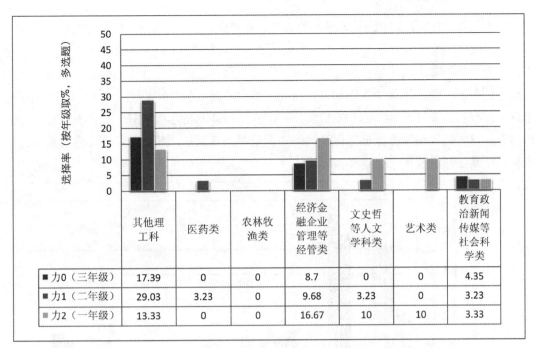

	其他理工科	医药类	农林牧渔类	经济金融企业管理等经管类	文史哲等人文学科类	艺术类	教育政治新闻传媒等社会科学类
■ 力0（三年级）	17.39	0	0	8.7	0	0	4.35
■ 力1（二年级）	29.03	3.23	0	9.68	3.23	0	3.23
■ 力2（一年级）	13.33	0	0	16.67	10	10	3.33

图5　分年级学生本科毕业后深造专业意向——力学以外的领域（%）

首先，力学相关领域明显高于其他领域，在其他领域中，选择"其他理工科"的也占多数，说明不论主动选择还是被动接受，大部分学生打算稳定在理工科领域发展而很少会完全转向非理工科专业。

在与力学相关领域方面，如图4所示，最多被选择的是"与力学交叉的领域"和"航天航空"。由于力学在工科具有较广泛的基础性，内容本身也较接近更具基础性的理科，选择"与力学交叉的领域"表示希望从基础出发拓展交叉领域。由于中国现实国情和历史惯性，一般大学中力学学科往往设置在航天航空学院下，钱学森班也不例外，同时钱学森班以"钱学森"冠名，吸引了不少有志于航天航空的学生，所以虽然理论上航天航空和机械、精密仪器、热能等一样只是以力学作为基础的工科应用之一，却明显更受钱学森班学生青睐。图4中列出的各项中，只有"力学"意味着完全保持钱学森班本身的学科内容，我们发现随着年纪的增长，选择该项的学生明显减少了。在问卷实施时期，一年级学生主要学习了数学类课程，尚未真正接触到力学课程，可以说选择带有想象成分。值得注意的是，二、三年级已经接触了力学学科本身，参加了一定的科研实践，选择继续在力学学科深造的却从二年级的29.03%锐减至三年级的8.7%。由于厚基础、宽口径是钱学森班管理者所认可、推崇的理念，只要学生是随着年级的升高积极地去选择而非消极地逃离，上述数据就不至于成为问题。

另外，图5中仅次于"其他理工科"多数的是"经济金融企业管理等经管类"。目前已知在力9和力0中有4名同学修读了经济学双学位，其中至少有1人明确将来会转而专攻经济学。其余同学也有不少在访谈中表示将来希望成为有较高技术背景的管理者，这些情况与数据相符。

学生问卷 2013-第 2 题统计了学生的未来职业意向，结果如图 6。最多数的学生希望从事"科技企业中的技术研发"类工作，其次是"大学或科研院所的科研及教学"类工作。这大体上符合钱学森班人才培养目标。不过二、三年级学生选择企业中的科研明显多于大学院校中的科研，而一年级学生则相反，这一点值得注意。另外，相比一年级 3.33% 的学生选择"还没有打算"，二年级有 16.13%、三年级有 13.04% 的学生选择"还没有打算"也值得注意，这种高年级反而比低年级茫然的情况是否意味着从理想到现实的必要转折，还是越学越茫然、越学越丧失兴趣和目标？

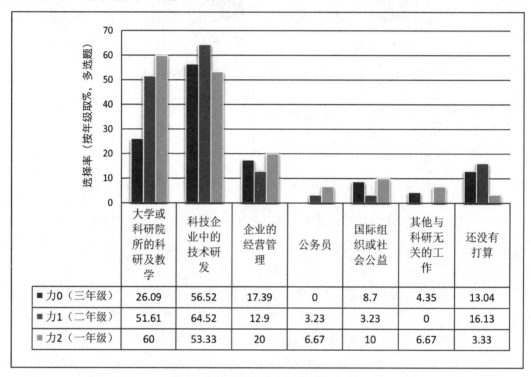

图 6　分年级学生未来职业意向（%）

上述学生问卷统计分析结果再次加强了前述结论：不论是通过识别选才还是入学后的有效引导，当学生的志趣与实验班的学科属性匹配时，他们更会感觉到实验班是一个积极支持自己发展的学习环境，从而对自己的志趣形成正反馈的强化，进而在实现志向的道路上前进。

目前学生总体情况如图 7 所示，非常同意或同意"钱学森班提供了相对宽松的学习环境，让我能够按照自己的兴趣、才能充分发展自己"的有 56%，同时也有 21.4% 的学生不同意或非常不同意。这意味着平均每 30 人一个班中就有约 6 人感到压抑，难以如愿发展自己。这个比例是实验班应该尽量降低的。

图 7 中，41.6% 的学生非常同意或同意"通过在钱学森班的学习，我找到了自己真正想做的、能做的事"，34.6% 的学生非常同意或同意"在钱学森班学习使我规划好了自己的深造计划和发展路径"。这说明，在帮助学生找到自己的发展方向上，离达到目标仍有距离。

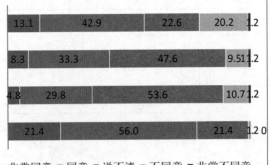

图 7　教育环境是否有利于发展自我志趣（%）

不过，几乎没有学生反对"钱学森班的课程与师资对实现我自己的理想有直接的帮助"，学生对实验阶段管理者和教师在课程上的努力是非常肯定的，即使目前自己的志趣未定或与钱学森班目标不符，学生也愿意相信或承认钱学森班的课程与师资对自己很有价值。这意味着虽然还有未尽之处，师生的努力没有背道而驰。

当加入不同年级的因素来看，实际教育过程中是否对学生的志趣产生了积极的影响呢？学生问卷 2013-第 3 题中，学生多项选择了本科毕业后想要在什么领域深造、发展。现统计每位学生选择的学科项目数，包括力学相关领域和其他领域，用该可选专业数来标识学生专业志向兴趣的收敛程度。

试发现不同年级学生对上述可选专业数、"我有志于成为科学家，愿意通过持续的努力付出，未来做出重大科技贡献"和"我对力学及相关领域非常感兴趣，很喜欢学习它"是否存在显著的均值差异，使用单因素方差分析，结果见表 3。发现"我有志于成为科学家，愿意通过持续的努力付出，未来做出重大科技贡献"和"我对力学及相关领域非常感兴趣，很喜欢学习它"存在年级间显著的差异。其余如"钱学森班提供了相对宽松的学习环境，让我能够按照自己的兴趣、才能充分发展自己"；"通过在钱学森班的学习，我找到了自己真正想做的、能做的事"；"在钱学森班学习使我规划好了自己的深造计划和发展路径"和"钱学森班的课程与师资对实现我自己的理想有直接的帮助"均不存在年级间显著的均值差异。

值得引起注意的是，由于学生问卷 2013-第 4 题采用正向计分，对"我有志于成为科学家，愿意通过持续的努力付出，未来做出重大科技贡献"的认同度，1 年级显著分别高于 2、3、4 年级。对"我对力学及相关领域非常感兴趣，很喜欢学习它"的认同度，1 年级显著分别高于 3、4 年级，2 年级显著高于 3 年级。该结果解读为 1 年级学生对科研上的大志向和对力学的兴趣都显著高于高年级。如果这和教育结果有关系，那确是不理想的。

当然，由于本研究使用的不是跟踪数据，另一种解释是由于招生、教育培养方面的改进，年级越低（越晚入学的年级）学生的志趣越匹配，或者志趣方面的引导教育越有效。虽然仅凭问卷数据无法甄别上述两种可能，但访谈的数据与前一种解读更接近，不论是选才环节还是教育过程中，学生的志趣始终是钱学森班的管理者及教师面对的重要问题。

表3 年级间比较

题项："我有志于成为科学家，愿意通过持续的努力付出，未来做出重大科技贡献"

(I) 年级	(J) 年级	均值差 (I-J)	标准误	Sig.	95%置信区间	
					上界	下界
1	2	0.555*	0.247	0.027	0.07	1.04
	3	0.939*	0.267	0.001	0.41	1.47
	4	0.700*	0.287	0.017	0.13	1.27
2	3	0.384	0.265	0.150	−0.14	0.91
	4	0.145	0.285	0.612	−0.42	0.71
3	4	−0.239	0.303	0.432	−0.84	0.36

题项："我对力学及相关领域非常感兴趣，很喜欢学习它"

(I) 年级	(J) 年级	均值差 (I-J)	标准误	Sig.	95%置信区间	
					上界	下界
1	2	0.228	0.208	0.276	−0.19	0.64
	3	1.158*	0.228	0.000	0.70	1.61
	4	0.678*	0.242	0.006	0.20	1.16
2	3	0.930*	0.227	0.000	0.48	1.38
	4	0.450	0.241	0.065	−0.03	0.93
3	4	−0.480	0.258	0.066	−0.99	0.03

三、师生具体教育目标的比较

除了以上讨论的本科人才培养总体目标外，进而要研究具体哪些能力、素质是钱学森班本科阶段需要着重培养、锻炼的？对此，通过对管理者、教师和学生的前期访谈，收集到了最多被提及的29项重要的能力、品质或素养，设置在学生问卷2013-第5题及教师问卷第6题。下面整理管理者、教师和填答结果，分别计分排序[①]。

表4中对比了管理者和教师排序的前10位[②]。其中，共同的有7项。管理者和教师都将"浓厚的探索与求知兴趣"列在首要位置，前两项均关于学习动机，两个排序榜上均包括了学习动力的三项。还有与持续的学习动力相关的"自信""锲而不舍克服困难、挫折的品质""发现问题并探寻解决方法的能力"等均在两榜的前十位之中。可见管理者和教师都认识到学生的学习动力问题至关重要。

---

① 教师和学生问卷排序的计分方式：对每个选项，每一次出现在第一项计5，第二项计4，第三项计3、第四项计2、第五项计1，未出现计0，按总得分降序排列。

② 此题每位教师填写了他们认为最重要的前5项，管理者被要求填写其认为最重要的前10项。表中管理者排序即为填答结果，教师排序是按脚注①的方式计分处理后的结果。

表 4 管理者与教师判断具体目标重要性的比较

管理者排序	教师排序
浓厚的探索与求知兴趣	浓厚的探索与求知兴趣
持久的学习动机和学习习惯	成为杰出人才的雄心壮志
自学能力	自信
成为杰出人才的雄心壮志	锲而不舍克服困难、挫折的品质
自信	发现问题并探寻解决方法的能力
良好品格、是非观、道德行为能力	创造力与想象力
宽广的知识面	持久的学习动机和学习习惯
创造力与想象力	深入思考、判断、分析问题的能力
发现问题并探寻解决方法的能力	乐观阳光的性格
锲而不舍克服困难、挫折的品质	扎实的学科知识

两个排序榜不同的三项，管理者重视的"自学能力""良好品格、是非观、道德行为能力""宽广的知识面"不在教师排序的前十，而教师排序的"深入思考、判断、分析问题的能力""乐观阳光的性格""扎实的学科知识"则不在管理者排序前十。两者相比较可推论，管理者偏重的三项包括自学、品德和知识面，更多倾向于学生个人的全面的、较长远的成长发展，教师偏重的三项包括思考力、乐观和学科知识则更倾向于学生眼下的专业学科的学习。

学生和教师对各项重要性的排序有所不同。对学生和教师的填答结果分别计分排序得表 5。学生对"自学能力""扎实的学科知识""深入思考、判断、分析问题的能力"三项的排序高于教师。从内容看，这三项都是课业学习过程中最重要的，体现了学生的视角。

表 5 学生与教师判断具体目标重要性的比较

学生排序	教师排序
自学能力	浓厚的探索与求知兴趣
扎实的学科知识	成为杰出人才的雄心壮志
深入思考、判断、分析问题的能力	自信
浓厚的探索与求知兴趣	锲而不舍克服困难、挫折的品质
锲而不舍克服困难、挫折的品质	发现问题并探寻解决方法的能力
发现问题并探寻解决方法的能力	创造力与想象力
自信	持久的学习动机和学习习惯
乐观阳光的性格	深入思考、判断、分析问题的能力
持久的学习动机和学习习惯	乐观阳光的性格

续表

学生排序	教师排序
创造力与想象力	扎实的学科知识
成为杰出人才的雄心壮志	自学能力
有效地与他人协作共事的能力	宽广的知识面
宽广的知识面	了解、适应科研工作的生活方式
自律性、自我管理能力	贡献国家社会的责任意识
贡献国家社会的责任意识	有效地与他人协作共事的能力
明确自己未来发展的规划	跨文化的国际视野
良好品格、是非观、道德行为能力	明确自己未来发展的规划
对力学及相关领域的热爱	良好品格、是非观、道德行为能力
组织领导能力	自律性、自我管理能力
为人处世、处理好人际关系的能力	对力学及相关领域的热爱
跨文化的国际视野	组织领导能力
心理和情绪的自我调节能力	为人处世、处理好人际关系的能力
口头表达与沟通能力	心理和情绪的自我调节能力
了解、适应科研工作的生活方式	口头表达与沟通能力
人文与艺术的修养	人文与艺术的修养
书面写作能力	书面写作能力

教师对"自信""成为杰出人才的雄心壮志""创造力与想象力"三项排序高于学生。这三项更多的是对科研、创造性人才的要求，而不是对学习者的要求。这里可以发现教师和学生对什么是本科阶段最需要养成或发展的才能的看法之间存在距离。

对于"乐观阳光的性格""持久的学习动机和学习习惯""浓厚的探索与求知兴趣""锲而不舍克服困难、挫折的品质""发现问题并探寻解决方法的能力"5项，学生和教师都比较重视。

图8　三方具体目标的回应方向

综合以上管理者与教师、教师与学生的排序比较，我们发现一个有趣的现象，三方所重视的项目虽然总体上比较一致，管理者提倡作为独立科研人才的品质，教师与管理者相近，但侧重学习能力而非人品，学生则最重视应对课业的学习能力。这意味着，管理者回应的是学生所需，教师回应的是管理者的要求，而学生回应的是教师的要求。再者，管理者倾向学生个人的全面的、较长远的成长发展，而学生看重的能力倾向解决眼前专业课程的学习问题，教师则相对居中。并且，学生的目标指向教师对他们的要求（主要是课程学习和科研锻炼），教师工作的目标指向管理者提倡下他们各自的教育理念，而管理者的目标指向则最接近学生个人全面的、长远的学习与成长，所构成的态势见示意图8。管理者、教师、学生三方构成的共同体以学生收获成长成才为共同目标的话，三者目前观念的差异也可看做是整体目标和部分目标，或者本质目标和手段途径（眼前目标）之间的差异。由于整体目标统摄部分、眼前目标，而手段途径也规定着目标的达成程度。即对于学生成长成才，管理者关照全局和本质，教师关切手段，学生回应手段。从理论和实际来看，这符合三者在大学教育中不同的位置，同时意味着只有三者结成教与学的共同体，学生收获的成长才能从眼前局部走向长远整体。那么，结成教与学共同体的努力就是要沟通三者对目标的判断，使三方意识到正在向着统一的目标努力，认识到更整体、本质的学生成长成才的要素，从而形成更积极有效的合力。为此，管理者、教师和学生三方都还要更加主动投入其中。

共同体中的人际互动

人际互动是教育发生的本质，也是决定学习效果和教育质量的重要因素。并且，丰富、密切又深入的人际互动不仅是大学人才培养的重要途径，更是实验班本应特有的优势。本研究的框架以教与学过程中的人为主体，以管理者、教师和学生共同构成"教与学共同体"作为过程性衡量的标准，以学生的成长收获为指向，那么可同理推得师（包括管理者和教师）生之间、生生之间的人际互动以及管理者为人际互动创造的环境条件三方面来考察案例的互动质量与影响互动的因素。为此，我们首先做出如表6的操作性界定，即从师生互动、生生互动和互动环境与平台的营造三方面来开展研究。

表6 教与学共同体中的互动

师生互动	学生与管理者、任课教师、班主任和导师之间除课堂教学之外的个人化的互动
生生互动	钱学森班班级内同学间的互动、不同年级钱学森班学生之间的互动，以及钱学森班学生与其他学生的互动
互动环境与平台	物理空间，如教学楼、专用教室、活动室、宿舍等，以及以互动为主要目的之一的活动设计，如钱学森班定期的联欢会、读书会、座谈会等

一、师生互动

首先考察学生分别与管理者、任课教师、班主任和导师之间的互动。访谈发现，未加以干预的情况下，低年级（主要是一年级）学生对导师制缺乏认识，而由于每周都有上课、答疑的计划，他们和任课教师相互了解更多，更容易形成交流。低年级较少学生和导师的交流则因导师而异，尚未形成途径、频率等规则或规范。高年级学生主要会跟从导师做科研实践，相互角色定位比较明确，互动频率也较高。另外，班主任也承担着重要的与学生交流的工作。访谈中，此类交流主要由班主任发起，通常邀请最近在学习或其他各方面遇到困难或有潜在问题的学生，另一种邀请是讨论班级工作。管理者和部分学生有直接的互动，主要是与作为导师辅导的学生、通过招生工作认识的个别学生和主动寻求交流的学生。

我们发现，由于互动双方角色不同，在实际互动中教师自然地掌握更多权威，而积极有效的师生互动应以学生获得更多积极自信和主动交流意愿为结果。因而，我们认为作为已有互动的结果，学生对老师的信赖程度和师生互动的频率是未来良好的师生互动的基础，下面的调查方法则利用师生配套问卷，发现学生的自我反馈与教师估计之间的差距。

总体而言钱学森班目前的师生关系很好，学生心目中钱学森班的教师具有相当高的师德风范。在一至三年级的学生调查中，超过70%的学生同意"我在大学遇到过非常理解我的老师""有老师经常鼓励我、表扬我的进步"，更有92.8%的学生表示信任自己的老师，见图9。

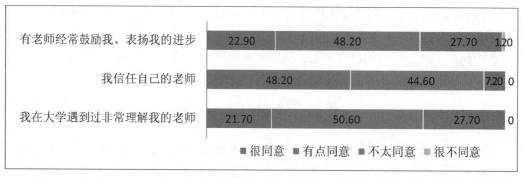

图9　学生信赖教师（%）

对目前大四的力9班学生进行e-mail调查得知，94%的学生认为"钱学森班的老师全都热心于给学生上课"，多数学生表示十分敬佩这一点。71%的学生还提到了有令他们敬佩、向往的老师，具体有：

在搞科研和做工程上都很有成就，我很佩服他，希望自己将来无论做什么都能够像他那样。

- 因为他很喜欢自己所从事的工作，乐在其中，事业有成而且家庭幸福。

- 他对于治学的方法以及态度让我收获很大。

- 敬仰崇拜佩服。老师的知识与教学能力从两学期的高代课可见一斑，为师方面，老师的敬业、专业，以及高超的教学水平使我赞叹，为人方面，老师的率性自然，潇洒随适也给我很大的启发。

- 我很推崇能教会学生如何为人，如何面对人生的老师，比如A老师，他在课上给我们讲了很多人生的道理，我觉得这很有借鉴价值。

- 他真的很厉害，能把高深的道理讲得深入浅出。

- 我觉得他不仅学术成就高，而且能把课讲得特别明白，还有丰富的各方面知识。

- 老先生最让我感动和崇拜的是他对待工作、对待生活的热情。他在专业领域上的造诣毋庸赘言，在生活中老先生80多岁的高龄依然在坚持体育锻炼。

- 他们的学术及精神层次都令我相当佩服。

- 他很友善但学识很高，平易近人。

- 我比较喜欢 A 老师，并且极其敬仰 B 老师，对他们回国奉献精神敬仰，这在当今中国较为罕见。
- 他把工作和生活都协调得很好，同时对周围的人都很尊敬和很关心我，给了我很多帮助。虽然以后不一定会当老师，但是我希望能在其他方面向他学习。
- 我特别敬仰有独立思想的老师，而我遇到的很多老师都有独立的思想，我觉得独立的思想是一个人成才的必要条件。(学生 SZAK01～学生 SZAK45)

关于学生具体敬佩老师哪些方面的问题，从学生回答中可得老师的这些人格、生活态度也会深深影响学生。

- 老师将教学放在了很重要的位置，很关心学生的成长
- 学术严谨、对于治学的方法以及态度让我收获很大；认真负责、敬业
- 他对待工作、对待生活的热情、很喜欢自己所从事的工作，乐在其中
- 把工作和生活都协调得很好，事业有成而且家庭幸福
- 回国奉献的精神
- 对周围的人都很尊敬，和蔼可亲、友善
- 有独立的思想

进一步量化考察师生间交往关系。题项设计从公平与尊重、理解与信赖的角度，首先调查教师对待学生时的态度倾向，再通过学生调查反映实际效果。分别对学生和教师的计分均值做比较，描述性比较[①]见表 7。

表 7 师生间交往关系的均值

		师生	均值	标准差
公平与尊重	● 平等地对待每个学生	教师	3.4	0.74
		学生	3.33	0.61
	● 有意识地记住班上每位学生的名字	教师	2.93	0.8
		学生	3.01	0.71
	● 保护每个学生的自尊心	教师	3.4	0.63
		学生	3.24	0.62
理解与信赖	● 试图非常理解学生和他们的想法	教师	3.4	0.63
		学生	3.31	0.7
	● 保护每个学生的自信心	教师	3.4	0.63
		学生	3.12	0.67
	● 取得学生的信赖	教师	3.53	0.52
		学生	3.27	0.65

（计分：非常注重=4；比较注重=3；不太注重=2；不注重=1。）

---

① 师生间交往关系的均值经 t 检验不存在显著差异。推断这可能是由于教师样本数（$n=15$）过小造成的，因而虽然差异不显著但均值比较还是有意义的。

教师公平与尊重地对待学生方面，"有意识地记住班上每位学生的名字"学生的计分均值略高于教师的。"保护每个学生的自尊心"和"平等地对待每个学生"项教师的计分均值略高于学生的。学生计分的均值都大于 3（比较注重），标准差为 0.6～0.7，可以认为钱学森班教师在与学生交往中让学生感到了公平且尊重。

师生间交往的理解与信赖方面，"试图非常理解学生和他们的想法"、"保护每个学生的自信心"和"取得学生的信赖"项均为教师的计分均值略高于学生的。比较上述 6 项均值大小时发现"保护每个学生的自信心"一项均值差最大。鉴于在讨论教育理念中教师认为自信对学生来说很重要，在教育中如何使学生更有自信需要深思。当然学生建立自信不全凭教师的"保护"，这一点在其他小节还将深入探讨。

师生间交流的频度是交流质量的基础，1 至 3 年级学生报告的师生个别交流次数均值是每月 3 次。比较不同年级的交流频率，做方差分析发现存在年级间显著差异，详见表 8。由表 9 年级间均值多重比较可见，1 年级显著高于 3、4 年级，2 年级也显著高于 3、4 年级，而 1、2 年级之间、3、4 年级之间不存在显著差异。由此可以推断，钱学森班师生间个别交流频率低年级显著高于高年级。而访谈中发现，低年级的师生交流主要围绕大学适应问题和各类答疑解惑为主，有"不得不"的需求，而高年级则以学术交流为主，是主动提高的表现。那么目前高年级的师生交流还是有待增强的。

表 8　学生报告的师生个别交流次数（每月）描述统计

年级	样本数	均值	标准差	标准误	95% 置信区间		最小值	最大值
					下界	上界		
1	29	4.5879	3.43448	0.63777	3.2815	5.8943	0.25	12.00
2	29	3.0966	2.39843	0.44538	2.1842	4.0089	0.80	8.00
3	23	1.0674	0.92891	0.19369	0.6657	1.4691	0.00	4.00
4	16	1.2219	0.91524	0.22881	0.7342	1.7096	0.25	4.00
总计	97	2.7521	2.75155	0.27938	2.1975	3.3066	0.00	12.00

表 9　年级间均值多重比较

(I) 年级	(J) 年级	均值差 (I-J)	标准误	Sig.	95% 置信区间	
					下界	上界
1	2	1.49138	0.77789	0.314	−0.6393	3.6221
	3	3.52054*	0.66653	0.000	1.6556	5.3855
	4	3.36606*	0.67757	0.000	1.4756	5.2565
2	3	2.02916*	0.48567	0.001	0.6811	3.3772
	4	1.87468*	0.50071	0.003	0.4882	3.2612
3	4	−0.15448	0.29978	0.996	−0.9938	0.6848

* 表示 $p < 0.05$，统计上两组间差异显著。

再看师生个别交流的发起方,对照师生各自的回答,图10显示,大部分学生认为通常是自己主动去找老师,近半数教师也认同这一点。另外少数学生通常被动受老师约见。由于师生样本均未达到严格全样本,且教师与学生是一对多的关系,因而图中师生回答并不完全一致。

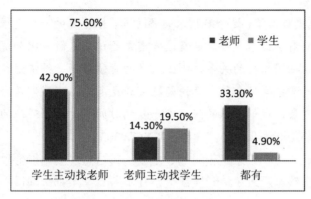

图10 师生互动主动邀约方

二、生生互动

生生互动包括三个层面,即钱学森班班内同学间的互动、不同年级钱学森班学生之间的互动,以及钱学森班学生与其他学生的互动。前两类属钱学森班项目内部,可以说促进此两类互动本应成为实验班特有的优势。就清华大学历史上人才培养经验来看,在能够招收到国内资质最优学生的前提下,学生超越老师、学生相互之间的促进超越老师带来的影响成为一种传统。甚至有老教授认为,我们只要让最好的学生在一起,他们就会发展得更好,而且他们是同时代的人才,会长期相互促进。但是,这种看法并不全面,由于钱学森班本身具有明确的专业学科属性,是用学科知识与技能在培养人,未免偏颇和封闭固守,我们认为钱学森班学生与其他学生的互动也很重要。比如前文通识教育部分提及的"找一个文科女友"对学生的巨大触动即是例证。

有两名学生的个案值得对比,他们均是男性,在志向、学习态度和成绩、热心公共事务等方面都比较类似,唯一较大的不同是基础教育背景。案例1的学生来自一线大城市的全国闻名的中学,案例2的学生则毕业于内陆二三线城市的名不见经传的中学,他们在进入钱学森班时人际互动的能力和经验有巨大差距,因而在钱学森班有不同的感受。

案例1:

"我一开始预计钱学森班这帮人应该都是思想非常活跃,怎么说课上应该像我初中那个班是一样的,老师说一道题,讲一个方法,几乎每个人都给出一种不同的方法去解。但到了钱学森班,大家好像还是有点死,想的并不是那么快,不是那么多。特别是平时大家交流也没有我以前预期的那么多。我觉得最开始到钱学森班之后,宿舍之间,同学之间应该交流还是挺多的,但现在下了课之后,做作业,做完作业交流交流作业,其他也就没有太多交流了。我觉得有可能是因为,还是有一些人并不明白,或者没有想好自己为什么来钱学森班,他只是觉得钱学森这个名字,自己高中的时候学习成绩非常好，钱学森班以前招生的这种模式都是招全省前几名，把他们招进来。所以，他们其实并不是对这个感兴趣。我真的觉得他可能对力学没有太大的兴趣。另外，可能在平时上课学习之后空余的时间也很少。"（学生 SKWG201）

案例 2：

"这两年我更自信了，这个自信来自各方面，很重要的一个是很明显自己心智上成熟了，经历过就看明白很多事，也慢慢知道自己该怎么做。比如说学习的方式，还有之前讲的和同学之间相处的关系，刚上大学的时候并不是很清楚。慢慢地经过很多交流，经过很多同学之间的合作，无论是冲突还是怎么……钱学森班提供的环境更有利于这种情况的发展，我们班级的同学在一起的时间相对于普通班的时间更长，因为我们的大部分课都是一块儿上的。"（学生 SXGW303）

虽然生生互动的质量和效果是相对的、主观的，可是理想中能够触及思想交锋、学习上共进的深入交流在钱学森班还是明显缺乏，几乎所有学生都认同这一点。下面摘取几个有代表性学生的访谈，有比较地揭示钱学森班生生互动的现状。

案例 3：一个担任班委的学生

"我觉得不能再像高中那样，进大学之后，不能把自己封得那么死。我们班也有这样的同学，全部精力都在学习上，反而其他事情也不怎么管，或者觉得不能这样，那样就真的成学霸。我又是班委，也设法让同学之间氛围更浓一些，具体怎么做还没太想好。但我经常串宿舍，因为我们宿舍比较散，这也可能是交流太少的原因之一。我去串宿舍，说是去找你说点东西，过去问这问那，平时的时候多找同学吃吃饭。我觉得这还是停留在生活方面，算是一种亲近的表现。但如果想要那种能讨论起问题还不太容易。"（学生 SKWG202）

案例 4：一个从基科班通过二次招生转入钱学森班的学生

"我觉得钱学森班的学习气氛和基科班不一样，基科班有一种猥琐的情感。怎么说呢，各种问题都在里面讨论，有的时候听着听着就会扯到很远，在宿舍，一边嗑着瓜子，一边讨论问题，一边做题。但是，钱学森班正儿八经地围在一块，很投入地讨论。当时我们讲猥琐是一个氛围在里面，猥琐是基科班的一个褒义词，就是思路比较宽，想到什么说什么，我也比较喜欢那种讨论方式。基科有什么特点？就是他学得深，我感觉就是基科学得深了以后，他所有的东西思路都会非常广，尤其是我觉得在力学、物理方面，比如说想到一个问题，他会从这个方面考虑，那个方面考虑。当然，我感觉到钱学森班以后讨论起来好像思维被局限了，不知道怎么打开了。可能是学科本来就有不同的气质，也可能确实是基科班比钱学森班学得更深、更透彻，思维才打得开吧。"（学生 SKJJ301）

案例 5：一个国外交流回来的学生

"我觉得有一个问题，缺乏交流。我只知道我自己在干什么，但是不知道别人在干什么。同学、老师各个方面都缺乏交流。整个学堂班计划也缺乏交流，清华学堂班不是这么多学科吗？别的班做什么你不知道，别的班的学生是怎样的状态，怎样的思路都不知道。我在国外那几个月很有感触，他们的交流氛围特别好，比如说一个星期有固定的两天时间下午什么事不干，学生出去弄一点吃的，互相之间讨论天马行空的问题。"

"学长和学弟之间交流功利性又比较强，没有国外那种宽松的感觉。学弟就来问问今年学这门课哪个比较好，什么合算，问这样的问题。包括我们问学长的时候也是问这些问题为主，其他方面交流特别少，这感觉不太好。"（学生 SYIV412）

案例 6：一个学生"秘密团体"

"我在班里搞了一个'秘密团体'。嘿嘿，成员以外一般不知道。最开始有 6 个社员，后来有一个社员不想来了，变成 5 个。发起是我们同宿舍一个同学，他很有想法，兴致勃勃要跟我们来结一个学社，就挑头做起来了。我们的形式是每个人先说一下自己感兴趣的东西，大家定好时间，这个假期大家去看自己想看的东西，回来之后借一下图书馆的研讨间交流一下，做一个类似于报告，放 PPT 之类，其他的时间比如大家在一起看一个纪录片或看一个片子。每周都有一次，一般都安排周末一个上午。比如那时候我们上课学高等代数，老师在课上稍微涉及一点抽象代数的东西，有个同学对代数感兴趣，他说我去看书看完给大家讲'抽代'吧。我们就分配任务，花了一个假期时间，第二学期初的时候，每个人讲了几节课，我讲了两次，流体微积分。搞了个黑板就在那写。因为都是自学，不可能讲太深，讲讲概念，讲讲基本定律，没有把看的东西全都讲完，因为时间也不够，收获还是很大的。"（学生 SKWG203）

总体而言，由于钱学森班课程和院系的安排，同班学生间一般交往和生活上的互动随时随地发生，但是深入的、涉及思想碰撞和学术争锋的讨论并不突出。年级间的互动非常少，几乎仅限于低年级学生处于功利目的对高年级的请教。再者钱学森班学生与其他学生的互动更少，主要场合是在学校社工、社团活动（工作）之中，本来参与此类活动的就仅限于少数钱学森班的学生。

我们认为，正如访谈中学生自己意识到的，志趣不同，或者许多同学缺乏探索的兴趣和好奇，没有形成自己的志趣是最主要原因。反之，如果志趣相投则可促成更紧密的互动，进而强化发展各自的志趣。钱学森班由于成立不久，学生的气质风貌特征也在形成过程之中，这就更需要年级之间更多的以自身来塑造钱学森班共同的氛围传统、志趣追求和荣誉口碑为目标的齐心努力，而不是和其他学生一样仅仅打听一下哪个课程怎么样等一些功利的经验——这只能使钱学森班学生错失实验班特有的条件而流俗。

三、互动环境与平台

从钱学森班成立至今，清华大学和钱学森班的管理者为之创设了越来越丰富的物理环境。

首先是修葺一新的百年建筑"清华学堂"专供学堂班学生使用，钱学森班分到了两间大教室。于是目前这两间教室安排成为 1、2 年级的专用教室，3、4 年级则没有。对本科学生来说，在大学里有专门教室是很能增添归属感和凝聚力的，特别是钱学森班多数课程都在那里上，他们说好像多了一个"家"。1、2 年级学生平日自习也不必另找图书馆空位，这是比较优越的学习条件。不仅如此，钱学森班管理者还专门筹资在教室里添置书架，让学生自己定一个购买书目，供钱学森班学生随时取阅。

"清华学堂"一些学生认为虽然条件已经非常优越，但民国风格建筑有一些沉重感，由于是历史保护建筑，布置上并没有太大空间。管理者也意识到物理环境的教育价值，他设想应该陈列许多有意思的前辈、校友、学生自己的科研作品，国家级的重大工程、低年级学生微小的创新、成功的作品，甚至某次重要的失败留下的实物都很好，他说："我们要让学生看到，这么了不起的人学生时代也就做这些，这么重大的发明发现，离我也很近，我们不要造神，要展现具体的事业，让学生看到那些很有自信、很想去做。"

另外，在校领导的持续关注和支持下，管理者还集结钱学森班内外部资源，于2012年8月办起了一个旨在让学生从兴趣出发做自己的科研探索并能获得老师指导支持的实验室平台，起名为"OWL"（Open Wisdom Lab 的首字母，意为开放智慧的实验室）即"猫头鹰实验室"，并欢迎钱学森班内外的学生和老师因研究兴趣在其中相遇、结对。目前"猫头鹰实验室"已经有了定期活动的雏形。

除了上述物质条件还将继续丰富，管理者也清楚地意识到钱学森班内部师生、生生之间都存在互动不足的问题。管理者希望借助清华较强的学生工作系统实施，更重视支持学生自己真正想开展的活动，特别是航院的几个体育强项，同时支持钱学森班学生自己搞一些特色活动，如新年联欢、读书会、钱学森著作选读等，重在跨年级共同组织。更远的设想是让师生互动和生生互动成为学生综合评价的基础，在互动中，人与人才有更多面的相互理解与认识，而评价本身也是一种互动。

总之，目前钱学森班的人际互动尚未达到实验班应有的质量和丰富度，钱学森班的管理者列出了许多工作要展开，而钱学森班的学生也需在既有条件下，通过更主动的人际互动来发现认识自我，养成志趣，进而开展更好的互动。

附录1　三方问卷调查记录

问卷	简介	发放回收时间	样本数	覆盖率/%	备注
学生问卷2013	专为钱学森班设计，师生问卷内容相关联、对应	2013年1月	84	96.6	当时4年级学生大都在海外交流，调查在1～3年级实施
教师及管理者问卷		2012年11月	21	约80	教师队伍尚未完全稳定，总数非确数
学生问卷2012	专为钱学森班设计，内容有延续性，可做追踪分析	2012年6月	75	83.3	当时钱学森班最高3年级
学生问卷2011		2011年7月	17	29.8	当时钱学森班最高2年级
NSSE-China 2011版	中国大学生学习与发展追踪研究调查问卷NSSE-China	2011年5月	52	89.7	清华大学课题组版权

附录 2 本研究所采用的质性资料（2010—2013）

1. 文件、档案记录

　　学生背景资料信息

　　课程表

　　教师评语、学生自评自述文档

　　备忘录、公告、信件；

　　议事日程、会议记录、其他事件的书面报道

　　管理文档、方案、草案、进展报告和其他内部记录

　　大众媒体中相关文章

2. 一对一深度访谈

项目		访谈人数	共计
管理者		2	共 2 人。 正式或非正式访谈 10 次以上
学生	力 9（当时大四）	7	共 26 人。 其中 6 人访谈 1 次以上。 平均时长 1 小时 43 分钟， 单次最长 4 小时 16 分钟， 最短 48 分钟
	力 0（当时大三）	11	
	力 1（当时大二）	4	
	力 2（当时大一）	2	
	其他非钱学森班	2	
教师	任课教师	10	共 11 人。 平均时长 1 小时 6 分钟， 单次最长 2 小时 18 分钟， 最短 55 分钟
	班主任	3	
	导师	4	

3. e-mail 访问

　　共收到 47 名学生的详细回答。

　　内容关于：兴趣志向、课程设置、课程内容与教学方法、师德风气、学习收获与学习自信、课外学习生活、出国深造的打算、总体满意度等。

4. 参与式观察

　　课程旁听：9 次。

　　会议参与、旁听：23 次。

5. 其他

　　照片、视频、作品实物等。

第三章
钱学森班教学与人才培养理念论文集

"清华学堂"人才培养计划简介

清华大学本科招生网（2019）

根据党和国家的人才总体战略以及清华大学的发展定位，为努力满足国家和社会发展对拔尖创新人才的迫切需要，2009 年清华大学推出了"清华学堂人才培养计划"（以下简称"学堂计划"），2010 年被批准开展国家教育体制改革试点项目"基础学科拔尖学生培养试验计划"（以下简称"拔尖计划"）。

（1）总体目标

"学堂计划"的总体目标是，遵循基础学科拔尖人才成长的规律，构筑基础学科人才培养特区，激励最优秀学生投身于基础学科研究，努力使受计划支持的学生成长为相关基础科学领域的领军人物并逐步跻身国际一流科学家队伍，为国家培养一批学术思想活跃、国际视野开阔、发展潜力巨大的基础学科领域未来学术领军人才。借鉴"学堂计划"拔尖创新人才培养的经验，推动学校人才培养的深层次改革和体制机制创新，促进整体人才培养质量的进一步提高。

（2）"领导者"理念

"学堂计划"的主要特色是：创立"领跑者"理念，实施优势转化战略，营造清华学堂环境，注重素质教育环节。"领跑者"理念即让优秀学生作为"领跑者"，带动整体人才培养质量的提高；优势转化战略，即将学科、师资、国际交流、优质生源、优良传统等方面的办学优势积极、主动、优先地转化为人才培养质量的优势；以百年清华学堂作为专用教学场所，搭建国际化、开放式交流平台，营造浓厚学术氛围；引导学生增强使命感和责任感，坚定理想，潜心钻研，勇攀科学高峰。

"领跑者"理念是"学堂计划"的核心理念。学校把进入"学堂计划"的学生定位为"领跑者"。学校希望同学们努力践行"自强不息、厚德载物"的校训，既要在"跑"中体现出自强不息的精神与追求，又要在"领"中表现出厚德载物的使命和责任。进入"学堂计划"作为"领跑者"，不是一项光环，而是一种使命；不是荣誉，而是责任；不是娇宠，而是磨炼；不是圈养，而是放飞；不是孤傲，而是引领。

钱学森班十周年庆典寄语

清华大学人文学院历史系教授，清华大学副教务长、教务处处长　彭　刚

2009 年，清华大学积极响应国家的号召，在教育部、科技部等多部委的领导下，推出了隶属于"基础学科拔尖学生培养试验计划"的"清华学堂人才培养计划"（简称"学堂计划"）。"学堂计划"实施十年以来，产生了很大的影响，学校也持续关注，给予了极大的支持。2017 年，教育部组织专家对清华大学本科教学进行审核评估，"学堂计划"作为清华大学本科培养重要的亮点之一，受到了专家组的高度赞赏。2018 年 9 月 27 日，在我校召开的第二十五次教育工作讨论会闭幕式上，邱勇校长指出，"三位一体"（价值塑造、能力培养、知识传授）的思想和认识既是一种培养模式，也是一种教育理念。这是新时代清华大学在人才培养上的一次重要的思想进步，同时也让我们再一次思考应该如何培养人才的问题。

清华大学的"学堂计划"，通过不断的探索和革新，践行"领跑者"的理念，为全校教育教学改革提供了成功经验，其中很多行之有效的做法和可行经验可以在全校甚至更大的范围内推广，惠及更多的院系和学生。

全面推进综合改革以来，清华大学把自己的本科人才培养定义为以通识教育为基础、通识教育与专业教育相结合的本科教学体系，这在学堂班得到了比较好的体现。清华一直以来提倡"宽口径，厚基础"的培养理念，钱学森力学班更是致力于构建一个开放性的创新教育模式，坚持选拔和培养力学和工程技术领域，具有优秀人文素养和突出创新能力、能够带领相关领域应对时代变化的领军人才。

在课程体系方面，清华大学"学堂计划"实现了从学得多、学得全，向学得深、学得宽的转变。目前很多高校的课程学分设置过多、课程量大，必然造成一部分课程的挑战度、训练量不够，成为学生口中的"水课"，难以进行深入学习，同时又占用了大量时间。而在学堂班中，尤其是清华大学钱学森班，致力于降低整体学分要求，与此同时极大地提升课程的挑战性、训练量、含金量。在一系列的举措下，学生拥有更多自主选择的空间，他们可以根据自身志趣选择学习道路，形成更加宽广的知识面，同时也能够通过精学一门课程而实现知识和能力迁移，构建出 T 型知识结构，最终达到一通百通。"钱学森班"的毕业生，在进入国外知名高校继续深造之外，同一级继续在清华攻读博士学位的，进入了 7 个不同的院系，他们并没有被认为在本科训练方面有什么不足，而是普遍受到好评。这也表明，我们所培养的，越是优秀的学生，要紧的越不是知识体系的完整，而是深度和宽度的开拓，和对自身志趣和所长的确定和坚守。

在教师教学投入方面，清华大学"学堂计划"中的学生们所享有的教学资源堪称丰厚，他们所享有的来自一流学者的照抚和点拨的机会，让人羡慕。在很多研究型大学中，教师因为担负科研的压力而轻视了对于教育教学的投入。但是，高水平的教师对于教学的投入以及是否能够提供个性化的指导，将对学生的学习和成长产生最为直接的影响。在钱学森班，就有这样一批教师在教学、指导学生科研方面等投入了大量的精力和时间，作为学生学习科研道路上的"引导者""陪跑者"，他们亦师亦友，用真心和耐心帮助学生成长和发展。"钱学森班"的首席教授郑泉水老师本人既是一位出色的力学家，也是一位全力投入人才培养的好老师。据我的观察，郑老师的职业成就感，来自于"钱学森班"学生所获取的成长幅度的，绝不亚于来自他自身的科研成就。每每有机会跟郑老师见面交流，听到他对每一门课的设计、每一个独具特色的学生的特点如数家珍，都让我在受益匪浅的时候也深受感动。最优秀的学者对最优秀的学生的倾力投入，在我看来，是学堂班包括"钱学森班"取得骄人成绩的最大的奥秘。

百年清华，汇集了我国最优秀的一批学生。而"学堂计划"设立的初衷，也并不是优中选优，而是希望能够真正找到并帮助那些将来有志于从事基础学科研究、有着强烈的学术志趣的学生成长成才，培养出中国自己的大师。目前，一些学堂班的学生在本科期间已经做出了真正称得上是研究性的成果，他们有明确的学术志趣和很高的自我期许。学堂班提供的学术环境使得学生在完成基础训练的同时，能够接触到最前沿的学术动态，通过与老师、学长学姐们、各领域的领军人物等的交流和接触，学生们认为只要努力，自己将来也能够在相关行业和领域有所发展，做出改变。学堂班的培养鼓励学生去发掘志趣，给学生提供试错的机会和更多的选择，为学生预留发展空间。

绝大多数学堂班毕业生选择了科研这条道路，部分学生已经开始在相关领域崭露头角。对于很多清华学生（尤其是学堂班的学生）而言，本科不再是受教育的最高阶段，有越来越多的学生本科毕业后选择继续攻读硕士和博士。绝大部分"学堂计划"的毕业生，目前选择在国内外一流大学和研究机构继续攻读基础科学领域的博士学位。通过对毕业生的持续关注，我们了解到他们在目前所在的实验室、工作单位表现出色。我们完全有理由相信和期待，他们中一定有人会成为国家、人类未来发展的引领者和推动者。

一流的本科教育是一流大学的底色，而本科培养的核心是希望学生能够突破专业限制，具备跨学科视野。学生在更多地了解自己的志趣和发展方向之后，才能够更加理性地做出自主选择。我们目标中的本科教育不是只满足于培养合格成型的工程师，而是希望诞生不同行业领域的领军人才。

我期望，经过大学本科教育，我们的学生在未来，除了一份体面的工作、令他人羡慕的生活这些世俗意义的成功之外，更应该去探索如何做一些对社会、国家，甚至全人类有意义和价值的事情，要有超越自我的更高追求、做出改变的坚定决心、影响世界的巨大魄力。最后，祝愿所有的学生在"更创新、更国际、更人文"的清华园中找到自己内心的真正所爱，仰望星空、脚踏实地，成为国家和社会的栋梁之材！

2019 年 7 月 1 日于清华园

简记"钱学森力学班"之成立[①]

郑泉水[②]

2009 年 10 月 31 日，中国"两弹一星"元勋、中国航天之父钱学森先生过世。之前的 2009 年 9 月 5 日，清华学堂人才培养计划"钱学森力学班"（后面简称"钱学森班"）开班仪式在清华大学逸夫技术科学楼隆重举行。冥冥之中，98 岁的钱老坚持看到了他生前最忧虑的一件事：中国还没有一所大学能够按照培养科学技术发明创造人才的模式去办学[1]，而清华大学为此努力迈出了新的一步。我作为负责"钱学森班"工作的首席科学家，见证并深入参与了"钱学森班"初创的这段历史。

2009 年初，清华大学决定设立"清华学堂创新型人才培养计划"[2]，将具有历史意义的清华学堂建筑拨为该计划专用，袁驷副校长具体负责实施。首届学堂班学生不超过 100 名，分数学班、物理班、钱学森力学班和计算机科学实验班 4 个班。各班分别设立首席教授和项目主任，分别由丘成桐先生、朱邦芬先生、我和姚期智先生担任首席。我们这些首席，被赋予了充分的自主办学责权，不求一致，鼓励探索、突破和合作。

"钱学森班"的定位是工科的基础、精英教育。"钱学森班"工作组的使命是营造一个平台和氛围，教育和帮助有很大抱负和天分的学生，成长为有突出创新能力和优秀人文素质的杰出人才。结合国情校情、借鉴加州理工学院等国际名校的办学模式。主要实施途径是：精选苗子、广揽名师、因材施教（个性化培养方案和导师制）。

在选材方面，强调兴趣、阳光、自信、抱负。在育人方面，先教学生"为人"，再教学生"为学"。在教学方面，努力授人以"渔"，而非授人以"鱼"。"钱学森班"工作组的努力方向，是创造一种有利于创新型杰出人才脱颖而出的环境、平台和氛围，致力于如下几点：

- 引导学生深耕基础；
- 鼓励学生自主学习、个性化发展、拓展视野；
- 注重学生的全面素质培养（批评精神、沟通能力）；
- 搭建更高的今后发展平台（本-硕-博统筹、国际名师、国家重大工程）。

首届"钱学森班"在上述理念引导下，经过一年多的实践取得了初步成功，主要体现在：

（1）吸纳了一批特别优秀的学生，并带动"钱学森班"所在的航天航空学院的整体生源进入清华前列；

---

① 见《钱学森与清华大学之情缘》，主编：魏宏森，副主编：庄苗，清华大学出版社，2011.03，第 209-213 页。
② 郑泉水，清华大学工程力学系长江特聘教授、博士生导师、系主任，"钱学森力学班"首席教授。

（2）"钱学森班"班风、学生们的心态和努力程度都很好，并对周边学生有好的带动。

学生罗海灵写道："在'钱学森班'，我能更深切地感受到这种自信与责任感。这里集中了各个院系最优秀的教师资源，有各级领导的关注，有更多的机遇，当然也有相当繁重的课业要求。站在这里，对你的要求是要有超越常人的目光、胆识、勤奋，要能在更高层次上思考问题。而清华给我们成长创造了最好的沃土。"物理学老师崔硯生教授写道："通过前一段的教学，'钱学森班'同学给我留下了深刻而美好的印象。通过你们的表现，使我又找回了五十多年前我们那一代人在清华读书时的感觉——为祖国的振兴，踏踏实实、如饥似渴地求知探索，一心读书，单纯而执着。"初步的成功也带动"钱学森班"在 2010 年的招生更胜 2009 年。

阅读到此，可能不少人会提问清华为什么办"钱学森力学班"，如何把作为航天之父的钱学森与力学、与清华关联起来？

甚至受过高等教育的大多数人，可能都以为力学是物理学的一个分支。这句话又对又不对。力学是关于物质的运动和变形的学科，是最早实现定量化的学科。牛顿力学、量子力学、爱因斯坦相对论等，都属于力学。可见，力学构成了物理学最核心、最基础的部分。然而，当代力学研究的主体，为应用力学或工程力学，旨在帮助大多数工科，尤其是机械工程、交通运输工程、土木工程，以及材料、化工等等，化繁就简、抓住问题的核心，实现学科的定量化。因此，力学在相当程度上扮演着工程与科学之间桥梁的角色，或按钱学森的说法，叫工程科学（engineering science）。在中国，力学是唯一一个既是理科（按照中科院和国家自然科学基金会等的划分）又是工科（按照教育部的划分）的学科。

钱学森的博士导师，加州理工学院的冯·卡门教授以其对应用力学和航空工程的杰出贡献和巨大影响力，获得了美国第一个最高国家奖（National Medal of Science）。钱学森首先是一位力学家，1955 年回国后，他立即创办了中科院力学研究所并担任首任所长；1957年开始担任中国力学学会第一届理事长并长达 25 年；1957 年创办了清华大学力学研究班，为次年成立的清华大学工程力学数学系的前身。冯·卡门和钱学森以其深厚的力学底蕴，成为航空航天工程的领袖。此外，钱学森也是"工程控制论"和"物理力学"的创始人。力学的上述特征，使得在中国，在全世界，力学都是产生工科卓越学者甚至领袖的沃土。在加州理工、麻省理工、清华等学校，机械、航天航空、汽车、土木、材料、能源等系主任，常见由力学教授担任。

2009 年清华创办了"钱学森力学班"。"钱学森班"是作为工科基础、为培养杰出创新人才而办的。在中国，这样的人才尤其重要；对清华，这样的模式十分必要。主要原因如下：

（1）中国目前已经是世界工厂，且中国的经济以实体经济为主，这就决定了工科在中国相当长时期内至关重要的地位。中国制造业在创新方面的薄弱，已经成为中国经济发展的瓶颈问题。

（2）清华大学有着中国最强大的工科，有着不仅在中国领先，也在部分方向争取跻身世界一流的力学，这为培养国家急需、钱学森梦寐以求的技术科学创新型人才提供了良好条件。

（3）目前在清华大学以及全国普遍存在的学科教学和科研难以交叉合作的问题，大大制约了创新型人才的成长。按照耶鲁大学校长理查德·莱文的说法，"中国大学的本科教育缺乏两个非常重要的内容：第一，就是缺乏跨学科的广度；第二，就是缺乏对于评判性思维的培养"。

2003年到2004年，清华大学工程力学系固体力学研究所举行了长达两年的全方位的密集的本科、研究生研讨，对研究生培养模式产生了重大影响。从2007年4月开始，航天航空学院学术委员会又组织了3个多月的密集教学研讨。这些调研和实践，使得我们对创新人才培养的困难有了切肤之痛。2007年夏，我在向当时的校党委书记陈希汇报工作时，提出了结合清华的力学和工科优势，创办一个上述理念的人才培养特区，以及创办以多学科交叉为特点的国际力学研究中心的设想，得到了充分肯定。不久，在向校长顾秉林做上述汇报时，也获得了充分肯定和大力支持。不久，我与钱学森在加州理工学院时期的博士生和回国后长期的合作者、前中国力学学会理事长郑哲敏院士联系，向他汇报了想以钱学森理念办一个教学特区的设想，希望以钱学森命名，获得郑先生的肯定和支持。

2008年初，在一次校领导与院士关于杰出人才问题的座谈会上，黄克智院士的发言引起了对力学学科，尤其是对清华大学跻身世界一流的尖兵之一的固体力学在学科人才培养和学科建设方面遭遇困境的广泛重视和反思。2008年3月，受航院委托，黄克智院士、过增元院士、余寿文先生和我再次面见学校主要领导，确定了要办一个力学教学特区的原则。8月，由方岱宁、庄苗、冯西桥和我起草了设立"钱学森班"的申报文件；9月，黄克智和我与顾秉林校长及主管教学的袁驷副校长，最后落实了这个班的30人规模和2009年启动等主要事项。10月，由梁新刚、庄苗和我签署了启动"钱学森班"的正式申请文件，呈报校教务处转袁驷副校长，旋即获得顾秉林校长、陈希书记和袁驷副校长等签批后正式设立。紧接着，受学校委托，通过郑哲敏先生的安排，我与钱老的儿子钱永刚进行了两次深入的当面沟通，钱老首肯了在清华设立的这个力学班以钱学森命名。

首届"钱学森班"开班前的半年里，钱永刚先生多次做客清华，畅谈钱老对创新型人才的培养理念，商讨"钱学森班"的具体实施方案。担任清华学堂计划顾问和清华大学客座教授的钱永刚，还与钱老办公室的同事一起，专门组织了一个专家教师队伍，在"钱学森班"具体落实钱老创新型人才培养理念。

实现"以学习者为中心"，尊重学生的兴趣和选择，提供跨学科的宽度，是"钱学森班"工作组的重要努力方向。在"钱学森班"的筹备期，我代表航院联系了机械学院和土木学院的院系负责人陈永灿、李克强、姚强、尤政、曾攀等。他们对"钱学森班"的理念一致肯定和支持，我们共同确定了"钱学森班"由航院力学系主办、航院、机械学院和土木学院的8个系合作的框架，并在教务处和研究生院有关负责人段源远、张文雪、贺克斌和高策理等的协调下，逐步落实了有关政策。

钱学森半个世纪前创立的物理力学，可谓当今纳米科技的先驱，这是钱老巨大创造性和高瞻远瞩的例证之一。2010年1月，清华大学决定设立以多学科交叉创新为宗旨、国际化的"清华大学微纳米力学中心"，我担任中心主任。这个受钱老的物理力学和科学研究理念引导、汇集了清华大学和周边地区一批力学和多学科优秀学者的群体，可望成为"钱学森班"实现跨学科的广度和实践创新性研究引导下的学习的一个极好平台。

整个航院的同仁们对"钱学森班"热情满满，投入了大量时间和心力。钱老生前最欣赏的弟子之一、清华大学航天航空学院院长、中国载人航天工程首任总设计师王永志院士，一直密切关注和帮助着"钱学森班"工作的进行。包括黄克智院士、过增元院士在内的大批教师主动承担起导师的责任；大批老师主动出击参与招生；梁新刚、庄茁、符松、岑松等航院负责人对"钱学森班"不仅全力支持，更亲力亲为，负责了院系协调、招生宣传、教学和学生的工作。尤其令人感动的是，力学分学位委员会主任、在人才培养方面有卓越成效的朱克勤教授出任"钱学森班"项目主任，不顾临近退休和身体不适，高效地分担了我的大量具体工作。航院特别是工程力学系有一批著名学者和优秀青年教师（冯西桥、陈常青、牛莉莎、杨春、张锡文、施惠基、谢惠民、张雄、殷雅俊、任玉新、邱信明、朴英、刘彬、许春晓、曹炳阳等）积极参与"钱学森班"工作组的具体工作。

中外一批著名高校和学者对"钱学森班"给予了特别的关注和大力支持。"钱学森班"相约与美国加州理工学院、哈佛大学等近 10 所国际顶尖大学建立了交换学生和教学等合作关系，来自这些学校和国内的 20 名力学、工程和教育等方面的著名专家学者组成了强大的顾问团，由黄克智院士和麻省理工学院 R. Abeytratne 教授领衔，深入参与钱学森班的培养模式的系统建立和实践。

在即将到来的钱学森百年寿辰之际，我谨以这篇短文来表达对钱老的深切缅怀和不尽感激，并向他老人家的在天之灵汇报我们的努力。虽然任重而道远，但有如此广泛的支持，我满怀信心，"钱学森班"一定可以在培养杰出创新型人才方面取得实质性的进展。

参考文献

[1] 涂元季，顾吉环，李明. 钱学森的"遗言"：缺乏培养创新人才中国的大问题[EB/OL]. 人民网，2009-11-05 [2019-06-05]. 见：http://culture.people.com.cn/GB/87423/10320869.html.

[2] 清华大学新闻网. 清华大学出台"清华学堂人才培养计划"[EB/OL]. (2009-6-24) [2019-06-05]. 见：http://news.tsinghua.edu.cn/new/news.php?id=20824

[3] 郑泉水，冯西桥，孟庆国，等. 物理力学与纳米科技的多学科交叉[J]. 力学进展，2003，1: 142-149.

后记

"钱学森班"初创，难言成绩，更不到写历史的时候。但受清华百年校庆《钱学森与清华大学之情缘》一书编著的盛情邀约，缅怀和感激钱老也是我的强烈心愿，故勉力撰写了这篇短文。好在有许多与我同时经历了"钱学森班"初创的同事，帮我一起来把握历史的准度。黄克智、庄茁、冯西桥、方岱宁、过增元、陈常青等对本文提出了许多有益的建议，在此一并表示衷心感谢。文中不当之处，我自当承担全部责任。

开放式的创新人才培养[①]

郑泉水

清华大学航天航空学院钱学森力学班　　100084

在清华大学教育基金会的支持下，今年夏天我有幸邀请到了不仅在学术研究，同时也在创新人才培养方面取得了卓越成就的多位欧、美、日等地的著名学者来到清华相聚一个多月，探讨如何建立一个理想的多学科研究和创新人才培养平台的问题。在此前后，钱学森班举行了第三次年度研讨会，我还专程访问了美国、英国和法国的七所有关院所。这些集中的交流激发了我的更多思考和撰写本文的激情。本文重点探讨一个以学生为主、寻求师生共赢、借助于网络技术的开放式的创新人才培养模式。

创新想法的夭折

创新能力最本质的要素是：兴趣、好奇心、想象力和洞察力。尤其在全球化时代，创新力是国家、高校和人才之间的核心竞争力。创造力既不同于智力，也异于知识，但很多人误认为知识越多就能力越高、创造力越强。

人一生的生命力，是一个由弱到强、鼎盛，再逐渐衰弱的过程。类似地，创新想法诞生初期往往很脆弱，有不少毛病和缺点；革命性的新想法甚至让人感到疯狂。因此，新想法在初期往往是孤单的、容易夭折。

而在中国，创新想法尤其不易生存。学生常常处于一种被动的甚至无奈的学习和研究中，不许犯错，缺乏创新实践的环境；导师则表现得更像上司，是威权、是命令，而不是引导者、呵护人。

那么，国际顶尖创新研究机构有什么不一样的特点呢？

卡文迪什实验室

英国剑桥大学的卡文迪什实验室，是造就科学大师的殿堂。自 1871 年成立以来，卡文迪什实验室共培养出了 25 位诺贝尔奖获得者，此外还可加上该实验室发现了 DNA 双螺旋结构后于 1962 年分离出来的分子生物学实验室的 8 位诺贝尔奖获得者。而在产生绝大多数诺贝尔奖获得者的时期，该室规模很小，直至 1931 年仅有 1 位教授；1980 年初也只有 5 位教授、百余名研究生。

1919—1937 年担任卡文迪什实验室主任的卢瑟福教授，则培养出了历史上最多的诺贝尔奖获得者，达 11 位之多。卢瑟福本人也许很难有这么多导致诺贝尔奖的奇思妙想。成功

---

① 郑泉水：开放式的创新人才培养，水木清华，2012(10)，第22-25页。

的原因是什么呢？卢的弟子奥立芬特道出了卢瑟福培养人才的主导思想，即"尊重和相信助手与学生的志趣及内在潜力，让他们自己在条件和环境允许的范围内做出自己的选择，提出自己的想法和做法，然后加以诱导，创造条件使他们的积极性充分发挥，从而做出成绩来"。

在卡文迪什实验室的人才培养文化和传统中，还包括：按原创性能力选择和培养人才；因材施教；授人以渔；自己教育自己；自主选题和导师指导；自己动手制作仪器和做实验；以科研带教学，将研究精神注入教学等。

卡文迪什实验室的实践经验是全人类的共同财富。那我们该如何做才能做出点时代特色来呢？

钱学森班的一个例子

一个小小的例子，可以用来折射出钱学森班的理念和实践：童年感到奇妙无比的泡泡，总是很快就破灭了。

钱学森班 2009 年入校的本科生杨锦同学在我的课题组做 SRT(学生研究训练)课题时，偶然看到水面上漂有一层带微小颗粒的泡泡，能许久不破，他对此感到十分好奇。

近十年来我最感兴趣的研究领域之一是固/液/气界面问题。杨锦向我报告了他的观察后，我建议他从网上查找这方面的报道。当初步得知现有泡泡都不能持久时，就鼓励、指导和支持他进行较全面的文献调研和较系统的实验。在文献和杨锦的实验观察基础上，我提出了一种永久不破泡泡的机理，并指导杨锦完成了实验验证。

在上述过程中，杨锦极其兴奋地、没日没夜地进行实验、阅读、检索和建模。他的一次综合报告甚至让我产生了一种感觉：他进行该项研究半年所积累的知识和建立的能力快赶上普通博士生 2 年学习后开题时的水平了。

也许这就是自主研究的魔力吧！

孕育创新的诀窍

钱学森班的上述实践，再次印证了孕育创新的成功之道是有诀窍的。我认为有如下两方面的主要因素：

要素之一：让学生做自己真正热爱、梦想做的事。提出自己的设想，自主实验、独立观察、独立解决问题。即使导师明明知道答案，也可以考虑装着不知道，先耐心地听学生的理解和推论，看看学生能给出什么解答。

要素之二：如果缺乏在相关领域有深度造诣的专家指导，以及经费、实验条件等方面的支持，上述过程很难取得成功，绝大多数研究将夭折，并可能严重打击学生的自信和激情。

第一条要素，也是钱学森总结的教育经验的一条。可能还存在其他一些窍门，但核心就两条：以学生为主、获得专家的引导和帮助。

接下来的部分，是关于我们如何应用上述诀窍的若干具体措施和关键概念，即通过研究去学习、开放智慧实验室、开放式导师网络、师生和社会共赢等。

通过研究去学习

爱因斯坦曾说："想象力比知识更重要，因为知识是有限的，而想象力概括着世界的一切，推动着进步，并且是知识进化的源泉。"

好奇心与生俱来，但往往随着知识和年龄的增长而减弱；想象力和洞察力可后天培养，需要知识的承载。但需要什么类型的知识呢？

知识有三重境界：

- 信息（information）：我了解到了；
- 技能（skill）：我能够应用信息解决问题（习题、实际问题）；
- 态度（attitude）：成为我的可发挥自如的一部分，得以创造新的知识。

对创造性具有决定性影响的不是知识的量，而是对知识理解的深度以及知识经验的组织方式。只有"活"的知识才有助于学习者以新颖的方式理解和解决问题，"死"的知识反而会束缚学习者的思维。

爱因斯坦上大学时，痴迷于当时还未进入大学课程的电动力学，所达深度超越了当时的很多教授。其他很多课程则学习成绩平平。比尔·盖茨在中学 7 年所花在计算机软件技术上的时间高达 1 万小时（相当于连续 3 年、每年 365 天、每天 10 小时），只上了一年大学就主动退学去创办微软公司，他能有多少非计算机软件方面的知识呢？

可见，只有进入到第三重境界的知识，才可真正承载想象力的飞翔、成为洞察力的关键构成。

以前，我们的教育局限于第一、第二境界。老师的主要职能是传授知识和技能。强调老师要博大精深，要给学生"一瓢水"，老师必须有"一桶水"。

信息和网络技术彻底地改变了这个局面。新知识的产生，正以几何级数的形式爆炸性地增长，信息层面无边无际的知识，包括以前只有权威专家才能知晓的全球范围内最新产生的重要知识，现在学生完全可以自如地、自主地、瞬间性地从网上获取。

因此，全球教育界现在都面临着一个新的机遇或挑战，也就是如何把教育的重点从第一、第二层面更有效地转移到第三层面。有充分的实例，包括卡文迪什实验室的实践和 2001 年诺贝尔物理学奖获得者 Carl Wieman 的最新研究都表明，通过研究去学习，是已知效率最高的学习方式，不仅可以最大限度地调动起学习的能力和激情，而且通过研究学习到的知识，更容易达到第三知识的境界。

强调学习方式的转变，即从被动且痛苦地学习转向主动并快乐地学习，进而自主有挑战性地学习，最终通过创新研究以及团队协作研究去学习。为此，钱学森班设计了如下的培养流程：

第一学年，学生主要进行必修课程的学习，较多地被动性学习；引导学生越来越多地主动性学习，逐步适应和掌握主动性和自主性学习方法；同时，介绍现代力学与工程的基本概念，引导学生思考并寻找自己的发展方向。

第二学年，增加选修课程；鼓励学生之间相互授课（老师解惑）、提前考试或免试；提供实验室条件和支持以鼓励并帮助学生进行自主创新研究，探索如何实现自己的梦想。

第三学年，以选修课为主，逐渐加大课程的挑战性；通过系列性的前沿研究讲座，学生们因人而异地进一步寻找到自己的兴趣方向；进入更系统性的 SRT（学生研究训练）阶段。

第四学年，更多的创新研究和团队项目研究；出国进修和国际学生交换学习；在很宽的多学科领域，学生和导师双向选择，开始进入本科生/研究生过渡阶段。

开放智慧实验室

在网络时代，我们能否构建一个较以前更为先进的环境，让学生自主地孕育创新想法，在有相应专长的导师帮助下，让好的想法得以实现、获得成功？

2010 年夏成立的清华大学微纳力学中心（CNMM），是一个以能源/环境、生物/健康、微纳材料与制造等为应用背景，聚焦于微纳米尺度下与变形和运动相关的创新研究、技术发明和人才培养的多学科交叉研究中心，共有力学、物理、化学、生物、材料和微纳制造等学科的 20 余位研究员。中心在今年夏天开始运行一个全新的实验室，名叫"开放智慧实验室"（Open Wisdom Lab，简称 OWL 或猫头鹰），由中心副主任徐芦平负责。

OWL 有如下几个主要特点：

- 学生自主性：研究项目完全由学生个人或团队提出，OWL 对筛选出来的申请项目除允许学生在给定的时段内充分使用实验室外，还给予少量的经费支持和帮助寻找合适的导师，但研究项目完全由学生自主推进。
- 开放交叉性：不仅向中心和钱学森班的学生开放（有一定的优先），也向校内外、国内外有兴趣实践自主创新的学生、研究生开放，并鼓励组成科学、技术和人文交叉研究课题组。通过网络向世界范围的合作伙伴每天 24 小时实时性开放。
- 先进简易性：提供概念尖端但简易通行且可拆卸的实验设备（如代表了先进制造和微纳技术的三维打印机、原子力显微镜等）。鼓励学生动手去做，哪怕失败了也比不能亲手去做好；鼓励学生为了创新研究的目的去改造设备。
- 后续可发展：学生们在 OWL 进行的自主创新研究做出初步成果后，往往将很快遭遇发展瓶颈。微纳力学中心将鼓励对初步成果感兴趣、有专长的中心研究员介入合作。如果中心缺乏这方面的专家，将通过中心的人员网络，帮助在更大范围寻找到合适的专家介入合作。

杨锦同学以及其他参与了猫头鹰实验室的同学的初步实践表明，上述做法很受学生欢迎。参加过这项活动的学生往往都激动不已，有学生甚至说道："经历了这么多年的被动学习之后，我发现我的创新激情回来了。"

开放式导师网络

OWL 的上述四个特点的最后一条，也许是与现有模式最不相同的一条，但却是 OWL 的模式能否成功的关键。

通过自主创新研究孵化出来的初步成果，就像刚孵化出来的"小鸡"，如果得不到既热心于创新又在相应领域有专长的"母鸡"的呵护和帮助，多数"小鸡"难免在短时间内夭折。

如果找到的不是"母鸡"，而是"母马""母象"，这只小鸡可能会无意间被"踩死"。互联网使得上述基于学生自主创新研究的学生—导师开放式合作研究模式成为可能。由于网络技术的普及和发达，孵化出"小鸡"的学生可以自主在全清华乃至全球范围寻求对该学生的研究既感兴趣又乐意指导的"母鸡"。必要时，钱学森班项目工作组和微纳力学中心的老师、家长等各种志同道合的人脉网络，可以提供联络到最佳"母鸡"的帮助。

渐渐地，如果获得适当的外部资源支持，认同前述开放式创新人才培养模式的志同道合者，通过自组织的发展形式，将会形成一个人数和学科越来越多的导师网络，帮助有创新梦想的学生实现梦想，收获个性化的成长和发展。

创新孵化平台：
学生自主孕育的创新思想——深绿圈中的动物婴儿；多学科的导师网络——绿圈带上的"动物"母亲；有利于创新的环境支持——淡绿圈带上的动物食粮（政策、基金、捐助等）

师生和社会共赢

人才培养方面，学生的兴趣最重要，但老师的兴趣也许同等重要。

以前谈大学教育时，似乎很少讨论如何让老师做他们真正感兴趣的教育工作。对老师强调的是教学成果、老师的责任和奉献等。现实中，很多教授或多或少地将教学与科研对立起来。以传授知识为主的教学，往往因缺乏挑战性和新颖性而变得乏味；而科学研究和探索不但本身有趣，还有科研项目和成果所直接带来的利益。

卢瑟福等的很多例子表明，创新型人才培养可以做到师生共同感兴趣，共同取得更大成果。

自古英雄出少年，尤其在最需要创造性的领域。毛泽东在长征途中奠定领袖地位时 42 岁；毛头小伙子的比尔·盖茨、乔布斯等将 IT 技术变为过去 20 年间最有活力的经济领域；自然科学领域的诺贝尔奖获得者做出获奖成就时的平均年龄不到 40 岁。这样的例子不胜枚举。

创造条件并帮助学生，使他们的创新意识和能力得到充分的发挥，不仅对人类和社会发展最有利，对导师也是特别有帮助。例如，有不少诺贝尔奖成果的最初观察或想法是来自于学生，而老师则在随后的共同研究中做出了更大贡献而获得诺贝尔奖。

所以，找到一位特别感兴趣、全身心投入的学生，对一项研究的进展和质量影响巨大。但我以前常常遇到困难。每位新研究生进来时，我会仔细考察他是否真的对我正在研究的某些方向感兴趣。让我苦恼的是，很多学生并不知道自己对什么真的感兴趣；甚至有的学生以拿学位为主要目的。这类学生进来后，很多时候我们师生都陷入了长期的尴尬郁闷状态。

鼓励和帮助本科生从事他们自己感兴趣的研究，不仅将更有利于他们的深度学习和创造性的发展，也有利于研究生和导师找到更好的组合，真是一箭双雕、师生共赢的形式啊！

归根结底，使得上述理想中的创新型人才培养体系可变成现实的关键，是获得有强烈创新意识、重视人才培养的优秀教师的倾心参与。如果"母鸡""母马"们本身就承载着过重的非教育性任务、为生存而屈就于急功近利的研究，单纯地凭兴趣和责任感，又如何能够使得他们长期稳定地潜心于创新型研究和创新型人才的培养呢？

顶尖成功人士捐助培养顶尖人才，是国际上通行的一种模式。当年的钢铁巨子、剑桥大学校长 W. 卡文迪什公爵私人捐赠设立了卡文迪什实验室，造就了剑桥大学和英国的一段辉煌。作为一个新生事物，开放式创新人才培养模式能否克服初生的艰难、最终走向成功，一个必要的条件就是能够获得特别的政策和资源支持，尤其是基金和私人捐赠的支持。

致谢

今夏参与促成本文的讨论的主要学者有：

法国巴黎交叉研究中心（CRI）主任 F. Taddei 教授，英国伦敦纳米中心（LCN）主任 G. Aeppli 教授，有着碳纳米管之父称誉的日本 M. Endo 教授，挪威技术大学张志良教授，瑞典 Jönköping 商学院院长 J. Roos 教授，美国 Sage Bionetwork 总裁 S. Friend，美国加州理工学院叶乃裳教授，美国休斯顿大学 B. I. Yakobsen 教授，美国麻省理工学院 R. Abeyaratne 教授，美国 UIUC 负责交叉研究的校长助理夏焜教授，法国巴黎高工 D. Quere 教授，英国剑桥大学 A. Nathan 教授，清华大学微纳米力学中心徐芦平副研究员、F. Grey 教授和陈常青教授等。

最后，还要感谢清华大学校长陈吉宁教授和清华大学教育基金会今夏对这些研讨的高度关注和支持，以及陈远学长捐赠的清华大学润物基金的大力支持。

论创新型工科的力学课程体系

郑泉水①

清华学堂人才培养计划钱学森班，清华大学工程力学系 北京 100084

摘要 如何培养技术创新拔尖人才，既是钱学森之问，更是时代之问——21 世纪后，创新被国家置于发展全局的核心位置。力学的技术科学或工程科学属性，内在地决定了它能够并且应该在回答钱老之问时起到基础性的作用。按照这个理念，清华大学于 2009 年设立了定位于工科基础，同属清华学堂人才培养计划暨国家基础学科拔尖学生培养试验计划的钱学森力学班（简称钱学森班）。作为负责钱学森班的首席教授，我在本文里首先论证三个基本观点：（1）力学同时拥有定量化"基因"（简称量化基因）和技术创新"基因"（简称创新基因）；（2）前者在以往发展得很好，后者却相对发育不良；（3）这种发展不平衡有可能正是近 30 年来力学遭遇较大困境的内在根源，并且影响到工科创新。接着，在简要介绍钱学森班的培养方案和实践案例的基础上，力图表明：以"通过研究学习"为牵引，可以构建一个大幅删减总课时要求却同时加强基础科学地位的课程体系，激发起学生的强烈学术志趣、有效实现对技术创新基因的强化。实践说明，这个培养模式受到了学生们的热烈欢迎和诸多学科导师们的认可。最后，将对力学面向未来技术创新的关键发展方向进行讨论。

关键词 创新型人才培养；工科基础；力学的基因；通过研究学习；课程体系

中图分类号：O3 **文献标识码**：A **doi**: 10.6052/1000-0879-18-105

刚进入 21 世纪，中国就发生了一场似乎与力学为工科基础相矛盾的运动：一方面，中国在迅速成为"世界工厂"后，对技术创新提出了迫切需求；另一方面，全国曾有过的数目近百的力学系，"一夜之间"（十年）就结构性地近乎消失殆尽了，即从实体运行的力学系，退化为与某些工科系合并后的实体学院下的虚体系，如清华大学和西安交通大学的工程力学系，都成为各自新设立的航天航空学院下的虚体系。短期看，这固然突出了特定工科，有利于行业研究项目的获取和部分学生的职业去向，且好像有利于更好的本科生源。但长期看，却削弱了力学作为工程科学或技术科学的独特存在，也不利于一个学校整体的工科发展。类似的单独实体力学系全面消失的现象，十几年前就在美国发生过，但人家可是伴随着"去工业化"和以信息技术为代表的"高科技"运动而发生的。

那么，究竟是什么引发了上述运动呢？根本的原因是产业需求的变迁。以计算机、网

---

① 郑泉水. 论创新型工科的力学课程体系. 力学与实践，2018，40(2): 194-202。

络为代表的信息技术，在短短的半个世纪里，带给了全球社会经济等方方面面的翻天覆地的变化。在产业界，微软、苹果、谷歌、脸书、亚马逊等一大批信息类公司跻于全球市值最高之列；类似的现象在中国也可以列举阿里巴巴、腾讯等公司。映射到大学，则是产生了基于信息科学的新工科——信息科学与工程；与此相对照，其他工科则都是基于物质科学。具体到清华大学，恰恰是庞大的信息科学技术学院没有将力学列为工科基础课，其他工科学院则都列了，见图1。

机械工程学院 航天航空学院 材料学院
建筑学院 土木水利学院 环境学院 信息科学与技术学院 医学院 药学院

| 物质科学 | 信息科学 | 生命科学 |

图1 清华大学工科学院的核心科学基础。虽然医学院（包括生物医学工程等）和药学院也包括越来越多的工程技术内容，但其学科门类区别于工科。需要特别指出的是，虽然信息科学技术和生物医学科学技术等的本科由于总学时的限制，暂时很少将应用力学列为必修课，但力学在其中已经有着十分重要和越来越广泛的应用

需求变化带来的冲击，不仅仅只针对力学，也发生在一些传统的工科，如我国的机械系也曾面临过很大的招生压力。

撰写本文的一个更大背景是"钱学森之问"所揭示的国家之痛："现在中国没有完全发展起来，一个重要原因是没有一所大学能够按照培养科学技术发明创造人才的模式去办学，没有自己独特的创新的东西，老是'冒'不出杰出人才。这是很大的问题。"钱老心中对这个问题肯定是有答案的，因为钱老在退休后的几十年间最为关心、思考最多、研究最多的问题，就是如何理解并破解这道难题。钱老说[1]："我是在上个（20）世纪30年代去美国的，开始在麻省理工学院学习。麻省理工学院在当时也算是鼎鼎大名了，但我觉得没什么，一年就把硕士学位拿下了，成绩还拔尖。其实这一年并没学到什么创新的东西，很一般化。后来我转到加州理工学院，一下子就感觉到它和麻省理工学院很不一样，创新的学风弥漫在整个校园，可以说，整个学校的一个精神就是创新。"去年，钱老独子、钱学森班顾问钱永刚教授还专为钱学森班用一段话概括了钱老的教育思想（见附件一）："（钱老的）教育思想由两个部分组成，前者是技术科学教育的思想；后者是大成智慧教育的思想，即广义的通识教育思想。他认为，21世纪的中国公民应该受到全方位的教育。大成智慧教育的核心就是通过对整个现代科学技术体系结构的学习和理解，打破各学科的界限，集理、工、文、艺于一身，贯通古今，培养出能掌握马克思主义哲学，一方面有文化艺术修养，一方面有科学技术知识，既有'性智'又有'量智'的新型人才。"

今天，创新已经被摆在国家发展全局的核心位置[2]，对构建创新型工科提出了急迫要求。在力学界，许多著名学者也纷纷加入了对如何培养创新型人才的探讨。如余寿文先生[3]深入讨论了中国科技人才培养的道路和实现途径是什么？提出工程教育的发展与变化，要求培养多样性的卓越工程人才。杨卫先生[4]提出在创新4"阶梯"（管理型创新、开发式创

新、技术型创新和源头式创新）中，想要建立现代化经济体系，必须依赖源头式创新；核心是人才。谢和平先生[5]提出以创新创业教育为引导和突破口，来全面深化教育教学；突出五个方面：良好的人文素养、独立思考能力、创新创业能力、协作精神和社会担当能力、多学科的知识面。胡海岩先生[6]分别从行业需求、培养研究工程师的目标、技术科学的统一性和实践与创新的统一四个角度，对力学教育作了深度思考。

本文的结构如下：第 1 节阐述关于力学核心特质的思考；第 2 节分析工科的力学课程体系、影响它形成和发展的历史、当今和未来的主要因素；第 3 节介绍在创新型工科背景下的清华钱学森班的理念、课程体系、实践案例，以及对如何构建面向未来技术创新课程体系的思考；第 4 节对未来技术发展大趋势作一个大胆预测，并提出了若干开放性的问题。

1. 力学的"基因"

面对力学的困境，面对"钱学森之问"和构建创新型工科的挑战，要寻找到解决方案，一条正确的途径应该首先回归到力学的本源，并遵循它的内在"基因"。

那么，力学的本质特征和"基因"是什么呢？于 1687 年出版的牛顿《自然哲学的数学原理》，标志着力学成为第一个精确化的科学。从此，研究物质的运动、与受力等的关系，以及定量化，成为力学的基本特征[7-8]。在随后的两个多世纪里，力学和它所代表的科学方法论及数学化手段，主导了科学的发展，相续产生了拉格朗日-哈密顿力学、电动力学、热力学、相对论、量子力学等，成为今日整个物质科学的基础。20 世纪后，力学沿着物质科学的方向发展，构成了近代物理体系。

牛顿既是近代科学的奠基人，又是微积分的发明者。力学的定量化特征，使得力学长期以来与数学密不可分、相辅相成。这个现象一直延续到 20 世纪中叶。如柯西，既是19 世纪最伟大的数学家，也是应用力学的奠基人之一；又如成立于 1952 年的北京大学数学力学系和成立于 1958 年的清华大学工程力学数学系，直到"文革"前后力学和数学才分家。沿着定量化方向，力学促进了许多数学分支的形成和发展。

18 世纪工业革命的兴起，对工程和技术从定性走向定量产生了决定性的推动。以纳维、柯西、泊松、斯托克斯等人在 19 世纪上半叶建立起弹性力学和流体力学基本方程为代表，力学逐渐成为工科的基础。此后，力学沿着工科基础的方向发展，构成了当今应用力学体系①。

上述溯源表明，力学作为工科基础，同时兼备了科学、数学和工科三重属性。力学因拥有这个特征，从而天然地扮演着工科基础（或技术科学、工程科学）的独特角色。数学属性带给了力学量化"基因"，而科学属性赋予了力学技术创新"基因"。在过去的一个世纪里，量化基因的代表性发展是创立了有限元法，而技术创新基因的代表作是航空航天技术和工业的诞生。

---

① 也许对工科以外的人士需要澄清一下的是：中学和大学物理中的力学，主要指牛顿力学；而大学物理学中的电动力学、热力学、相对论、量子力学等，是与力学并列来看待的。而全球的几乎所有力学系以及工科中的力学，则主要指刚体的力学（包括拉格朗日-哈密顿力学）和变形体力学，统称应用力学。

2. 工科的力学课程体系

以清华大学工科为例（见附件二），除了信息科学技术学院之外的其他 6 个工科类学院，即土木水利学院、建筑学院、机械工程学院、航天航空学院、环境学院、材料学院等，都将理论力学、材料力学和流体力学，或前两者合并为工程力学列为必修课程。全国高校工科在安排力学必修课方面的情况大同小异。

是什么要素促使工科选择了上述力学课程呢？这些要素在今天有了哪些不同、未来几十年还可能发生哪些根本性的变化呢？

2.1 历史的要素

在 20 世纪 50 年代电子计算机和 60 年代以有限元法为代表的基于电子计算机的计算力学出现之前，弹性力学、流体力学等只有很少的问题可以求解。普朗特、冯·卡门等，创立了边界层理论、奇异摄动理论等[7-8]，使得一大类工程中的流体力学问题得到了求解，解决了当时航天航空中最关键的一些问题。由此，冯·卡门成为公认的 20 世纪最伟大的航天工程家和美国国家最高科学技术奖的第一位得主（1962）；冯·卡门的学生钱学森成为美国航天的先驱之一和中国"航天之父"。面对工程师们的大量需求，铁木辛柯自 20 世纪 30 年代开始撰写了《材料力学》《结构力学》《弹性力学》《弹性稳定性理论》《工程中的振动问题》《板壳理论》等 20 多部教材。这些教材影响巨大，被翻译为世界各国的多种文字出版，形成了工科力学课程体系的主流骨架，延续至今。

顾名思义，材料力学本该是研究（固体）材料的力学；但实际上，它基本上局限于梁—杆—轴这类"一维"固体物质。优点是：①土木、桥梁、机械等工程中这种材料体系极多，甚至是主体；②用微积分就基本上可以求得解析解；③这些解析解对于完成"一维"固体材料体系的设计，非常实用。且不仅可以用于宏观体系，甚至小至 10nm 都适用。如原子力显微镜可以测出亚纳米（10^{-10} m）的空间分辨率和皮牛（10^{-12} N）的受力，其核心原理之一是梁的变形。又如广泛应用于物联网、自动驾驶等各种类型的传感器、微机电系统等，多数是采用梁的共振作为核心原理之一。材料力学的上述优点，使得它至今依然充满生命力、被多数工科选为基础课程之一。

受限于材料力学的"一维"体限制，欲研究机械、航空航天、船舶、土木、化工等工程中常常遇到的板、壳等"两维"体甚至三维体，以及"一维"体的端部或集中受力部位，就需要用到弹性力学。这时，微积分甚至常微分方程理论都不够了，需要用到数学物理方法、偏微分方程理论、渐近求解的方法（摄动理论、变分法等），甚至泛函分析理论等。总之，需要投入比微积分多得多的学时。即使这样，能够求解的弹性力学问题，不仅极其有限也越来越少。这样高的"投入/产出"比，对于大多数工科学生和工程师来讲，是难以接受的；只有那些坚持研究工程难题的人，需要也愿意投入。

理解了上述历史原因，也就不难理解如下几个现象：①工科最多安排弹性力学简明教程，主要目的是开阔学生眼界；②力学专家常常成了应用数学家；③有相当比例的工科顶尖学者其实也是深刻理解和掌握力学的专家。

除了量化基因外，应用力学作为工科基础，本应该还具有的技术创新基因，现实中则比较罕见，更像是异类。但也有极个别的应用力学家华丽转身为新工科"之父"，杰出代表为航天领域的冯·卡门和钱学森、生物医学工程领域的冯元桢等。此外，钱学森还开创了物理力学和工程控制论等。一个不仅有趣，也更值得思考并重视的现象是，这几位都曾长期任教于加州理工学院，而加州理工学院的特色是物理与创新。这应该不是偶然现象吧？这个观察激发了我在清华钱学森班创办伊始，就积极思考并不断实践如何去加强力学的技术创新基因，并建立起了与加州理工学院密切的联系。

2.2 今天的因素和力学的困境

对现代应用力学影响最大的变化的是 20 世纪 50 年代电子计算机的出现及随后的高速发展，以及 60 年代以来以有限元法为代表的各种计算力学方法的涌现。一方面，以应用力学家为主发明了有限元法、创建了计算流体力学等，使得不仅仅弹性力学，还有更为复杂的塑性力学、黏性流体动力学等各种非线性、复杂边界问题可迎刃而解；另一方面，正是这些方法的出现使得曾以量化见长的力学界渐渐陷入了一种尴尬境界 —— 因为越来越多、用户更友好、功能更强大的软件使得非力学专家可以越来越便利地应用这些方法，传统意义上的力学人的必要性显得不是很充分。这也直接导致了前面提到的中国和美国大学力学系的全面撤并运动。

然而，应用力学作为一个学科的独特本质或基因，决定了它存在和发展的内在理由是工科基础，而不是与某个甚至若干工程学科的合而为一。结合只是它的扩展，而不是它的本质。考虑到国内学科划分得太细，力学划归到任何一个工科，都将伤及同一所大学的多数其他工科。因此，整体而言，简单的合并只能是权宜之计，而不是根本性的解决方案。这种权宜性的结合，必然因为不同学科本质内涵的不同、使命的不同，导致价值观的不同和评价体系的不同，并最终导致力学人要么融入其他学科而发展、要么被逐渐边缘化。对个人而言，这既可能是机遇，也可能是无奈；但对整个科学技术来讲，这既不是必然，也不都是好事。这是一个不仅仅在中国，在全球都没有解决好的难题。

2.3 未来几十年的趋势

每门具体的工科，常常对应的是一个工业或技术行业的存在。这个内涵一方面决定了具体工科的现时实用性，另一方面也决定了它的相对短暂性。

与此对照，没有单一行业背景的应用力学，其核心使命，即研究物质的运动、与受力的关系和定量化这些"永恒"存在的主题，则必然在可见的未来继续扮演工科基础类角色，尤其是物质科学基础上的新工科的诞生（创新）和走向成熟（定量化）之前，扮演重要的，甚至是关键的角色。从上述意义上讲，相对于具体的工科研究者，力学人既是不幸的（难以在成熟行业扮演主要角色），也是幸运儿（具有相对长远的生命力）。

进入 21 世纪，人类知识的指数增长态势越发明显，信息革命、生物技术、纳米技术带来的影响无处不在，特别是互联网、大数据、人工智能、机器人等对社会、经济、教育、技术和研究的发展，带来了前所未有的机遇和挑战[9-10]。那么，力学该何去何从呢？能否通过强化作为工科基础的角色，以期长盛不衰？还是迅速消弭或被同化在不同具体工科之中？工科的力学以及作为工科基础的力学课程体系应该如何重构，以适应中国和全球对技术创新和创新型人才培养越来越迫切的需求？

3. 面向创新型工科的一个实验田——清华大学钱学森班

带着上述问题，2009 年迎来了清华大学钱学森班（后面简称为钱学森班）的诞生。

3.1 钱学森班的使命和定位

钱学森班的定位是工科基础，使命是：发掘和培养有志于通过技术改变世界的创新型人才，探索回答"钱学森之问"。负责该实验班建设的项目组由来自清华大学航天航空学院、微纳米力学与多学科交叉研究中心等十多个院系和研究机构的几十位老师和工作人员组成，由首席教授负责，秉承钱老技术科学、大成智慧的教育思想（见附件一），致力于构建一个开放性的环境，帮助学生在跨学科范围中学习技术创新和领导力，完成使命。

从实践的角度看，对已有 5 届毕业生的统计和调研数据表明，钱学森班的工科基础定位的可行性得到了广泛认可。如图 2 所示，毕业生读研方向大体上是力学占 1/3、其他学科（航天航空、机械工程、土木水利、材料科学与工程、信息技术、生物医学工程、数学、管理等)占 2/3；又如最近毕业的 2013 级 28 名学生中，就有 4 名同学获得了 MIT 三个系（机械、材料、信息)、共 5 份博士生奖学金名额。

图 2　清华大学钱学森班的工科基础定位和学生去向示意图①

---

① 此图引自 2014 年 12 月 10 日郑泉水在纪念钱学森诞辰 103 周年学术研讨会上所作的特邀报告《钱学森力学班：开放性创新人才培养模式的探索与实践》。

3.2 钱学森班的课程体系和学生的 T 型知识结构

钱学森班培养方案（2016 年版）[11-12]总学分要求是 148，分三个层构：荣誉挑战性课组（70 学分）、基本结构性课组（>50 学分）和全校普遍性课组（如思政、体育、英语等，共 28 学分）；其中挑战性课组含 18 门课，分为 6 类：数学、自然科学、工科基础、专业与研究、人文、综合与贯通。这 18 门课都是高强度的知识学习或研究实践类课程，安排在前三年的 6 个学期，每学期限 3 门，见图 3。这个培养方案被清华大学选为本科荣誉学位唯一的试点方案，从钱学森班 2016 级开始试运行。

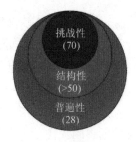

清华大学本科荣誉学位(试点)
培养体系(总学分要求≥148)

- 18门挑战性课程：
  - 数学3门；
  - 自然科学3门；
  - 工科基础3门；
  - 专业与研究3门；
  - 人文3门；
  - 综合与贯通3门；
- 前6个学期，每学期3门：
  - 数学、自然科学、工科基础、专业与研究共2门
  - 人文或综合与贯通1门
- 第7~8学期：高阶研究、朋辈学习，毕业论文

图 3　钱学森班培养方案（2016 版）的层构[11]

例如，要求每位学生从"动力学与控制基础"（5 学分）、"固体力学基础"（5 学分）、"流体力学"（4 学分）和"热力学与统计物理"（5 学分）等 4 门课中选择 3 门，作为工科基础类挑战课。数学类的 3 门分别是"数学分析"（Ⅰ 或 Ⅱ）、"高等代数与几何""概率论与统计"。自然科学类的 3 门，则在"大学物理"（Ⅱ）、量子力学、化学、细胞生物学等多门课程中选择[12]。

钱学森班的核心培养理念是以学生为中心[13]，鼓励学生按照自己的兴趣和擅长，选择自己的发展方向，包括加强量化基因或创新基因等。如选择后者，则鼓励深入学习量子力学、固体物理、细胞生物学等；如选择前者，则建议选修更深的应用数学、计算数学、计算力学等。实验方面，除了必要的培训课程，主要通过研究实践按需自主发展。强烈建议学生不要花太多的时间仅仅为了学分而草草了解已有知识，而是鼓励对知识的深刻把握和融会贯通，弘扬对创造新知识的热情、能力和自信，强调找到自己的发展方向，自主学习。后者主要体现在结构性课程的选择性方面，学生根据自己倾心的发展方向，在相应专业导师的指导下选修结构性课程（见后面一个更具体的案例）。

目前国内的力学专业和绝大部分工科专业，不学或仅学很少的化学和生物，物理课程也比较弱。与此对照，钱学森班不仅大大加强了对这些基础科学部分学时的投入，而且大大加强了对学习强度的要求。目的是加固源头创新的根基和提升能力。

与清华大学绝大多数工科的总学分要求 170 以上相对照，钱学森班不仅大幅减少了总课时，同时还加强了对基础课程的强度要求，这是如何做到的呢？背后的理由是什么呢？特别是钱学森班还要面对这么多且不确定的专业发展方向，学时好像更加不够了，学生们是如何完成知识和能力体系的构建呢？

简要的回答是：钱学森班采用的不是对所有课程作雷同要求、对所有学生一刀切的"模具产品"方案，而是因人而异、对不同课程不同要求的"艺术品"方案，鼓励学生自主构建 T 型知识结构和能力体系。这里 T 型的横向指的是广义的通识教育（即钱学森所称的大成智慧教育，见附件一）：学习和理解整个现代科学技术体系结构、打破各学科的界限，集理、工、文、艺于一身，贯通古今等。特别是关注刚刚开始的由于技术突破带来的新方法和技术手段、新思维等。竖向是指在研究的引导下，沿着自己选择和热爱的方向，充分发展，达到相当的深度。

3.3 钱学森班核心力学课程的选择和改革

钱学森班选择或构建的"动力学与控制基础""固体力学基础""流体力学""热力学与统计物理"，总体上也是清华主要的工科院系（见附件二）所必修的，但钱学森班的这 4 门课，该深的更深了，可删除的尽量去除了。

为什么选择了这 4 门课呢？牛顿力学和拉格朗日-哈密顿力学研究的是质点、刚体、或质点/刚体系的受力与运动的规律，其形态特点是不变形。弹性力学，或更加广泛的固体力学，其形态特点的本质是小变形，源于固体原子/分子之间的相互作用由化学键主导。流体力学研究对象（气体或液体）的原子/分子之间的相互作用由范德华力主导，本质的形态特点是大变形。把学生对大学物理学的认识推进到工程技术中必须面对的复杂材料体系（如混凝土、泥石流）或复杂行为（如湍流、龙卷风），尤其需要构建起变形的概念和严格的数学描述，以及可以"严格地"研究这些复杂现象的连续介质力学体系（如纳维-斯托克斯方程）。

抛开门户之见，必须指出的是，虽然以往应用力学量化基因发展得很好，但却付出了过多的学时代价、效率低。主要原因是课程体系的改革没有跟上，如材料力学、弹性力学等，基本上还是几十年前的体系，学生需要花费太多的时间去学习对今天相对价值不大、没有多少用途、今后越来越没有用途的知识，以及训练解题技巧。其原因是由于计算力学的发展，可以相对轻易地获得更好的知识和解决方案。现有的力学课程体系，与 50 年前相比，增加了后者；虽对前者做了一些清理（减少了课时），但清理得很不干净。根据上述思路，我们将钱学森班培养模式第 1 版要求的"材料力学"（4 学分）和"弹性力学"（4 学分）合并，构建了 5 学分的"固体力学基础"课程，重点发展核心知识、关键概念和科学技术方法论。

类似地，理论力学有相当部分内容是静力学理论，与大学物理的力学相比，并没有增加多少新的概念；且用了过大篇幅去介绍如何求解、求解技巧等。再考虑动力学与控制在现代工科中的基础性和重要性，钱学森班把培养模式第 1 版中的"理论力学"（4 学分）和"振动理论"（2 学分）合并，并增加控制理论的概念，新构建了"动力学与控制基础"5 学分的课程。

从 2015 年开始，上述两门新课均已运行了 3 年。初步看来效果还不错。有关更详细的情况，将由"动力学与控制基础"主课老师李俊峰教授和"固体力学基础"主课老师冯西桥教授和陈常青教授另文介绍。

根据我的了解，目前非力学专业的工科只上材料力学，而很少安排弹性力学的主要原因，并非没有需要，而是学时成本太高，不仅这两门课就需要或多于 8 学时，对数学课程的要求也相应增高（如需要增开"数学物理方法"等）。而"固体力学基础"外加完全可以自学的一些通用的计算力学软件（如 ABAQUS），完全可以成为大部分工科的新的基础课。如果这样，则工科的创新研究基础和能力都可望得到明显提高。

有人担心这样一来，力学教师的课时就不够了？但实际的情况是，如果普遍采用小班（不超过 20 学生，最多不超过 30 学生）制，以加强创新型培养必须的深度学习、讨论、批判性思维、研讨等，那么力学教师的数量不是多了，而是可能不够。这个目标是现实可行的，如四川大学就成功实现了全校性都只安排小班课的做法。我们现在的主要问题之一是，不仅强塞给学生的东西太多，其中还有大量内容本应与时俱进被删除，但因为习惯或教师的原因被保留。这也是造成效率低、学生学习意愿不高的原因之一。

3.4　研究性学习和专业课选择

在钱学森班培养模式里，按照力学、航天航空、机械、精密仪器、能源、汽车、土木等加盟了钱学森班培养体系的十多个院系，列举了相关专业导师推荐的几门最为核心的专业课[12]。钱学森班的学生经过前两年的通识教育、初识研究和 SRT（student research training），一般能确定自己大的发展方向，且在提出自己的开放自主创新研究（open research for innovation challenge，ORIC）立项建议时，还需要找到自己的导师。这一位或几位导师，就可以帮助学生选择核心专业课。对于主动性强的学生来讲，甚至不需要导师的指导，自己完全可以自主选定有关课程。

以刚毕业的钱学森班 2013 级的学生胡脊梁同学为例，他自己总结的大学四年以"通过研究学习"为牵引的学习全过程概要如下：

（1）大一：广泛了解了固体力学、纳米技术和生物工程等众多领域。（途径：上课，实验室参观，参加组会，和老师交流）。

（2）大二：确定生物物理方向之后投入大量时间科研（2000 小时），同时自主学习了大量生物学和生物实验技术的知识。

（3）大三：自主提出原创性课题，并联系多个实验室（清华力学系生物力学所、清华微纳米力学与多学科交叉研究中心、清华生命科学院，北大生命科学院，麻省理工学院）研究讨论，主导和参与完成多个课题，发表多篇论文。

（4）大四：科研，同时深入学习复杂系统科学、发育和进化学。与不同领域的研究者交流并帮助低年级学生解决研究中的问题，将自己的体会与他们分享（推动钱学森班毕业设计免修和学术沙龙，为低年级同学推荐合适他们的国外课题组）等。

作为胡脊梁同学在清华的主要导师，我对他上述自学的课程宽度和深度都有极深的好印象；在研究方面，他发表了 5 篇论文，其中一篇是作为第一作者，发表在顶尖的科学期刊 PNAS 上。

3.5　档案：钱学森班培养模式第 1 版到第 2 版的演化

清华钱学森班培养模式的发展，至今可分为两个阶段，第一阶段为 2009—2015 年，对应的是培养模式第 1 版。虽然每年都做了修改，但总体框架没有大的变动。第 1 版突出了 3

个重点：

（1）追求师生双赢：清华钱学森班创办 8 年以来一直坚持的核心理念[13]包括两个方面：①千方百计地帮助每位学生找到各自独特的、真正热爱的、擅长的发展方向，并鼓励他/她全力以赴去追求；②逐年扩大的志同道合的导师队伍，不是传统上的简单地要求导师作奉献，而是寻求师生双赢为目标。要达成上述两个目标的每一个都十分具有挑战性。比如，为达成第一个目标，采用了多种方法，如小班上课、导师制、在不同院系之间的流动机制、实验室探究、开设"现代力学与工程概论"（大一）和"现代力学与工程前沿"（大三）、特邀讲座、出国研修等。与此同时，不仅允许还鼓励学生按照自己的追求去挑战培养方案。虽然每个方法都发挥了一定作用，但总的效果还是不尽如人意。

（2）重视基础、深度学习：尤其在定量化（数学分析、高等代数与几何、概率论与统计、数学物理方法、计算方法等）、基础科学（物理、化学、生物）和精选的若干门工科基础课程（理论力学、材料力学、弹性力学、流体力学、热力学与统计物理）等方面不仅投入了比清华其他工科更多的学时，同时显著增加了挑战度。比如，这些课程的授课老师都是专门聘请的；要求学生课内/课外投入时间比在 1∶3 左右；大量的讨论；推进研究性学习等。

（3）鼓励创新思维和研究：从 2012 年首届（2009 届）的大四学生开始，安排每位学生进行为期 3～6 个月的海外研修。从 2012 年开始，将学校的任选 SRT 列为大一至大二期间 3 学分的必修环节。从 2014 年开始，创设了 ORIC 课程，为期长达 1 年（覆盖整个第三学年）、8 学分、必修。这些创新型的实践取得了显著成效，逐渐成为清华钱学森班的一大特色，并为构建培养模式第 2 版奠定了基础。

清华钱学森班每年秋冬举办一次为期 1～2 天、集中针对一个专题的研讨会。至今共举办了 9 次研讨会，专题分别为：培养理念（2009 年）、首届国际顾问委员会会议暨课程体系第 1 版（2010 年）、教学方式（2012 年初）、评价体系（2012 年）、首次国际评估（2013 年）、研究实践体系（2014 年）、荣誉学位暨课程体系第 2 版（2015 年）、招生改革（2016 年）和第二届国际顾问委员会会议（2017 年）。

但在培养模式第 1 版的改进中存在几个曾一直没能解决好的难题：学分太多（176～178，与工科的学分要求类似)，且不少学生过于重视学分成绩和学分绩，导致的后果之一是，"硬"（科学技术课程）的方面实施得较好，但"软"（价值观、交流、领导力等）的方面提升不足；有相当部分学生的动力不足或不够坚持、目的不明或不正确，延续了高中的学习方法等。

以 2013 年初的在京顾问会议和 9 月国际评估为起点，钱学森班项目组开展了为期近三年的培养模式第 2 版的构建工作，并在 2015 年底被选作清华大学本科荣誉学位唯一的培养方案试点[11]。

这个方案可简称为 CRC(course-research-community)体系[①]，在保持前述 3 个重点之外，增加了如下三方面的特色：

（1）循序渐进的研究台阶：创建了系统性台阶式的研究实践体系，核心思想为："通过研究学习"（learning through research）是最有效的精深学习方法，且帮助每位同学找到自己

---

① 引自 2017 年 4 月 11 日郑泉水主讲的清华大学学术之道讲座《通过研究学习》。

热情所在的发展方向，据此自主选课和深度学习，找到人生和学业导师，抓住重大机遇等。这个台阶包括：初识研究（大一）、研究学徒（SRT，大一、大二）、自主研究（ORIC，大三）和实习研究员（senior undergraduate research fellow，SURF，大四）。与传统培养模式以课程和知识的学习为中心不同，要求创新和能力提升的研究在 CRC 体系中处于核心或领航者地位。

（2）结构清晰的课程体系：培养模式第 2 版将全部课程清晰地划分成 3 个课组（挑战性、结构性、普遍性)；总课时要求，从第 1 版的 178 学分大幅减少为 148 学分（见图 2）。

（3）朋辈学习和创新生态：开放性和多样性对于创新十分重要。清华钱学森班通过清华的荣誉学位计划、星火计划、思源计划、新雅书院等，构建了与全清华理-工-文多渠道的沟通平台；钱学森班跨年级、跨院系的学生们搭建多种形式的项目组、俱乐部等，有效地实施朋辈学习，提升交流能力和领导力。同时，邀请到了越来越多的来自各行各业取得了突出成就的人士作为志愿者担任清华钱学森班社会导师，共同打造一个致力于培养未来创新领袖的生态和文化。

对数学、计算方法和建模的强大把握，是形成量化基因的关键；对物理、化学、生物、力学等基础科学和工科基础，以及关键技术痛点问题的深刻理解，是创新基因的源泉；敢于探索和研究未知，不怕失败，坚持不懈，是实现技术创新的灵魂。

最后，我们想特别说明一下，在钱学森班的实践过程中，我们越来越感到回答钱学森之问的最大挑战，还不在于如何改进培养模式，而是如果突破现有高考体系，招进真正有巨大创新潜力的学生。

4. 若干进一步的观点和讨论

目前国内高校工科的力学课程体系，并没有与半个世纪前（电脑和基于电脑的各类计算方法出现前）的体系有本质或核心内涵意义上的改革。力学工作者经历了短暂的（1960—1970 年）发明强有力的且越来越方便使用的量化方法（如以有限元法为代表的各种计算力学方法等）的亢奋后，渐渐陷入了一种漫长的"教会了徒弟后，却被徒弟抛弃"的尴尬——大量力学系被撤并。但从科学历史的长河看，回顾应用力学的根本特征（研究运动与受力）和内在基因（量化、创新），我们可以清晰地看到上述困境的必然，并隐约看到如何走出困境的途径。应用力学的核心使命和强大生命力，主要在于（像冯·卡门、钱学森、冯元桢那样）不断地创造新工科；或在新工科待成熟阶段帮助其定量化，尽快走向成熟；或发挥自己的强大定量化优势，帮助解决复杂的、关键性的工程和技术难题。这是应用力学真正成为工科基础、长盛不衰的本源。

培养能引领未来技术创新、改变世界的杰出人才，是力学走出困境、再造辉煌的关键途径。因此，作为必须迈出的一步，应该尽快去构建一个适应 21 世纪的未来需要的应用力学课程体系。为此，力学要做的是轻装上阵、努力创新、开拓新疆土，而不是抱着历史的瓶瓶罐罐甚至故步自封。应该有着"力学人打到哪，那里就是力学"的气概，自信和开放，勇往直前，去拥抱科学技术和工业发展的巨大需求。力学对工科，不要再说"我有什么，你就买什么"；而是"你真正需要什么，我就努力满足你什么。"只要我们群策群力，用心培养未来的拔尖创新型人才，就一定能够不断壮大应用力学，使力学永葆青春。

最后，我对未来技术发展大趋势作一个大胆的预测。与传统（硬）技术相比较，信息（软）技术有两个特别优势一是技术发展的迭代周期短（以往主要依赖实验来迭代的硬技术的开发周期通常都要几年甚至数十年；而主要依赖计算和大数据实现迭代的软技术的周期，一般短至几个月甚至几周），且开发成本低很多。对于技术创新市场化来讲，这两个优势是巨大的。然而，市场还有另外一个基本法则无所不在：物以稀为贵。低成本和短周期，使得进入的门槛相对较低、竞争对手更多，导致产品一片"红海"，利润下降。例如，当远远超出市场需求的计算机专业毕业生涌向就业市场时，对多数人讲，理想的就业机会和较高的起薪就只能是明日黄花了。

就 21 世纪最受关注的"三 O"（information, nano, biologogy）技术而言，我的预测是：未来 10～20 年，信息技术将会越来越发达、越来越重要，但相对市场价值将降低，就像空气和水，谁都离开不了，但并不很值钱。未来 30 年内以纳米技术为代表的硬（+软）技术和未来 50 年内以生物技术为代表的硬（+软）技术，将取而代之成为全球发展的主导技术。

我深信，拥有创新基因的力学，一定将在未来技术发展进程中扮演十分关键的角色！

致谢

感谢每一位参与钱学森班项目的老师、同学和支持者，特别是核心组成员（按拼音排序)：白峰杉教授、陈常青教授、何枫教授、李俊峰教授、刘英依女士、徐芦平副教授、周华女士、朱克勤教授；感谢陈常青、李俊峰、胡海岩、余寿文、周青和张雄等教授对本文提出的宝贵修改意见。

参考文献

[1]　涂元季, 顾吉环, 李明（整理). 钱学森最后一次系统谈话：大学要有创新精神[N/OL]. 人民网一人民日报, 2009-11-05 [2019-06-05]. http://society.people.com.cn/GB/10320475.html.

[2]　中共中央关于制定国民经济和社会发展第十三个五年规划的建议[J]. 全国新书目, 2015(11): 4-4. 2015-10-29.

[3]　余寿文. 大学的本质功能与中国科技人才的培养[J]. 高等工程教育研究, 2017(1): 26-31.

[4]　杨卫. 基础研究，要提升源动力[N/OL]. 人民日报, 2017-12-27 [2019-06-05]. http://paper.people.com.cn/rmrb/html/2017-12/27/nw.Dllooooorenmrb_20171227_2-12.htm.

[5]　谢和平. 以创新创业教育为引导全面深化教育教学改革[J]. 中国高教研究, 2017(3): 1-5.

[6]　胡海岩. 对力学教育的若干思考[J]. 力学与实践, 2009, 31(1): 70-72.

[7]　TIMOSHENKO S P. History of Strength of Materials[M]. Columbus: MeGraw-Hill Book, Inc, 1953.

[8]　武际可. 力学史杂谈[M]. 北京：高等教育出版社, 2009.

[9]　KURZWEIL R. 奇点临近[M]. 李庆诚, 董振华, 田源, 译. 北京：机械工业出版社, 2012.

[10]　YUVAL N H. 未来简史[M]. 林俊宏, 译. 北京：中信出版社, 2016.

[11]　郑泉水, 白峰杉, 苏芃, 等. 清华大学钱学森力学班本科荣誉学位项目的探索[J]. 中国大学教育, 2016(8): 50-54.

[12]　清华大学. 清华大学本科生培养方案[M]. 北京：清华大学出版社, 2016.

[13]　郑泉水. 开放式的创新人才培养[J]. 水木清华, 2012(10): 22-25.

附件一：

钱学森的主要贡献及教育思想

钱永刚（钱学森之子）

作为享誉海内外的杰出科学家，钱学森在应用力学、航天工程、系统工程等领域做出了开拓性的巨大贡献。他提出的开放复杂巨系统概念和"从定性到定量综合集成方法"的理论及其实现形式，是他晚年最具亮点的学术创新。

他的教育思想由两个部分组成，前者是技术科学教育的思想；后者是大成智慧教育的思想，即广义的通识教育思想。他认为，21世纪的中国公民应该受到全方位的教育。大成智慧教育的核心就是通过对整个现代科学技术体系结构的学习和理解，打破各学科的界限，集理、工、文、艺于一身，贯通古今，培养出能掌握马克思主义哲学，一方面有文化艺术修养，另一方面有科学技术知识，既有"性智"又有"量智"的新型人才。

（2017.7.24钱永刚致清华钱学森班首席郑泉水，已由钱永刚许可刊出）

附件二：

航天航空学院：材料力学4（指4学分，后同)、理论力学4、流体力学4、工程热力学4、弹性力学4、振动理论基础2、黏性流体力学3、振动测量2、计算固体力学或计算流体力学3、计算力学基础4、力学实验技术4；

机械工程系：理论力学4、材料力学4、流体力学3或4、工程热力学2；

精密仪器系：理论力学4、材料力学4、工程热力学2；

能源与动力工程系：理论力学4、材料力学3、流体力学4、工程热力学4、基础力学实验2；

汽车工程系：理论力学4、材料力学3、流体力学3、工程热力学4；

工业工程系：工程力学4；

土木工程系：工程力学（1、2）4+4、结构力学（1、2）4+2、流体力学4、水力学2、土力学（1）3、弹性力学及有限元基础2；

水利水电工程系：理论力学4、材料力学4、结构力学（1、2）4+2、水力学（1、2）3+3、土力学（1、2）3+2、计算流体力学3、弹性力学及有限元基础3；

建筑管理系：结构力学（1）4、工程力学4、土力学与基础工程3；

材料学院：工程力学4、流体力学4；

环境学院：工程力学4、流体力学（1、2）3+2。

"多维测评"招生：破解钱学森之问的最大挑战

郑泉水

清华大学钱学森班首席教授，清华大学工程力学系暨清华大学微纳米力学与
多学科交叉研究中心教授、主任，北京　100084

摘要　创建于 2009 年的清华大学钱学森班，是国家"基础学科拔尖学生培养试验计划"中唯一定位于工科基础的实验班，通过实践案例主要说明以下几个问题。第一，目前高考招生体系下的优秀，多数不是创新素养和发展潜力意义下的优秀；钱学森班提出的五维测评系统，可对学生具有何等创新素养和发展潜力做出具有明显区分度的判断。第二，每一位经历了持续十多年单维测评系统下的应试教育的学生，都在创新能力和潜力方面受到不同程度上的"伤害"，有的甚至被"荒废"。第三，钱学森班创建的以"通过研究学习"为牵引的 CRC 培养体系，可以有效地帮助大部分高考体系下的优秀学生实现向创新人才成长的模式转变；CRC 的有效程度受应试教育对不同学生的伤害程度的影响，部分学生很难完成这个转变；一味地追求"最好的"教育资源，对大多数学生并非都是好事，而是应该追求"最适合自己"的教育资源；回答"钱学森之问"最大的挑战是，如何识别并招入具有巨大创新潜质的人才。第四，在上述研究基础上提出构建一个基于当前高考体系，借助大数据，依托高校—中学联动，从国家最急需的高端创新人才选拔与培养开始的多维测评招生改革试点的建议。

关键词　创新人才；高校招生体系；多维测评；通过研究学习；钱学森之问

中图分类号：G521　**文献标识码**：A　**文章编号**：1002-4808(2018)05-0036-10

进入 21 世纪后，互联网和人工智能等新兴技术，正加速将人类带进从未面临过的一个"奇点"[1]：智力被非人类全面超越，导致对教育的核心需求产生了千百年来最大的一次转变，即从知识传授转为创新能力培养，且这一转变到来的速度和范围都远远超过预期，从而破解"钱学森之问"迅速成为最急迫的国家战略性挑战之一。钱学森晚年最关心的是创新教育问题，他对当时的国家领导人讲道："现在中国没有完全发展起来，一个重要原因是没有一所大学能够按照培养科学技术发明创造人才的模式去办学，没有自己独特的创新的东西，老是'冒'不出杰出人才，这是很大的问题。"

针对上述"钱学森之问"，清华大学于 2009 年设立了"清华学堂人才培养计划"，教育部、中组部、财政部于 2009 年设立了"基础学科拔尖学生培养试验计划"，教育部于 2010 年设立了"卓越工程师教育培养计划"等。

创立于 2009 年的清华大学钱学森力学班（以下简称钱学森班），是"清华学堂人才培

养计划"暨国家"基础学科拔尖学生培养试验计划"唯一定位于工科基础的实验班[2]。在钱学森教育思想的指导下，多年来，钱学森班工作组对如何有效地培养拔尖创新人才做了锲而不舍的探索[3]，取得了以下有代表性的成效：持续吸引了全国高考、竞赛意义下的顶尖学生；毕业生在国内和世界顶尖高校广受欢迎；凝聚了越来越多的不仅来自清华，也来自全球范围、不同学科（工、理、文等）以及企业和管理界志同道合的优秀导师；创建了独特的以"通过研究学习"（learning through research）为牵引的 CRC（course-research-community）创新人才培养体系，钱学森班成为清华大学授予本科荣誉学位唯一的试点[4]。

尽管取得了阶段性成功，钱学森班也遇到了两大难题：一是像"爱因斯坦""乔布斯"这种成绩不是特别好但创新力超强的学生难以进到钱学森班；二是有些学生虽然成绩很好，但创新能力和潜质明显不足。这种选才不当一方面使钱学森班的许多优质教育资源被浪费，另一方面也造成了学生的痛苦。

关于第二个难题是有办法解决的。在钱学森班已经完成的 9 年招生中，有 2 年（2013年、2017 年）采用了多维测评方式招生，其中 2013 级学生刚刚结束了完整的四年本科培养周期，这个班学生的内生动力、开放性、坚毅力、智慧和领导力明显优于完全按照高考系统和竞赛系统录取的其他七届学生。班级层面，他们囊括了清华大学乃至北京市颁发的几乎所有集体荣誉，包括清华优秀班级第一名；个人方面，同学们获得了清华大学特等奖学金，在校发表了 31 篇科学论文，获得了 MIT 机械、材料、信息三个院系给予的共 5 份（可能创造了清华一个班的纪录）博士生奖学金。而刚刚入校不久的 2017 级学生，也开始显示出巨大的发展潜力。

上述实践，加上公认的步履维艰的高考改革，使我们深深感到，破解"钱学森之问"所面临的挑战，不仅是大学四年如何培养创新型人才的问题，还包括能否招到创新型人才的"苗子"。就像要培养爬树冠军，最关键的一环是找到"松鼠"；而因为跑得快跻于爬树训练营的"兔子"们，其实是很受折磨的。

一、"识才"与"择才"：关于优秀的界定

该部分主要说明目前高考招生体系下的优秀，多数不是创新素养和发展潜力意义下的优秀。钱学森班提出的五维（内生动力、开放性、坚毅力、智慧、领导力）测评系统，可对学生具有何等创新素养和发展潜力做出具有明显区分度的判断。

（一）我国高考系统的单一维度属性和强大惯性

现有的大学教育范式创建于 19 世纪初的德国，其主要的社会经济背景是追求产品的丰足和高质量，途径是有效实行对现代知识的规模化普及，是"知识就是力量"的体现①。该教育范式与深刻影响我国乃至整个东亚一千多年历史的科举制度结合，形成了东亚的基本教育范式（包括相应的评价和招生体系），该教育范式多年来不断地造成巨大浪费和痛苦[5]。

我国现有高考系统最基本的特征是考核学生对知识的掌握程度（简称学习力，它综合

---

① 郑泉水，徐芦平，白峰杉."通过研究学习——最高效的深度学习方法"，清华大学学术之道讲座（2017.4.11）。

反映了学生的智力和努力程度）这个单一维度。这么一个持续被全社会所"诟病"的高考系统，为什么"无比坚韧"地存续至今？除了上千年文化的影响外，根本原因是它具有一个几无替代的优势：通过公平地测评每个学生掌握知识的能力，实现了简明、高效并被全国人民普遍接受的，将全国每年近千万考生与不同层次国家高等教育资源的一种合理匹配[6]。

作为一项改革，由于学科（数、理、化、生、信息等）的省级、全国和国际性竞赛，可以较好且相对公平地考量学生的爱好、特长、自学能力，以及部分反映出学生的冒险精神、勇气与坚持等，因此被接受为高考系统的一个主要补充，概称为高校招生体系的竞赛系统，即竞赛优秀者有获得高校自主招生加分可能的资格。但竞赛时间的短暂性，决定了竞赛系统主要针对的还是"已知"，依然只是一个重知识、轻创新的"补丁"方案。

（二）高考优秀不等于创新素养和发展潜力卓越

毋庸置疑，单论智力、学习能力、考试和竞赛等，能进到国内顶尖高校的学生是特别优秀的。但从恢复高考后四十多年来各高校毕业生杰出人才统计数据的横向比较看，情况却远非如此[1]。下面钱学森班的案例，可以让我们从招生角度将问题的源头看得比较清楚。

钱学森班每年招收 30 名新生。前四届（从 2009 级到 2012 级）的招生主要由两部分组成。统考招生：各省高考理工科前十名具有申请钱学森班的资格，面试后决定是否被录取；二次招生：清华所有新生在刚入学的前三天，都可以报名申请转入钱学森班，在参加其为时半天的综合考试并取得靠前的成绩后，经面试决定是否被录取。从 2013 年开始，增加了自主招生这一环节，如 2015 年获得全国物理竞赛金牌的 100 名学生中，有近 20 位报名，经面试，钱学森班录取了其中的前十位。此外，在大一和大二阶段，不适应的学生可以休学调整，也可以转到其他班；同时也有其他班同学择优补入钱学森班。以上是钱学森班目前的四大学生来源。

在多数人眼中，这批"优中选优"的钱学森班学生，理应构成清华学生中的精英。但实践下来，如果从学生四年的实际成长情况以及他们毕业时能够获得的进一步深造的优质资源角度看（目前仅能如此，因为钱学森班建立时间还太短），虽然每届钱学森班都有特别优秀的学生，平均水准较高，但也有一定比例的学生不能达到期望的标准。

（三）创新优秀的标准：具备创新者的"基因"

究竟是按照什么标准得出上述判断的呢？究竟哪些素养对成为优秀创新人才最有影响呢?最初，是参与钱学森班项目组和任课的几十位教师，根据他们以往的人生经历和挑选学生的经验，做出的较为主观且因为不同教师采用的标准不同而导致的相对不一致的判断，这就存在至少下述三个问题：首先，因为这实际上是一个"无限维"的测评，很难长期追踪和研究每位教师判断的好坏，这可能是导致我们的选才水平提高缓慢的原因之一。其次，学生在钱学森班四年，也需要一个多维度而不是单维度（在清华为学分积累），也不是无限维度的评价标准，以引导学生有重点地全面发展。最后，即使清华的大学毕业生也只有很少人在今后担任教师，因此，仅仅只有教师来评价，难免以偏概全，并"职业性"地偏

---

[1] 郭樑."不忘初心坚持到底：选择决定命运，坚持决定成败——清华校友成长的实证研究"，清华海峡研究院报告（2017）。

好学习力这一单一维度学院。

在苦苦思索如何构建钱学森班评价标准的那几年，我们参考了哈佛大学、加州理工等名校的标准，学习了最近心理学和脑科学的有关重大进展和新认识，并研究了若干著名招聘专业公司的经验，思考最多的问题是：能不能提炼出数目尽可能少，又能体现创新和创新者特质的核心素质（或简称"基因"）。创新，意味着破解"未知"并在黑暗中走一段从未有人走过的有风险的路，去探知秘密、"无中创有"。根据对创新的基本特征和创新者基本素养的认识[7-8]，依据钱学森班的实践，我们总结出了如下"基因"，统一用于钱学森班的招生和对钱学森班学生在大学期间的表现进行多维度评价。

一是内生动力（motivation）：对科学发现或技术创新有着迷般的极强志趣和不断追求卓越的内在力量；二是开放性（openness）：有强烈的求知欲、好奇心，具有批判性思维和提出有意义问题的习惯，能从多角度看问题，有很好的观察力，有思维的深度等；三是坚毅力（grit）：包括开始和改变的勇气，拥抱失败、屡败屡战，对目标锲而不舍的追求和专注、耐得住寂寞、坚持到底等；四是智慧（wisdom）：不仅包括智商、学有余力，也综合了从他人、从失败、从实践中学习和领悟的能力；五是领导力（leadership）：主要衡量远见卓识、正能量价值观、奉献精神、表达能力、动员追随者和资源的能力、团队合作能力等。钱学森班将这五大素质简称为"MOGWL"（见图1）。

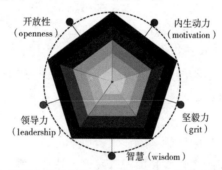

图1　清华大学钱学森班的五维测评体系（MOGWL）

一个特别值得重视的现象是：学生们四年的成长优劣，与学生进清华时的高考或竞赛成绩关联度不大，而与他们的创新素养和潜质关联度很大。在这五大素质中，钱学森班从创建伊始，就将内生动力（或"心想"）列为最重要的素质[3]。因为一个不知道自己"要去哪里"，甚至连方向都没有的"迷茫"者，是不可能激发自己所有的潜能，去达成一个艰难的使命（创新）的。

二、单维测评系统下的应试教育对亿万孩子的伤害

该部分通过案例和对比，说明每一位经历了持续十多年单维测评系统下的应试教育的学生，都在创新能力和潜力方面受到不同程度的"伤害"，有的甚至被"荒废"。

（一）从高三到"高四"：大学里的迷茫者

自1993年担任清华大学教授后，一个现象久久困惑着我：来自清华本科毕业的博士生，

虽然个个聪明，但好像不少人很迷茫，主动性不足，缺乏强烈的内生动力。因此，长期以来，我采取一个折中措施，就是从清华和非清华本科毕业生中，各招约一半人数的博士生。前者聪明能干，而后者常常有更强的内生动力，更具开拓者特征，能给整个研究组带来动力和活力。

不仅我本人，不少清华同事也有着类似的经历和观察：清华一大批高考或竞赛意义上的顶尖学生过于关注短期目标（如每次考试的成绩）以及与同学之间的竞争，容易缺乏源于兴趣和志向的内生动力，且长期形成的学习方法、思维方式和价值观等具有巨大的惯性，较难改变。在清华大学的学习往往演变成了"高四""高五"……甚至，还有一些智商超高的天才学生，一直到博士毕业，还只是"高十二"年级学生，还是迷茫。这些学生有很大可能考上大学后就泯然众人，浪费了巨大天赋，成为家庭之不可外言之痛。

（二）钱学森创新挑战营的启示

相对于每年全国多达 900 余万的高考学生，全国每年能获得省学科竞赛一等奖以上的学生，只有 1 万多人。这些学生，有资格申请清华和北大（以下简称"清北"）的自主招生，争取高考加分。其中，又有极少数（如每年有 50 位国家物理竞赛队的学生）有免除高考、直接保送"清北"的资格。

2017 年 1 月，第 2 届清华钱学森创新挑战营有 1300 多名高三和少数高二的学生获得报名资格，这些来自全国各地的佼佼者，至少有省级学科竞赛一等奖。学校从中优选了 30 名学生进入由钱学森班主持的为期四天的有 20 多位教师面试、心理测试和多种实践环节的挑战营。按照内生动力、开放性、坚毅力、智慧和领导力五个维度，每个维度各 5 分的标准打分，得到一个意料之外的结果，即排名前 5 的竟然都是高二学生。难道高三一年的应试准备，就对创新和成才的关键素质造成显著影响？

2018 年 1 月，第 3 届清华钱学森创新挑战营再次成为全清华报名人数最多的冬令营，有 2000 多名省级学科竞赛一等奖以上的高三学生报名，共有 60 多名学生获得资格参加了挑战营。这次挑战营依然是四天，但大大加强了面试环节：除一批资深教授外，还特别邀请了一批有着丰富社会阅历的清华杰出校友参加面试；对所有面试官进行了专业培训；每位学生面试时间平均为 45 分钟。但让面试官们五味杂陈的是，这个"优中选优"的人群，虽有很高的天分和学习能力，但符合钱学森班需求的学生不多。应试教育让同学们付出了太多，而最应该展现的兴趣、激情、思考等却又明显暗淡[9]。通过这次钱学森班创新挑战营，我们实现了一次区分度明显的创新人才多维度测评①。

上述两个案例揭示了一个令人痛心的现实，即我们的高校招生制度将大量的（很可能占总招生人数的一多半）迷茫学生招进了并不适合他们的"好大学"。这个现象无论在国家层面还是对家庭而言，都非常糟糕，因为这不仅关系到不同类型教育资源能否合理利用的问题，更关系到每一位学生能否在一个适合自己的教育环境下成长的问题。

---

① 郭双双，孙沛，郑泉水. 清华钱学森创新挑战营（2013 年、2017 年和 2018 年）工作总结。

（三）僵化的高考选才：迷茫者的"孵化器"

高考是简单高效的。恢复高考40多年的历史一再证明，通过恰当设计考题，几天考试时间就可以对具有不同知识掌握能力的学生进行清晰、公平的分类[6]。但下面的分析表明，用高考分数作为唯一的招生录取标准，必然扼杀学生的个性和创新潜能，导致无数"迷茫者"和"失败者"的产生。

全国千万家庭把孩子考入"清北"作为梦想。但如图2（a）所示，每年近千万考生中仅有数万人有可能考入"清北"，其中"学神"只占很少部分（学有余力者假设占数万人中的5%），他们可以轻轻松松考入"清北"；少部分（占20%）和大部分（占75%）学生，则是竭尽全力准备高考，因为他们没有绝对的把握能达到"清北"录取线。除了这些佼佼者外，全国每年几百万的高三学生已经早早放弃了考入"清北"的希望。参见示意图2（b），高考单维度录取的学生群（左列），与多维测评总分录取的学生群（右列）的对比，如果录取有一个多维度最低加分部分的要求，那么将杜绝"死读书"的学生，选入的都是全面发展的好学生，甚至是那些学习力相对较低但创新要素超高的学生（如"爱因斯坦""乔布斯"）。

问题在于，通过现有招生体系最终进入"清北"的学生中，"尽全力"学生为"学有余力"学生的数倍，而前者已经用尽全力了。尤其是高三阶段，他们没有或只有很少的时间和精力，去寻找和发展自己的兴趣爱好，去深入思考考试科目以外的东西，而是整天复习那些枯燥无味的东西，还时不时为了保持成绩的稳定而变得更加小心翼翼，不敢试错和创新。换句话说，高考在让同学们付出沉重代价的同时，他们最宝贵的一段时间，也浪费在对人生毫无实质性价值甚至多半起坏作用的准备高考上面。上述分析，也许可以解释2017年和2018年钱学森班创新挑战营观察到的大部分考生，都带有或多或少的"迷茫者"或"受伤者"症状。

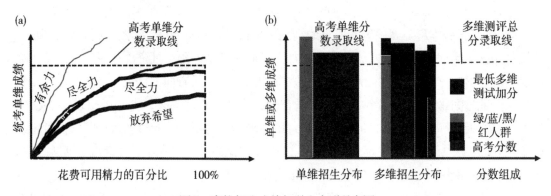

图2 高校招生成绩与学生人群示意图

在我和很多清华同事看来，即使是"学神"们，也常常带有下列受长期单维测评之毒害造成的不利于创新的后遗症：经不起挫折和失败；注重知识的记忆而不是内化，很难实现深度学习。尤其到了钱学森班，不少"学神"一夜之间突然发现自己不再是"学神"了，常常产生很大的挫败感；一直的目标"第一名"变得无法实现，顿时就很"迷茫"了。

更大的问题在于，放弃考入"清北"希望的绝大多数学生，或许在整个从小学到高中的十二年中，甚至更长的时间里，内心都有"失败感"。这是一个多么可怕又残酷的现实！若孩子内心不够强大，哪里还能够保持住人天生就该有却不断被应试教育削弱的好奇心、自信、勇气等创新必备素质？因此，客观上，"清北"可能造成了应试教育弊病的极大化。道义上，"清北"必须责无旁贷地承担起改革应试教育的探路者角色。

（四）成全与荒废：不同基础教育模式对创新人才成长影响的对比

有人会持不同观点：缺乏创新人才不能总归责于教育；创新人才是少之又少的，哪有那么多的创新人才？在对这些类似的观点做出回应之前，请看一个对比。

中华民族和犹太民族被公认为两个最重视教育、最具智慧的民族。然而，仅占全球人口约 0.2%的犹太人产生了覆盖各个领域的约 20%的诺贝尔奖获得者（更不用说还有马克思、爱因斯坦、毕加索等宗师），而占全球人口约 20%的华人却只产生了不到 1%的诺贝尔奖获得者。仅有 800 万人口的以色列成为仅次于硅谷的"创新的国度"[10]，而中国至今还少见源头创新的技术。

再看犹太教育对伟大创新者的影响[11]。作为公认的牛顿之后最伟大的科学家，出生于时为世界科学中心的德国并在德国接受大学前教育的爱因斯坦，第一次考大学失败，第二次也仅考上当时名气不大的瑞士苏黎世高工，上大学时还常常抄袭别人的作业，但他对如何随光一起运动的狂想如痴如醉，并深度自学了尚未列入大学物理教材的电动力学。另一个例子是 20 世纪最具影响力的天才画家毕加索，在他的小学阶段，上课就如受刑：面对"2+1等于几"的问题，他就一直搞不清，不断被老师和同学们嘲讽。当几乎所有人都认定毕加索是一个智障者时，他的父亲始终坚信儿子虽然读书不行，但绘画极有天赋，因此给予了孩子最需要的理解和赏识，在关键时期拯救了他。

上述现象绝非偶然发生。像爱因斯坦、毕加索这样的罕见天才，占世界人口第一的华人难道不应有大得多的概率出现吗？但不幸的是，我们的应试教育往往很早就会将这些创新天才淘汰掉。

那么，犹太人的教育究竟有哪些与我们不同呢？除大量阅读有关犹太教育和文化的资料外，近六年来，我还通过与犹太人的密切合作，以及与犹太教授、学生、管理者、创业家等深入交流的经历了解到，犹太教育从幼儿开始，就一直特别强调和鼓励以下方面：遵循内心（内生动力）去尽情追求和发挥；深度提问（最好能难倒老师）；"拥抱"失败，勇敢并坚持去做。对照近一千多年来华人的教育，恰恰不重视这几点甚至有些背离。我们常见的现象是：遵从父母的意愿而不是孩子们的内心；提问被应试教育不断打压，越来越不敢质疑；追求短期目标，不许失败等。上述对比，为我们改革创新人才招生与培养模式，提供了可供借鉴的长期对比性案例。

三、创新人才培养的最大挑战：把好"择才"关

该部分反溯钱学森班培养过程，深感"择才"之重要和关键，主要说明：钱学森班创建的以"通过研究学习"为牵引的 CRC 培养体系，可以"最有效"地帮助大部分高考体系

下的优秀学生，实现向创新人才成长的模式转变；CRC 的有效程度，受应试教育对不同学生的不同伤害程度的影响，部分学生很难完成这个转变；一味地追求"最好的"教育资源，对大多数学生并非都是好事，而是应该追求"最适合自己"的教育资源；再次说明回答"钱学森之问"最大的挑战是，如何识别并招入具有巨大创新潜质的人才。

（一）清华钱学森班的 CRC 培养模式

正如钱学森拷问的那样，中国高校的教育现状存在许多不利于创新人才成长的结构性因素。我认为其中最根本的因素有两个：在大学方面，是以"学科为中心"，将一群有很大差异的学生灌进同一个"模具"（即学科，或更窄的专业）中，施加很大的压力（如要求上很多必修课程），力图产出标准化的"优质产品"；在学生方面，是应试教育带来的且被大学准一维的评价体系（主要看学分）强化的以"考试成绩为中心"。多数学生在上大学前，就完全习惯了这样一种被动的、"被灌输"的培养模式，而不是按照内心和志趣去自主学习和发展。

钱学森班创建伊始就确立了"以学生为中心"的核心理念[3]，培养模式紧紧围绕这个核心理念设计。例如，钱学森班定位为工科基础，而不限特定专业，使学生有很大的选择空间。

在最初的几年，钱学森班采用了各种常规的方法，力图帮助学生改变应试教育所形成的思维定式，寻找到或更好地发展自己的志趣和内生动力。这些方法包括小班上课、导师制、流动机制、实验室探究、出国研修等，并专门构建了两门扩大视野、由几十位著名专家教授所作的系列讲座构成的、帮助学生选择发展方向的课程（大一时的"现代工程概论"和大四时的"现代工程前沿"），但效果都一般。

重大变化出现在 2014 年，经过近 2 年的试验，从钱学森班 2012 级学生开始，我们正式全面展开了从大一到大四全过程的、逐年进阶的"通过研究学习"（learning through research）。在这里，学生因人而异地对自己感兴趣的多种多样的"未知"进行研究，主要是手段，不是目的。从三年多的实践看，通过循序渐进式的研究实践进阶，可以更好地帮助学生实现如下目标：找到自己真正擅长又热爱的发展方向；自主的深度学习；找到更理想的学业和人生导师。

钱学森班创建的 CRC 培养体系，是以"通过研究（research）学习"为牵引或抓手，来实现以课程（course）知识为主的深度学习，并通过以社团和同伴（community）为主的交流和活动，来实现全面发展并构建多维能力。以钱学森班 2013 级学生为代表的越来越多的成功案例使我们相信，CRC 将会是拔尖创新人才培养的一个高效模式。

事实上，早在两千多年前，孔夫子就非常重视通过实践来学习，他带着弟子周游列国，边走、边学、边实践；到了五百年前，由王阳明发展到了一个高峰：以知促行、以行促知，做到"知行合一"；到了两百年前，德国人将研究性学习发展、发挥到了极致。然而，所有这些，要么是以"已知"为重点，要么不区别"已知"还是"未知"。"通过研究学习"的一个基本出发点是针对"未知"，是一种挑战性最大、效率最高的深度学习方法。也许，"孔夫子学习法""知行合一""研究性学习""通过研究学习"，正好分别构成了学前、小学、中学和大学的创新型人才循序渐进的成长学习方法。

（二）CRC 无法治愈应试教育对创新人才成长的伤害

钱学森班共举办过三次钱学森创新挑战营的五维测评，并依据测评结果加高考成绩，相应在 2013 级、2017 级、2018 级招收了部分学生。其他 7 个年级，由于经验缺乏（2009—2012 级）和时间受限（2014—2016 级），只能通过单一维度的高考和竞赛及二次招生完成。

例如，2013 级的 30 名同学中，有 13 名来自按照多维度考察的首届钱学森创新挑战营。对比同样实施了完整 CRC 培养体系，但不是多维度招生进来的钱学森班 2014 级和 2015 级学生，可以看到钱学森班 2013 级学生在整体上明显优于后者。一个合理的推论是：CRC 无法治愈应试教育对创新人才成长的伤害。或者说，对培养创新人才而言，最关键的是找对培养对象；而构建培养体系，还是相对容易的事。当然，对这么一个重要的推论，必须进行更广泛、更长期的比较研究，才能最终形成一个定论。

（三）你与"清北"，彼此成就还是彼此将就

对很多中国的家庭来讲，孩子能进到北大、清华等顶尖大学，那是家庭和家族的不小荣光，好像从此孩子的终身成就、幸运和幸福，就有了保障。但绝大部分家长，并不真正了解这实际上意味着什么。也许潜意识里，更多的是千年科举体制留在我们基因里的"光宗耀祖""直登龙门""宰相名家"等在作怪。

对于那些付出巨大努力与沉重代价，通过应试教育进入清华大学的学生，尤其对于拼尽全力，勉强进入清华，又很迷茫的孩子来讲，进到清华，很可能不是最好的选择。为什么这么说呢？不同大学的历史、专长和文化等的不同，造成了生源、师资、特色、资源和期待的不同。对学生来讲，能进到一所顶尖大学比进到一所普通大学，有获得优质"资源"的更多机会。最大的资源是有一群优秀的同学和教师，但同样是这些优秀同学和教师，往往也能给自己带来极大的压力；搞不好，反而会大大地限制自己的发展。假如到一个适合自己的大学（或相对钱学森班要求不同的班级），则有更多的时间通过适配学习、同伴学习找到并不断强化自己的爱好与专长，也会有更多的时间参加各种社团去全面发展并构建一生的朋友圈。这样，往往发展潜力更大，人生也更精彩。

当然，如果有一个好的多维度招生体系，则可以从一开始就尽可能减轻上述学生与大学不相匹配的问题。因此，真正对学生发展有识别度的大学招生，是一项无比神圣的工作。因为对国家而言，这是关系到不同类型和级别的教育资源能否合理利用的问题，决定了国家层面对未来最大一笔"投资"的效率；对亿万家庭而言，则关系到孩子能否在一个适合自己的教育环境下健康成长的问题，一旦选择不当，可能耽误孩子数年，甚至有可能造成无法挽回的终身伤害。

但"择才"的困难是超乎想象的，即使在招生方面很有经验、充分考虑了学生发展的哈佛大学，本科生四年毕业率也只有 86.5%，甚至六年内能毕业的也不是 100%，只有 97.5%。在全美毕业率最高的大学是四年 89.8% 和六年 97.98%[12]。

由此推断，在我国学生—专业—大学匹配度很低的基本态势下，还普遍具有很高的大

学毕业率，必然是以同时牺牲学校的声誉以及迁就学生但实际上是损害他们的真正利益为代价的。导致这样一种扭曲的原因很多，最主要的可能还是各种行政方面的不当考核指标（不是以毕业生的质量，而是以毕业率考核），因此迫切需要改革。

（四）回答"钱学森之问"：关键还是择才

近现代那些改变了世界的伟大创新者，像马克思、毛泽东、爱因斯坦、乔布斯等，有几个是被"培养"出来的？他们要么没有上过世俗的顶尖大学，要么没有上完大学。他们都是靠着超人的内生动力的驱动，受伟大愿景和使命的召唤，历经千辛万苦和百折不挠，自己"冒出来"的。原因很简单，因为任何伟大的创新，都是"独一无二的""无中生有的"，哪能光靠学习而成就？可见，钱学森班等国家拔尖人才培养计划要实现国家赋予的使命，最大的挑战是如何从高中生中"挖掘"出具有巨大创新潜质的人才，而不能只靠培养。

对只上过二三流大学的"中村修二""马云""马化腾"们，东京大学、北大、清华为什么视而不见？我们的创新人才招生和培养改革，如果不能有效地"发掘"并招入这些有巨大创新潜力的人才，或不能创造出一个他们可以呼吸、生存和成长的环境，所谓的顶尖大学，充其量也就是19—20世纪意义上的了，怕是无法延续至21世纪末，甚至21世纪中。

四、"多维度测评"：高校招生体系改革的风向标

该部分提出从国家最急需的高端创新人才选拔培养开始试点，分阶段、逐步构建多维度测评高校招生体制的若干建议。其要点是：建议扩大自主招生权，大幅增加招生测评时间；论述实现多维度测评的关键因素（对高校和教师的评价体系、研究、互联网与大数据等技术）；提出实现学生与教育资源更匹配的调整方法。

（一）多维度测评不仅在高三

多维测试中的内生动力、开放性、坚毅力、智慧和领导力等，很难通过一个短暂的（如数天）过程实现真实性的测试，需要的是长期观察，不仅要看学生的个人表述，更要看学生的行动、行为、深度思考等。最好能够从高一就开始对学生进行多维度意义下的观察追踪。

因此，阻碍多维度测评的首要因素是，目前的招生体制没有给予多维度测评所必需的最短时间。钱学森班五次常规招生遇到的最头痛问题是，高考或全国竞赛后，有关规定要求学生和大学在极短（通常仅有几天）的时间内完成择校和招生。对于高考生，常常只能够进行十几分钟简单的远程面试；对于参与自主招生的竞赛生，也只能进行又一轮考试和简单面试。

再以2018年1月举行的第3届钱学森创新挑战营为例，虽然只有4天，最后参加挑战营的只有64位学生，但参与招生的教师和校友多达40多人，前后准备了一个多月，而学校和学生的前期准备更长（两个多月），但时间依然显得过于匆忙。而哈佛大学、牛津大学等的招生，通常有半年以上的时间，进行多维度测评，安排人员（尤其是校友面试官），给学生必要的时间思考、选择、准备自我陈述以及获得有关人员推荐信等。

另外一个关键因素是需要进一步扩大学校的招生自主权，增加自主招生名额。所幸这方面已经是国家层面鼓励的方向。最后一个必备要素是，有关高校和教师需要有强烈的动力，投入可观的时间用于招生。不管"高校以培养人才为根本"的口号叫得如何地震天响，在目前针对高校和教师的"重科研、轻教育"评价体系没有得到根本性改变之前，任何大规模的多维度测评招生计划都只能是一种美好愿望。

（二）研究成果是考察高中生创新素养的素材之一

有没有某种经历，使学生在与内生动力、开放性、坚毅力、智慧、领导力等多个维度有关的测试中"突显"出来，同时还有助于学生在这些维度上的"提高"呢？答案是肯定的，那就是对未知的探索或研究。

关于"突显"的问题：能够着迷于自己感兴趣，且是人类至今未知的科学或技术问题，并锲而不舍地寻求解决的办法，并将结果有说服力地撰写出来，这种经历的确能够全面而又深度地反映一个人的好奇心、观察力、创造性。通过团队合作的研究，还可以清晰地考察学生的领导力和团队合作能力。对相关知识的把握和解决问题的能力、思维的深度和广度、坚毅力、表达能力等创新的核心素养和能力，一般很难通过高考或竞赛得到体现。

关于"提高"的问题：对自己着迷的未知的探索，本身就是一个充满激情和乐趣的过程。引导学生对知识自主学习（自学）、深度学习、广度涉猎，是目前已知的最为高效率的学习方法。随着互联网的高度发达和普及，以往研究所必需的了解前沿、定义关键科学问题、面对面接触专家的问题，都可以通过网络以极快的速度不限地域地解决。这使研究不仅可以由高中生实现，甚至最近有一组 8 岁的儿童也在知名学术期刊发表了研究论文。

因此，钱学森班招生是非常重视学生的研究实践经历的。作为另外一个印证，我们注意到哈佛大学、牛津大学等在选择学生时，对学生研究问题能力的重视，远大于考试和竞赛成绩。

如果以论文作为评价学生研究问题的能力，那么，作者对论文的贡献度的考核就变得尤为关键。虽然还没有科学准确的考核作者对论文贡献度的方法，但存在被广泛接受的相对有公信力的方法。如评价学生对博士论文的贡献度问题，除论文导师以自己的学术声誉提供确认外，更关键的是通过公开的博士论文答辩来考核。

此外，借助互联网可以将通常坐落在中心城市的优质大学研究资源有效引入分散在广大地域的中学，尤其是资源缺乏的中学，以满足全民对更加公平选拔和培养创新人才的需求。

（三）多维测评招生的试点建议

虽然钱学森班只是泛工科创新人才培养的一个特例，但创新的基本特征和创新者的"基因"不会因学科属性不同而有太大的不同，因为创新意味着破解"未知""无中创有"，是文、理、工等都有的共性问题。当然，不同领域和不同大学会有自己认为最全面合理的多维度，钱学森班五维度本身的描述也还会进一步精练。

"文""理"分类全国统考，已经被证明是一个适合国情和文化，具有公平性和公信力，简明高效的一维测评体系。我们认为，我国应试教育的种种弊病，并不是全国统考本身带来的，而是我国的现有高校招生体系过度甚至全部依赖全国统考这个一维测评方法给出的分数造成的。

目前在浙江、上海试行的"三位一体"打开了"自主招生"的大门，即录取成绩由"弱化的"统考和各高校自主定分部分所组成。然而，这个弱化统考被多方严重诟病。问题之一是实质性放弃了以往"文""理"分考所体现的合理的"全面知识"，引发了大面积"弃考物理"这种摧毁科学技术创新人才基础的极端短视的乱象。此外，尽管高校有一定的定分自主权，但这都是在统考之后的，并且时间极短，无法实现有效的多维测评。基于上述论述，本文提出多维测评招生试点的建议要点如下。

首先，在"基础学科拔尖学生培养试验计划"下进行小范围试点。主要理由是：该计划下的各实验班，多经过了七年多的创新人才培养实验，基础较好，并因承担着国家使命，对招到有巨大发展潜力的创新人才有急迫的刚需。如果说，运行了七年多的"基础学科拔尖学生培养试验计划"已经到了需要考虑第一期如何总结的时候，则第二期建设可以考虑把构建多维度测评招生和评价体系作为工作重点之一。

其次，在试点、研究、交流研讨、总结的基础上，建议考虑在既有强烈意念又有一群理念一致的教师的部分"双一流"高校范围内扩大试点规模，初步构成一个全国范围的多维测评"选才"与培养的小小生态。在取得显著成效并获得全社会较广泛的共识后，再考虑是否进一步扩大试点范围、层级甚至全面铺开的问题。

最后，参见图 2（b），采用"文""理"分类且全国统一考卷的统考分数，主要考核学习力一个维度，加上由各高校自主，在统考之前、有足够长的时间来组织实施的除学习力以外的其他多维测评分数，构成供最后录取学生用的总分数。

（四）"买方"与"卖方"：大学与高中的联动

能够了解高中生具有哪些能力并深刻感受到高考体制带来的痛苦和后果的，是一批优秀的高中教师，尤其是他们的校长。首次让我产生这个强烈印象的时间点是 2013 年 6 月，我代表清华学堂人才培养计划，与上海、浙江和江苏共 70 余所名校的中学校长进行了交流。2017 年 5 月，钱学森班组织了第一届"清华学堂钱学森班创新人才培养中学校长论坛"，来自全国十二所顶尖高中的校长们的发言，更让我深刻地感受到这一点。我们有理由相信，大学与高中联动，为实现创新人才的"精准"选拔提供了最好的条件。但是如何才能将高中教师对学生创新潜力的了解，有公信力地客观地反映出来？大数据技术为此提供了实现的可能。

例如，清华大学附属高中开发了一个基于大数据的"学生综合素质评价系统"[13]，已在北京市普及应用。该校校长王殿军教授撰文，明确建议实施"基于多维度评价指标的高校招生制度改革"[14]，这是优秀高中校长强烈要求高考改革的一份深刻佐证。

又如，美国近百所顶尖私立高中以颠覆美国高中评价体系为初衷而成立的联盟 MTC，2017 年提出了一个以动态的"能力档案"来取代"成绩"的方案[15]，即通过持续追踪记录来评估学生的 8 项能力：分析和创造性思维；复杂沟通———口头及书面表达；领导力及团队合作能力；信息技术和数理能力；全球视野；高适应性、主动探索、承担风险；品德好，理性兼顾的决策能力；思维习惯。这个方案刚刚发布，就被包括哈佛大学、斯坦福大学等全美 80 余所著名高校纳为招生的基础。有人甚至预言，顶尖大学与顶尖高中的上述联动，将在 10 年之内彻底颠覆美国的高考。

五、展望

进入 21 世纪，传统的以知识传授为主体的教育正变得越来越不重要，因为人们越来越可以轻而易举地通过互联网和人工智能等新兴技术，以"最快"的方式获得"最好"的知识来源。与此同时，我国下一阶段发展需要大量创新人才来支撑，创新能力的培养正迅速从主要面向少数行业精英的小众需求，转变为全社会的核心诉求。

教育部正在推进的鼓励高校自主招生的种种举措和相关政策，为实施多维度测评、选拔和培养创新人才提供了必要的"硬件"。但实现有效的多维度测评，还急需另外两个必要的"软件"：充裕的测评时间和有进行多维度测评强烈意念的实体（高校、教师群）。

上述最后一个条件可能最难，因为涉及对高校和教师评价体系的重大变化。为了破解这个难题，从根本上，可能需要借助全社会对创新教育越来越大的重视和投入，借此力量可推动设立多种混合体制的大学。如果再借助互联网和人工智能等新兴技术，甚至可以创建和孕育全新的"非大学"高等教育形态，以高质量地满足全社会对创新人才培养的越来越急迫、越来越大的需求。

因此，若教育部明确进行多维测评招生改革试点，将对教育改革方向给出重量级的信号和明确的风向标。试点的成功将有可能推倒持续千年、影响巨大的应试教育的"多米诺骨牌"（见图 3）。

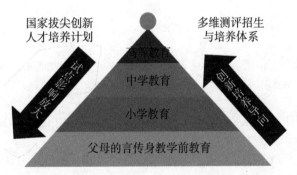

图 3 创新人才多维度评价招生与培养试点的扩散性和导向性

一是推倒第一张骨牌。从国家最急需的高端创新人才选拔培养开始的多维测评招生试点，将给数以万计、十万计的有强烈创新意识和创新潜力的孩子们，带来更大的机遇和梦寐以求的成长环境，给大批教育理念先进的高中和数以万计、十万计的有远见的家长们，带来正确的引导和鼓励，特别是为"基础学科拔尖学生培养试验计划"使命的达成奠定厚实的基础。

二是推倒越来越大的后续骨牌。随着改革的成功、试点的扩大和时间的推移，创新人才多维测评招生和培养体系的扩散性与导向性将越来越明显。横向，将扩大到成百上千的高校；纵向，将从高中开始，逐渐波及初中、小学、幼儿园，并最终到达对创新教育最具决定性影响的千千万万家长们。

终极目标是原生家庭教育的骨牌。为什么说家长对孩子的创新教育成败起关键作用呢？中国自古就有"3岁看大，7岁看老"的说法。现代科技已经证明，这个说法具有一定的道理，如36个月决定智力、7岁决定性格等。这两个决定人生命运的要素（智力、性格），主要靠家庭教育，靠父母的言传身教完成。而在决定孩子教育成败的最为黄金的时间（孩子7岁之前），家长完全可以从容地安排好孩子的培养和成长方式，重点按照创新多维度而不是应试教育的单一维度去帮助和鼓励孩子全面发展。

千里马常有，而伯乐不常有。我们充满希望并期待，创新人才多维度招生和评价体系的尽早建立并实施，能成为我国在全球取得创新人才选拔和培养的领先地位的助推器。最后让我们一起来想象一下：如果十四亿华人（平均）能取得与总人口仅有华人1%的犹太人类似的成功，那么，中国、世界将变得如何？

参考文献

[1] KURZWEIL R. 奇点临近[M]. 李庆诚, 董振华, 田源, 译. 北京: 机械工业出版社, 2011.

[2] 郑泉水. 论创新型工科的力学课程体系[J]. 力学与实践, 2018(2): 194-202.

[3] 郑泉水. 开放式的创新人才培养[EB/OL]. (2012-11-22)[2018-03-28]. http://www.tsinghua.edu.cn/publish/thunews/9663/2012/20121122190825871186418/20121122190825871186418.html.

[4] 郑泉水, 白峰杉, 苏芃, 等. 清华大学钱学森力学班本科荣誉学位项目的探索[J]. 中国大学教学, 2016(8): 50-54.

[5] 中村修二. 东亚教育令人受苦[EB/OL]. (2015-08-24) [2018-04-15]. http://edu.qq.com/a/20150824/037417.htm.

[6] 陆一. 高考改革不应使选择高度复杂化[EB/OL]. (2018-02-26)[2018-04-15].http://opinion.caixin.com/2018-02-26/101213962.html.

[7] 曾安东尼, 哈林顿理查德, 谢全仁. 企业家的基因[M]. 陈丽芳, 译. 北京: 中信出版社, 2013.

[8] 戴尔杰夫, 葛瑞格森赫尔, 克里斯坦森克莱顿. 创新者的基因[M]. 曾佳宁, 译. 北京: 中信出版社, 2013.

[9] 王颐. 哈佛大学中国负责人、常熟 UWC 联合创办人王颐谈教育[EB/OL]. (2018-02-08) [2018-04-15]. http://www.sohu.com/a/221729494_372513.

[10] 塞诺丹, 辛格索尔. 创业的国度: 以色列经济奇迹的启示[M]. 王跃红, 韩君宜, 译. 北京: 中信出版社, 2010.

[11] 贺亚莎. 接纳孩子:犹太人的家教制胜之道[M]. 哈尔滨: 黑龙江科学技术出版社, 2011.

[12] 免费留学网. 美国大学毕业率排名 TOP100, 快看看你 4 年毕业的几率有多大[EB/OL]. (2017-04-17)[2018-04-15]. http://www.sohu.com/a/134581282_687515.

[13] 王殿军, 鞠慧, 孟卫东. 基于大数据的学生综合素质评价系统的开发与应用: 清华大学附属中学的创新实践[J]. 中国考试, 2018(1): 46-52.

[14] 王殿军. 基于多维度评价指标的高校招生制度改革[N]. 中国教育报, 2013-10-11(006).

[15] 颠覆高考! 美国藤校录取学生将用"能力档案"取代 SAT 成绩[EB/OL]. (2017-06-07) [2018-04-15]. https://mp.weixin.qq.com/s/oghkHwo3UNJYmD_lduNZqg.

（责任编辑　蒲丽芳）

一万小时天才理论
——谈谈精深学习

郑泉水

分享学术之路，谈谈"精深学习"一是因为前人或者大师的经验可以影响人的一生，我自己就受益于此。二是在我与钱学森力学班同学，尤其是一、二年级同学的交流中，越来越意识到帮助同学们认识自我，确立和提升自信，是我作为老师，尤其是首席最重要的挑战之一。三是同学们在高考时只凭成绩，而大学则对综合素质和研究、实践能力有更高的要求，如何帮助大家面对和解决这个问题？四是大学所学的学科专业其实只是一种人为的划分，在毕业后真正从事什么，既和专业有关，也没有太大的关系。我看到很多人不知如何长期打算，也没有花足够的时间选择与规划自己的学术人生。因此，我借着一些关键词——选择、主动学习、精深学习、通过研究来学习等，结合认知科学、心理学以及一些例子，包括我本人的例子，谈谈我的学术之路以及给同学们的建议。

郑泉水，清华大学工程力学系教授，清华学堂人才培养计划"钱学森力学班"首席教授，微纳力学中心主任，航院学术委员会主任，教育部长江特聘教授

一万小时天才理论

最近我看到一本很有意思的书，《一万小时天才理论》（ *The Talent Code* ，Daniel Coyel，2009 ）。这本书收集了丰富的事例，表明如果想要成为某个领域内世界级的专家，需投入一万个小时练习。一万小时等于连续 3 年，每年 365 天、每天 10 小时；或者连续 10 年，每年 365 天、每天 3 小时。

比尔·盖茨中学时投入了 1 万个小时用于编程。爱因斯坦、莫扎特等都是如此，只不过莫扎特是更早地专注投入而已。而且这一万小时不是简单地投入，而是设定清晰目标，确定适当难度，在自己的能力边缘，不断犯错以获得精进的一种练习。这种练习有大的框架，有对框架的细分，有反馈和自己的领会，作者称之为"精深练习"。"一万小时天才理论"（以下简称为"一万小时理论"）是由心理学家埃里森（ Anders Eriksson ）提出，并与心理学家、诺贝尔奖获得者西蒙（ Herbert Simon ）共同验证的。这"一万小时"不是一个恰好为 10000 的数字，但达到此程度所需投入的练习时间，大体上不会差很远。

我还喜欢看篮球，尤其喜欢看科比打球。"一万小时理论"也适用于科比。他有时输球了，凌晨四点钟就起来练球，一练就是几个小时。他的成就跟他的付出有很大的关系。在主帅菲尔·杰克逊的眼里，十年前科比就是湖人队中最勤奋的球员，十年过去了，仍然没有人能比科比训练得更刻苦。

十年磨一剑

在主帅菲尔·杰克逊的眼里，十年前科比就是湖人队中最勤奋的球员，十年过去了，
仍然没有人能比科比训练得更刻苦

这个理论是有生理学依据的。人体神经元的突起可以分为树突和轴突。髓鞘质（myelin）是包裹轴突的一层物质，如果把轴突比喻成导线，那么髓鞘质就好像包裹在导线外层的绝缘体。有髓鞘质包卷的轴突即为有髓神经纤维，与无髓鞘质包围的神经纤维相比，它最高可使信号处理能力提高 3000 倍。髓鞘质越厚，人的即时反应能力越强，人的技能（才能）

等级也越高。通常情况下，一般的练习不会产生"增量"，因此对髓鞘质刺激不大。只有精深练习所产生的"增量"——突破原来的水平——才能刺激髓鞘质的增长。因此，简单的重复、反复、持续对髓鞘质的增长作用不大，而有"增量"的重复、反复、持续才是有效的练习。"精深练习是建立在悖论之上的：朝着既定的目标挣扎前进，挑战自己的能力极限，不断犯错、纠错，就像爬冰山，刚开始的时候会滑倒，会跌跌撞撞，最后不知不觉中变得敏捷自如。"

因此，"一万小时理论"的关键词是"一万小时"和能带来"增量"的"高强度训练"，而没有热情是不可能做到长时间高强度训练的。有的老师评价我有热情，其实清华里很多老师都有热情，清华的同学也很有热情，这个热情是使人能够坚持的重要原因。中国有句古话：十年磨一剑。这句话就把这个道理说得非常清楚。这里所涉及的两个概念"十年"和"一剑"，"十年"是时间，"一剑"是专注，讲的就是长时间在一个方面专注地投入。

不同寻常的成长路径

我自己的学习和研究之路在中国可能是不多见的。因此，我一直不愿对外多谈，怕误人子弟。即使今天，我依然认为我的经历不会适合所有人。好在《学术之路》其他 5 位首席的经历和思考为同学们提供了立体性、多样化的借鉴。在担任"钱学森力学班"首席教授的过程中，我读了很多相关的书和资料，发现它们所揭示的规律正是我体会过的，所以我现在讲起来才能比较有自信。虽然未必适合所有人，但既然这些规律是有科学道理的，那么谈谈我的经历和体会，希望能够帮助同学们在这个信息爆炸的时代找到适合自己的学习和研究之路。

1977 年恢复高考，我成为了江西省金溪县当年唯一考取大学的应届高中毕业生，进入当时的江西工学院土建系学习。我在上大学之前，除了中学课本，没有机会看到近现代的科技书籍。高中物理上的是农业机械，就是学农机，几乎没有学过化学和英语，经常被组织去水利工程挖运土。我每年还出去打一个月的篮球，画半个月的画，这期间都不在学校。我家旁边有一条很宽的河，即抚河。我当时最大的梦想就是架一座桥到河对岸去，这就是我上大学时为什么选择土木工程专业的原因。

上大学以后，我感到自己基础很差。我入学时是 16 岁，班上已有 8 个同学是 30 岁上下。当时我也没有感觉自己特别聪明。不过，我有两个长处：一是我有自学能力，二是我很自立。这两个都是逆境培养的。我小学三年级的时候近视得厉害了，坐第三排都看不清黑板，那时我不知道可以戴眼镜。我父母没有文化，也不知道要给我配眼镜。再加上我个子长得高，不能再往前挪了，所以没办法，我只能看书自学。再有就是受到"文革"的影响，我不想要家里的钱，所以我都是自己去赚钱，从小学五年级开始就自己赚钱。这些经历都对我起到了很大的作用。

当年 12 月的高考，我本以为自己没有考上，所以考后就在家自己看数学书，整个冬天都在自学一本偶然获得的高难度几何书。我高考的数学成绩本来是全班倒数第一（38 分，班里成绩最好的是 96 分），但是等自学了数学再进大学之后，我发现自己几乎快成班里数学最好的学生了。这是我的"第一桶金"，使我建立了很大的自信。所以我当时决定先集中精力学好一门课——高等数学。为此，我自学了图书馆里能找到的很多本高难度的数学课外读物，并且做了适度的习题。这之后，我的数学就远远跑在年级同学的前面了。

我于是发现这好像是个办法——尽管我不觉得比他们更聪明，但我学好一门课总是可以的吧。实际上，学好我喜欢的一门课是容易的。这样一来我就比较专注，看了许多课外书，做了许多练习。我发现只要我把全部的力量集中在一个"针尖"上，我还是可以超过许多人的。我相信所有的人都有这样的特点。

在大一的第二学期，深深影响我35年学术之道的爱因斯坦出现了。因为一个机缘，我看到了《爱因斯坦传》，我被他深深迷住了。我感觉自己跟爱因斯坦在很多方面很像，这大大强化了我的自信心，也深深影响了我一生的学术之路和模式的选择。

Maxwell方程组是一个包含20个变量、20个方程的复杂系统，即使是写成矢量场的形式也不简单。它在1865年被提出之后，很多人包括当时的很多教师都不懂。爱因斯坦16岁时，大学的入学考试失败，但是他有梦想，其中一个就是想知道假如他跟着光跑，能够看到什么？这是他的梦想，也是他与电磁的缘分。他1900年大学毕业于苏黎世高工，大学阶段对Maxwell的电磁场理论十分着迷。他把主要的时间都投入到对这个理论的自学、思考和讨论上。他花了大量的时间，以至于很多课都荒废了，他的数学甚至还抄作业。他还花了很多时间讨论哲学问题，也花时间拉小提琴。但是他大三的时候就开始写论文，毕业前完成了一篇学术论文。当时的电磁场理论还不是大学课程，爱因斯坦对这个理论的理解超越了他的老师。五年以后，爱因斯坦提出光量子假说，解决了光电效应问题；还独立而完整地提出狭义相对论，开创了物理学的新纪元。十年后的1915年，爱因斯坦运用黎曼几何（黎曼几何是1864年提出并逐渐发展起来的新的数学）和张量分析，创立了新的引力理论——广义相对论。

爱因斯坦好像不是什么特别"天才"，尤其记忆力和外语都不很强。数学靠抄同学的笔记。绝对不是一个每门课都优秀的"好学生"。但他着迷于电磁场论，通过自学，对刚刚出现的电磁场理论有了超过教授的深刻理解。

爱因斯坦对我的影响非常大，他的很多想法，包括他对和谐、对统一的追求都对我有很大的影响。我感到学土木没有学力学有意思，力学是很优美的。这样我就转变了方向，这使我的梦想从架桥转到了以建立力学的公理化体系为宗旨的"理性力学"。他一生努力着建立统一的物理场论，我则希望能建立力学

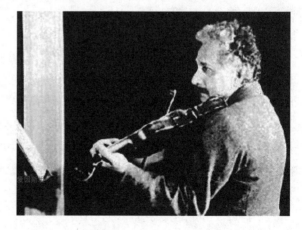

的统一，那时候我只能看到这一点点，我没有那么多机遇看到更多。那时没有因特网（我恨不得晚生一点点，笑）。为了梦想，我按照一学期"精深学习"（大部分为自学高难度内

容）一门课的节奏，在目标引导下长驱直入，提前考试或者老师特许免考，完成了大部分与数学、物理和力学相关的主干课程。我大三的时候就自学完了研究生都认为高难度的"张量分析"和 1993 年过世的中科院院士、北大郭仲衡先生的"非线性弹性理论"。郭教授写信给我说，你是我知道的在中国第一个看明白这本书的人。我太高兴了！大三时我就开始发表论文了，在成长历程上和爱因斯坦是相像的。

我遇到了很多非常好的老师，比如杨德品老师、熊祝华老师等。他们鼓励我去看书，专门为我组织提前考试，还邀请我给他们上"张量分析""非线性弹性理论"的课。这对于一个学生来讲，鼓励是巨大的。我认为一个真正卓越的老师能激发起学生的兴趣和自信，像父母对待自己的孩子那样让学生的成就超过自己，我的老师们就做到了这一点。二十年后，在这个领域我做出了一些成绩，解决了理性力学若干历史难题，如创建了本构方程的现代张量函数表示理论体系，解决了半个世纪未被解决的普遍具有二阶精度的细观力学模型难题和非椭球夹杂 Eshelby 理论难题，以及 140 多年未解决的 Cauchy 平均转动表示的难题，在相关领域建立了世界声誉。我要感谢我的老师。

再讲讲比尔·盖茨。他从 13 岁开始着迷于软件，中学阶段花了一万小时编程。大三时，盖茨决定从哈佛大学休学去创业。他在一个新的学科花了一万小时，已经超过了他的老师。他把全部精力投入到他与孩提时的好友保罗·艾伦创办的微软公司中。在"计算机将成为每个家庭、每个办公室中最重要的工具"这样的信念引导下，他们开始为个人计算机开发软件。盖茨说过一句话，"在我看来，大学完全是为我设计的。我旁听了大量的麻省理工学院的公开课，数量超过我所知道的任何人。"同学们，你们有这种感觉吗？我知道我的很多学生很痛苦。而在盖茨看来，大学完全是为他设计的，这是为什么？因为他知道自己要学什么，自主学习是非常重要的。

总结前面讲述的爱因斯坦、比尔·盖茨和我的成长经历，会看到一些共同之处：我们都有热爱或着迷的领域，有明确的学术或创业的目标（爱因斯坦：电磁场/统一场论，比尔·盖茨：编程/个人计算机，郑泉水：理性力学/力学的统一）；都在各自的领域自学和自主学习，专注地投入一万小时；都在特定的方面超越了老师的水平；都初步出了成果（论文或者公司）。

再看看我们的差别在何处？第一是我们的远见和机遇不同：爱因斯坦做全新的电磁场理论，比尔·盖茨为刚刚出现的个人计算机构建软件平台，他们有机遇做开创性的工作。我做了一点理性力学，当时我就只看到那么一点点。理性力学在 20 世纪 50 年代已经发展得非常成熟，而我不知道。等到 20 世纪 90 年代时，不夸张地说，我在领域里面是做得最好的，但这个领域已经不是一个最好的领域了，所以我决定转方向，而一转向我前面投入的一万小时就没有了。第二是我们的导师和学校不同：爱因斯坦当时所在的欧洲是全世界的科研中心，苏黎世高工是全欧洲顶尖大学之一；盖茨在信息技术中心的美国，他在哈佛大学和 MIT 学习；我的大学根本不出名。我的眼界不够也因为当时我的老师们对最新科技的了解比我知道的多不了多少，因为"文革"他们荒废了整整十年。

精深学习和通过研究来学习

讲"一万小时理论"的生理学基础时提到了"精深练习"，应用于学习层面，就是"精深学习"。新的研究表明，杰出的表现是多年刻意练习和指导的产物，不是任何与生俱来的天赋或技能。

知识有三重境界。最低的境界是信息（information）：我了解到了。第二层是技能（skill）：我能够应用信息解决问题（习题、实际问题）。第三层是态度（attitude）：成为我可发挥自如的一部分，得以创造新的知识。我们以前常说"知识就是力量"。现在的问题是知识太多了，如果单纯以知识衡量，人是超不过计算机的。所以问题是知识能不能转变成技能，达到第二层境界；又能不能创造新的知识到第三层境界。对创造性具有决定性影响的不是知识的量，而是对知识理解的深度以及组织方式。只有"活"的知识才有助于学习者以新颖的方式理解和解决问题，"死"的知识反而会束缚学习者的思维。

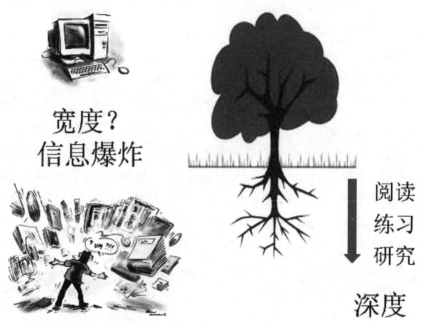

宽度？
信息爆炸

阅读
练习
研究

深度

在知识爆炸的时代，追求深度学习

Carl Wieman（卡尔·韦曼，著有 *Why not try a scientific approach to science education*）很年轻时就获得了诺贝尔物理学奖。他对认知很着迷，这些年了解认知已成为他最主要的兴趣。他做了很多实验，发现从深度理解（类似于知识的第二层境界）到把握（类似于第三层境界）的关系是 30% → 70%。这是指不管老师讲得多好，学生对于一门课能够理解的东西只占 30%。这个结论让人很失望，但的确是一种规律。怎么超越 30% 而到 70% 呢？他实验的结论是在课上提问。他设置了很多问题，先讲一些知识，再提问。通过这种方式，花同样的时间，能够使学生的课堂认知达到 70%。所以小班上课非常重要，提问也非常重要。

在钱学森力学班的教学中，我一直提倡要从被动、痛苦地学习，转向主动、快乐地学习；要目标明确、自主地学习，要有挑战性地学习；最后通过研究以及团队协作来学习。因为通过研究去学习是效率最高的学习方式，它不仅可以最大限度地调动起学习者的能力和激情，并且通过研究学习到的知识容易达到最高境界。

阅读只是一种简单的获取，关键是要练习建立技能，再通过研究建立解决创造性知识的能力。而我们面临的是一个知识爆炸的年代，应该怎么学？要理解问题本身，做研究，达到知识的深度，不停留在研究本身，只有这样才能把根扎下去，否则就会浮在水面，浅浅地知道一点，成为过眼云烟。但我们又不可能对任何课程都投入一万小时，我们不是生活在爱因斯坦理论衍生的科幻超光速世界，时间不能变多，四年时间不吃不睡也就是三万个小时，所以一定要有所选择。

看看清华力学专业的课程，要学数学，又学物理、工程、机械等知识，这还只是其中一点点。如果拼命去学全部，你就死掉了，为什么？每门课都学得一样，你就成了模具或流水线下的普通产品，而不是精心创作雕刻的杰出作品。不管喜欢不喜欢都学，学得很痛苦，学完了以后又全忘得干干净净。这样的结果是不是令人非常遗憾？

再看看我的大学知识结构：从高等数学、高等代数开始，直达弹性力学、张量分析，直到论文发表，然后是看高等弹性力学、微分几何和非线性场论，再做前沿研究。这其中一大半都是研究生课程。这样的知识面有一定的局限性，但是理解得有深度、目标贯彻一致，这样便于建立自信。你知道自己不比别人差，这个很重要。慢慢地再建立宽度。我现在做的研究实际上很宽，跟物理、化学、生物、材料、制造等都有关系（多学科交叉），但是这些领域我自己达不到那个深度，因为很简单，我没有一万小时的投入。虽然没有一万小时，但你可以有朋友、有合作者。所以我与不同专业的很多人都有合作。这些人来自各行各业，有得过诺贝尔奖的教授，有大企业的老板。他们为什么与你合作？因为你在某个方面做得最好。道理就是这样。如果你有的人家都懂，他们为什么要跟你合作呢？合作的前提是因为你在每个方面都最好，同时你有与他们沟通、理解他们的思路等，就是这么简单。

除了与人合作，我还向我的学生学习。我要求学生在半年之内要成为一名"专家"，即在他的研究方向了解的要超过我，否则就不合格。一个同学虽不能在所有领域都超过我，但在一个领域超过我就可以。你可以不用样样在行，我自己也是这样。我学高等弹性力学，我在这个领域是专家，我的统计就不在行。我有一个朋友，他物理方程的书写得很好，他就成为这方面的专家。你总可以找到你的长处，你永远可以找到你的长处。

抓住机遇开始自己的一万小时

这里还要谈到另一本书《异类》，讲述 Microsoft、Apple 和 Google 的创始人、总裁的故事，他们分别是比尔·盖茨、史蒂夫·乔布斯和埃里克·施密特。除了都是计算机行业的，他们三位还有什么关联？他们出生于同一年，1955 年。这不是偶然。这本书举出了很多必然——就像《大众电子》的封面——机遇：个人计算机发展历史上最重要的时刻，1975 年，第一台个人计算机出现了。那时这三人都是 20 岁，都血气方刚、精力充沛、勇于挑战。这本书举了许多例子来说明机遇的重要性，一些看上去资质平常的人最后取得了杰出的成就，而另一些看上去资质非常好的人最后一事无成。

比尔·盖茨 乔布斯 埃里克·施密特

　　另外一个例子是在历史上通过个人奋斗取得财富的 75 个人当中，比尔·盖茨只名列第 37 位。约翰·洛克菲勒位居榜首，亨利·福特位列第七。这其中有 14 位美国人出生在 1831 年至 1840 年这十年间，因为 19 世纪 60—70 年代是美国历史上最大的经济变革。由此前的爱因斯坦、比尔·盖茨和我的对比以及上面两个例子，相信同学们能够明白机遇的重要性。我对在座的同学非常羡慕，你们需要更好地抓住机会。中国目前是前所未有的好机遇，这是可遇而不可求的。

　　同学们，你们找到了自己的爱好、擅长与热情所在吗？你的远见与视野如何？有多少时间你是在做自己想做的事情，是在主动地做事情？你有多少时间就只是为了学分而学习？清华有巨大的资源，你利用了多少？在清华有那么多上乘的学术报告，你听了多少？清华有许多优秀的学生，他们可能在你今后的人生中对你有很大的帮助，你交往了多少？这么多、这么好的资源，你利用了多少？

　　你如果没有专注地投入"一万小时"，没有不断挑战自我能力极限地致力于一个明确的方向，你难以成为世界级的专家。你可能很忙，但漫无目的，必然一事无成。学校的课程设置和培养方案不可能是针对你个人设置的，只有当你明确了你要选择什么，学校才可能是"为你专设的"。在座的每一位同学，你的智商与思维远远超出你成功所需要的，你可以在一两个方向成为世界级的专家，就看你自己了！

　　（本文根据作者在"学术之道"讲座上的内容整理。水木清华记者曾卓崑编辑整理）

挑战疯狂
——从犹太人的成功之道谈起

郑泉水

探究犹太人成功之谜

最近我和犹太人有很多接触，从而产生了很多感悟。

只有 1400 万人口的犹太人获得了 165 人次诺贝尔奖，占诺奖总数的 22%。与此相比，拥有近 14 亿人口的华人只获得了 8 人次诺贝尔奖，仅占诺奖总数的 1%。不仅是诺贝尔奖，犹太人在几乎所有领域都取得了令人瞩目并改变世界的成就。

不仅如此，世界上很多宗师大家，比如马克思、爱因斯坦、弗洛伊德、海涅、肖邦、门德尔松、卓别林、斯皮尔博格、基辛格、比尔·盖茨、巴菲特、格林斯潘、索罗斯、摩根、洛克菲勒、尤伯罗斯、迪士尼、华纳兄弟他们都是犹太人。

又如以犹太人为主体的以色列，只有 800 万人口，这么小的一个国家，在纳斯达克上市的科技创新公司数目超过了全欧洲，超过了日本、韩国、中国和印度的总和。

那么，犹太人为何能取得如此耀眼的成就？是因为智商吗？似乎不是。心理测量专家的研究成果表明，东亚人和犹太人的智商并没有明显差异，中国中小学生的成绩还是世界第一。资料显示，美国硅谷中多数（约 70%）为中国和印度科学家（这两个民族都是相对古老的民族），美国的太空之城——休斯敦，有 70%的华裔科学家！可见从智商来讲并不能说明什么问题。

如果不是智商，那是因为什么呢？情商？苦难？教育？文化？宗教？

说到这里，我要先讲个例子：大家都知道铅笔的主要成分是石墨。而石墨是由一层一层的石墨烯组成的。我从铅笔书写很顺滑这个现象里面，通过力学分析，提出可能实现超滑这一概念。我们通过施加力使石墨滑开，但我认为石墨滑开后会自己回去。我的学生通过三年时间做实验，终于成功证实了石墨的自回复现象。以此为开端，我和我的团队在国际上首次实现了微米尺度石墨之间的几乎为零的摩擦和磨损。

正是这项研究，使我有机会与犹太人有了密切接触。我首先接触的犹太人叫 Boris Yakobson，是美国莱斯大学教授，纳米结构理论和计算模型研究领域的专家。他提出的关于 Space Elevator 的设想很受关注。他到我这里来访学了一个月。而与他的第一次接触使我感觉并不舒服。我给他介绍了我关于石墨自回复现象的研究，而他只是一边听我的介绍一边"发呆"，然后没有任何赞美、祝贺之类的客套话，直接问了我一大堆问题："到底是哪一层滑开？边缘有影响吗？速度有多快？不会是其他力（如静电力）的原因吧？"等等。提问直接而尖锐，而我们中国人其实很不习惯这种方式。

2011 年，以色列特拉维夫大学（Tel Aviv University）校长 Joseph Klafter 和副校长 Raanan Rein 来访清华。他们来之后并没有联系校方，而是直接联系了我们研究中心。可见这就是他们做事的风格，非常直截了当。

其后，由 Klafter 校长推荐，我们邀请了特拉维夫大学非常有名的摩擦学理论专家 Michael Urbakh 来访问一个月。在一次谈话中我跟他谈到，犹太人的文化对我有非常深的影响。第一就是爱因斯坦。可以说爱因斯坦影响了我一生的学术之道。第二就是犹太人的教育，对我教育女儿产生了关键性的影响。

犹太人教育孩子给我印象最深的一点，就是犹太人的父母会去观察孩子的兴趣、擅长所在。从孩子很小很小的时候，就很细微地观察。而且这种观察不只是简单地看孩子喜欢什么，而是从孩子的具体行为中，一点一滴地发现孩子擅长什么。这种观察其实是非常难的，需要父母跟孩子亲密地接触、体验。在此基础上，再找最好的老师去教他。因为不好的老师，会使孩子很快失去兴趣。

有一个故事给我留下了非常深的印象：二战之后，一个犹太家庭辗转漂泊到美国，身边只剩下几十美元，没有工作、没有住处，过着非常艰难的日子。可是家里的小孩非常喜欢画画。正巧纽约有一位非常著名的画家办了一场画展，父亲就带着孩子去看了整整一天。不够，又看一天。虽然他们没有钱，也没有面包。这个故事给我非常大的触动。而在我们很多中国人的观念里，这是有些不可思议的。

我记得 1994 年，我们一家去参加了北京电视台的一个活动，得了奖。当时主持人问我："你是清华的，那你想让你的孩子以后做什么？"当时我回答："看孩子自己喜欢做什么。只要孩子健康、开心、正直、有爱心就好。"

可能很多人觉得这种想法在这个竞争压力巨大的社会过于理想。但我和我太太确实就是这么想也是这么做的。我有两个女儿，大女儿成绩很好，但她受我们影响，不太注重是否上名校。她的志向是文理兼修。高中毕业她考了武汉大学，主修信息安全。她希望能将 IT 和艺术结合起来，于是大学毕业后又去了法国继续学习。但有一件事让我们家人十分吃惊。快到她毕业我们才知道，她在大学期间就自己开了家小公司，还把自己的室友都聘为雇员。她自己设计衣服，再由雇员找工厂小批量制作，然后在淘宝网店上销售。到快毕业时已经卖出了 800 多件。她本来还担心我们会责备她，没想到我们得知后开心得不得了。我们很高兴她非常独立，有自己的想法，并付诸实践。

而我的小女儿呢，她小时候我看不出她有多聪明。小时候我教她看钟认时间，她就是学不会，把我气得要死。她小时候，我们就比较强调人文方面的培养：音乐、绘画、英语，等等。等孩子小升初考试放榜，我太太直接去看普通班的录取名单，没有；再看高级班的名单，还是没有！怎么可能？！最后去看龙班的名单，发现孩子的名字赫然在册，给了我们一个大大的惊喜。而现在，我的小女儿在清华是合唱队的主力、滑雪队的主力（现在是会长）。她过得非常快乐。她说她今后的梦想是做创新教育。这就是我和我太太的教育冒险。我想说的是，在中国，这并不是没有可能的。我不知道算不算成功了，但起码这种尝试我们不后悔。

特拉维夫大学"大离散"博物馆：九岁的孩子（右）站立着面对父母家人举行庄重的提问仪式

特拉维夫大学的课堂

从提问开始

我注意到犹太人还有一个特点：特别好提问。犹太人的孩子回家了，父母常问的是：你在学校提了什么好问题？陈吉宁校长还曾提到，希伯来大学校长同他说，犹太家长甚至爱问孩子：你提了什么问题难住了老师？而中国的家长往往问孩子的是：你考得如何？

中国的孩子多半不爱提问。哪怕上了大学、读了研究生，老师提问时，下面也往往是鸦雀无声。我曾在讲座的现场请学生们回答："你们为什么不爱提问？"而同学们的回答五花八门：

答案 1：我没有问题要问。

答案 2：怕自己提的问题比较蠢，被别人笑话。

答案 3：怕提出一些尖锐的问题，让被问的人尴尬，这样于人于己都不太合适。很多事情无关对错，每人心里其实都有自己的判断，自己心里明白就行。

我问 Michael：到底为什么要提问？提问真有这么重要吗？而他只是神秘一笑，说："有机会你一定要与你的夫人去一趟以色列，去了你就明白为什么了。"

他不知道我会对这个问题有这么大的好奇心。我真的和我的同事们一起去了以色列。

2013 年，钱学森力学班和 CNMM 中心（Center for Nano and Micro Mechanics）的老师以及学生大约 20 人一起去了以色列。到特拉维夫大学后我去听了一堂课，那堂课上，有学生自告奋勇地要求由自己来讲这堂课。当老师讲到某一个知识点时，学生就举手说：老师，让我来讲这一部分。然后就自己走到讲台上侃侃而谈。而老师和同学们也都觉得很自然。

在以色列，我还去参观了一个企业，他们的企业只有三五个人。他们的总裁说，我们公司最重要的是要先有疯狂的想法，然后再花 9 个月的时间去调研这个想法是否有人在做。

爱因斯坦说，如果一个想法最初听起来不荒谬，那就不要对它寄予希望。关于创新也是这样。

这是一个很有名的 S 曲线（见下左图）。任何一个疯狂的想法起初都很少有人会理解，尤其是那些颠覆性的想法，支持你的人少之又少。当想法逐渐被人所接纳，大家都会朝之涌去。但慢慢地当问题已经解决得比较好了，再做就只剩下"骨头"，这时渐渐做的人就又少了。

以色列之行给我的触动很大。我就开始回头想我们目前办钱学森力学班所面临的挑战。我们到底为什么要办钱学森力学班？在访问以色列期间，我们逐渐产生了一个想法。我们为双方校长提了一个设想：两方学校是否可以合作建设一个新中心？这个建议双方校长都接受了。2014 年 5 月，清华大学与特拉维夫大学签署合作协议，共建以科学技术为主的跨学科国际合作创新平台，即"XIN 中心"。

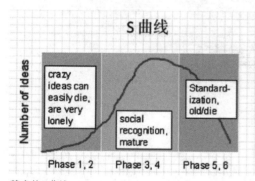

著名的S曲线

XIN=new , innovation

XIN 中心设立在清华大学，在特拉维夫大学设立分中心，并在两校同时建设交叉学科实验室，开展跨学科研究与创新型人才培养，鼓励和支持开展国际合作研究。中心向世界开放，邀请致力于创新研究与创新教育的学者和企业加盟，共同支持并参与原创性科学探索。

我们之所以将中心命名为"XIN 中心"，主要有两层含义：其一，"X"寓意跨界、跨文化；其二，"XIN"是汉语拼音的"新"的发音，意味着创新。

这个概念也是时代提出的要求。大家大概也有所耳闻，在美国做教授是很不容易的，申请项目成功的概率为 7%~8%。XIN 中心就是要做类似孵化器的工作，让学生不仅学到书面上的知识，而且促使学生要有主动发明的观念。

XIN 中心的教育模式是做了一定的改变的，是以学生为中心，帮助学生去做他想做的事情。这样做的目的，是将学生的潜能发掘出来，以便做出更大的项目。

去年 10 月份，从以色列来了很多犹太人，我们一起讨论了究竟如何来做 XIN 中心。在这期间，我又问了很多很多的问题。因为我还没有弄明白，究竟为何犹太人能获得那么多诺贝尔奖？教育是不是最重要的因素呢？

他们把兴趣和擅长作为孩子最好的老师；他们鼓励并善于提问；他们会有很多疯狂的想法而这些内在因素之间，是否有什么必然联系？有些遗憾的是，犹太人自己似乎也说不清楚。

XIN 中心工作团队

建立自信之路

我们回过头再来思考一下，犹太人为什么爱提问、爱深究？

首先，犹太人非常重视知识。在《犹太法典》中有许多关于书的良言："生活困苦之余，不得不变卖物品度日，你应该先卖金子、房子和土地，到了最后一刻，仍然不可以出售任何书本。"

犹太人十分好学，可以说犹太人是世界上人均阅读最多的人群。犹太人还认为，学习知识的目的，是增长智慧。与智慧相比，学问也略低一筹。他们把仅有知识而没有智慧的人，比喻为"背着很多书本的驴子"。犹太人甚至认为，知识是为了练就智慧而存在的。为了从知识中获取智慧，学习应该以思考为基础，要敢于怀疑、随时提问。怀疑就是开启智慧大门的钥匙。

基于这种认识，犹太父母特别注意与孩子谈话和讨论问题，偶尔还会与孩子们就某个问题纠缠个没完，意在引导他们深入思考。因此犹太人在家庭中，从小就养成了思考、提问和怀疑的习惯。

说到这里，我们再来说一下爱因斯坦。爱因斯坦出生在德国一个贫穷的犹太家庭，小学和中学成绩一般。小时候他常提出一些奇怪的问题。在别人看来他老是在发呆，于是经常惹得别人对他父母说，你们家的孩子是不是生了什么病？最好到医院看看。而他的母亲则闻之一笑："我的孩子小的时候就确定了人生目标，今后一定会有奇迹发生的。"

爱因斯坦的父亲告诉他，虽然你有志于成为科学家，但最重要的是要有自知之明，量力而行。父亲分析了爱因斯坦的学业情况："虽然你的成绩平平，但你对数学和物理很感兴趣，成绩比较突出。既然在其他方面赶不上别人，那么你只有在数学和物理方面确定目标才有出路。"

在父母的帮助下，爱因斯坦从小就明白了一个道理：知识海洋浩瀚无边，任何学者都不能在这个海洋里漫无方向地飘荡，应该选定一个对自己最有利、最擅长的目标扬帆远航，避免耗费人生有限而宝贵的时光。

他创造了高效率的定向选学法，即在学习中找出能把自己的知识引导到更深处的东西，抛弃使得自己头脑负担过重和会使自己远离要点的一切东西，从而使得他集中全部智慧和力量攻克选定的目标。

爱因斯坦曾说："数学可以分成许多专门的领域，每一个领域都能耗费掉我们短暂的一生。物理也一样。在我研究的这个领域里，我不仅学会了识别出能导致深化知识的东西，而且把其他许多肤浅的东西撇开不管，把许多充塞脑袋并使我的精力偏离主要目标的东西撇开不管。"

父母帮助他确定人生目标，使得爱因斯坦不仅有可贵的自知之明，而且对已经确定的奋斗目标矢志不移。如1952年他就曾拒绝出任以色列总统一职。

爱因斯坦给我们的启示是：要找到自己感兴趣和擅长的领域，选定并专注于目标，然后执着并深入地探究下去。智者往往会用自己70%以上的精力做自己擅长的事情，然后用10%的精力去避免做自己不擅长的事情，20%的精力不断学习。

股神沃伦·巴菲特也说："父母唯一应为孩子做的就是找到孩子的热情所在，鼓励孩子全力以赴地去追求，并发挥得淋漓尽致。找出热情所在是一个辛苦又玄奥的过程，需要很大的自由空间，父母若施加压力只会适得其反。父母只要告诉孩子，做选择时不要考量地位或收入，要问心中的真诚和共鸣。"

每个人都具有巨大的潜能，问题是如何发掘。大画家毕加索上学时学习很不好。在毕加索的学习生涯中，上课就是一种折磨。他从不专心听讲，好像永远学不会算术。他对父亲说："1+1=2，但1+2等于几，我脑子里根本就没有概念，不是我不努力，我拼命想集中注意力，就是办不到。"

当所有人都在嘲笑讥讽毕加索的时候，他的父亲却不这么想。他始终坚信儿子虽然读书不行，但绘画是极有天赋的。可以说，他对儿子有真正的理解和常识。

我在这里有个问题：毕加索、爱因斯坦这样的人在中国有吗？我的答案是肯定的。那他们都哪里去了？被中国的教育所淘汰了。因为很可能他们的疯狂想法在7、8岁时就死掉了。我们常说要"因材施教"，但不能仅仅停留在口号上。中国的教育在因材施教方面深入得还不够。老师应该花很长的时间去观察学生的特长。史静寰教授在钱学森力学班的互动活动中做了一个名为《全球化时代大学生的学习转型与创新》的报告。报告中讲到，中国高校中老师与同学的互动同国外相差很大。我们的老师更多的关注点在上课，而忽略了与同学的沟通。钱学森曾说："现在中国没有完全发展起来，一个重要原因是没有一所大学能够按照培养科学技术发明创造人才的模式去办学，没有自己独特的创新的东西，老是'冒'不出杰出人才。这是很大的问题。"正是为了回答这个问题，我们创立了钱学森力学班，并在创新人才培养方面持续进行着实践。钱学森力学班从创立之初，就建立了自己的招生标准：具有强烈的动机，对发明创造充满兴趣和激情；具有很强的创造力，包括好奇心、觉察力、想象力、洞察力、变通能力、重组能力、冒险精神等；具有个性特质，如自主性强、自信，批评精神强、好提问、敢于打破常规、挑战权威，不怕失败、坚毅、积极、阳光，能不断挑战自己的极限。

实践几年下来，钱学森力学班比较困惑我的一个主要问题是：这个班把30个优秀的学生聚集在一起，在当下的学分绩制度下是一定有排名的。但我不希望有这样的排名。虽然现在还没实现我的愿望，但我希望通过努力创造一个环境让同学们能充分发挥自己的长处，避免让同学们拿着自己的短处同其他同学的长处比。最重要的是，我希望进入钱学森力学班的学生自信心越来越强。

建立自信之路是什么？

拥有一项与众不同的才能，可以帮助孩子增强自信。老师和家长要发现孩子与众不同的才能。"我有所长，才会有自信心。"犹太人父母注重观察和展示孩子们的强项，社群对此也很鼓励并提供帮助。事实上，每个孩子都有自己的强项，问题是如何发掘和怎样以赞赏的方式去培养。

我将我和犹太人接触后的感悟分享给同学们，希望同学们将来都能成为大师，但不只是科学家，也可以是大艺术家、银行家等等。我希望同学们都能选择自己喜欢的路，很高兴地进行学习和研究。

（本文是郑泉水在为"清华学堂人才培养计划"的学生开设的《学术之道》课程上所作讲座之一

本刊记者关悦整理）

郑老师荐书：

◆ 《塔木德》（*Talmud*）

编译：赛妮亚，重庆出版社，2008 年 1 月

是犹太人继《圣经》之后最重要的一部典籍，又称犹太智慧羊皮卷，或犹太 5000 年文明的智慧基因库，是揭开犹太人超凡智慧之谜的一把金钥匙。

◆ 《接纳孩子：犹太人的家教制胜之道》

作者：贺亚莎，黑龙江科学技术出版社，2012 年 12 月

重视教育，是犹太民族最为突出的优良传统。犹太人相信，良好的儿童教育是世界的希望所在，因此他们极为重视孩子的家庭教育。通过解读犹太人的家庭教育，可以从中发掘这个伟大民族的内涵，从而获得启示。

◆ 《创业的国度——以色列经济奇迹的启示》

作者：（美）丹·塞诺，（以）索尔·辛格，中信出版社，2010 年 9 月

书中深入从移民政策、研发计划、兵役制度等几个重要层面对以色列进行了分析。这些因素正是以色列今日经济奇迹背后的原因。

清华大学钱学森力学班本科荣誉学位项目的探索

郑泉水　白峰杉　苏　芃　徐芦平　陈常青①

摘要　"清华学堂人才培养计划"作为国家"拔尖计划"的组成部分，经历了 7 年的改革与实践，"领跑者"的理念初见成效。但同时也需要探索进一步上升和提高的空间，激励和引导学生追求卓越、超越自我。本文在简要分析国际上高水平大学荣誉学位项目经验要点的基础上，对清华荣誉学位的定位与钱学森力学班荣誉学位项目构建的指导原则、荣誉学位的方案设计和实施等，进行了较为详细的阐述。荣誉学位是对"领跑者"理念的深化。

关键词　荣誉课程；研究实践；精深学习；朋辈学习

本文要讨论的荣誉学位是指一类学术水准很高的本科培养项目，英文是 Honors Program，达到标准的学生会授予 Honors Degree，它是大学为满足优秀学生的需求而设计的，也是给予本科学生的最高学术认可，旨在因材施教，发挥优秀学生的潜力，使他们得到更好的发展。另外一个非常容易引起混淆的概念，中文也简称荣誉学位，其英文是 Honorary Degree，确切的中文表述应当是"荣誉性的学位"，是指学位授予单位颁发给对人类、社会或本单位做出杰出贡献者的荣誉性高级学位，不一定表明获得者学术水平，主要目的在于表彰被授予人的某种功绩。

一、高水平大学已有的实践

早在 20 世纪 20 年代，美国的高校就开始探索为杰出的本科学生提供特殊设计的培养方案，即"荣誉教育项目"（Honors Program）[1]，经过 90 多年的发展，美国的众多高校积累了丰富的拔尖人才的选拔及培养经验。通过调研现有国际一流大学荣誉学位设立的情况可以发现，尽管它们的侧重和特点各有不同，但大多数在学生的课程学习成绩（GPA）、荣誉课程学习和科学研究工作等几方面有一定的要求。

美国大学的荣誉学位一般分为校级和院系两个级别。如哈佛大学是在获得院系级荣誉学位后可以申请校级的，加州大学伯克利分校在一些院系设立荣誉学位，更多学校是直接在学校设立，其性质又有专业类的和通识教育类的两种[2]。对于学生获得荣誉学位的要求，

---

① 郑泉水，清华大学航天航空学院教授，清华大学钱学森班首席教授
　白峰杉，清华大学数学科学系教授
　苏芃，清华大学教务处副处长
　徐芦平，清华大学微纳米力学中心副研究员
　陈常青，清华大学航天航空学院教授

可以分类归纳为三个主要方面。

（1）对成绩（GPA）的要求。如斯坦福大学的电子工程专业，要求 GPA 要大于 3.5。伯克利经济学院的荣誉学位要求专业 GPA 高于 3.5，所有的课程成绩 GPA 高于 3.3[3]。荣誉学位对成绩的要求通常并不高，例如在哈佛大学，院系级荣誉学位只要求 128 个毕业学分中的 96 个学分达到 C 等以上即可[4]。

（2）除了成绩之外，很多高校提出了挑战性课程的要求（通过设置荣誉课程）。如哈佛校级荣誉的最高等，对专业课程成绩、课程的水平和挑战度或可以显示对该领域已经掌握的其他指标有要求；威斯康星麦迪逊分校的通识荣誉项目要求修满 24 个荣誉学分，其中至少有 15 个必须来自荣誉课程。

（3）在美国的一流高校中，荣誉学位另外一个比较普遍的要求是研究工作。如哈佛的校级荣誉最优等，在证明自己对本专业的掌握程度中可以展示的有论文或与论文有可比性的独立工作。斯坦福大学电子工程荣誉学位要求至少完成 10 学分的独立研究课程 EE191，参加荣誉学位报告会，要张贴海报或作口头报告，向学校提交指导教师签字的荣誉论文复印件[5]。哥伦比亚大学荣誉学位的标准不只是考虑 GPA，而是要考虑学生参与学术项目的宽度、深度和挑战性，学生申请学校的荣誉学位需要有突出的学术经历[6]。伯克利的化学学院除了 GPA 高于 3.4 以外，需要在一个特定的研究小组从事研究工作至少三个学期以上，并在大四完成一篇荣誉学位论文。

综上所述，高水平大学的荣誉学位除了对基本的课程学业有一个基本要求外，都对研究经历提出了期望，荣誉学位鼓励了在学术之路上有兴趣的同学的进一步前进。国际很多著名大学都有运行多年的荣誉学位项目，它们各具特色，运行多年也各有得失，值得我们在项目设计与优化过程中参照。

二、清华荣誉学位的定位与钱学森力学班

人才培养始终是大学的根本任务。百年来，清华逐步形成了"中西融会、古今贯通、文理渗透"的办学特色，强调"厚基础、重实践、求创新"，致力于造就一批学术大师、兴业英才和治国栋梁。从大学发展出发，要想成为国际一流大学，就必须汇聚起那些有志于攀登世界科学高峰的优秀学生，通过因材施教，把他们培养成为拔尖人才和领军人才。

根据党和国家的人才总体战略以及清华大学的发展定位，为努力满足国家和社会发展对拔尖创新人才的迫切需要，2009 年清华大学推出了"清华学堂人才培养计划"（以下简称"学堂计划"），2010 年被批准开展国家教育体制改革试点项目"基础学科拔尖学生培养试验计划"（以下简称"拔尖计划"）。"拔尖计划"的目的是在高水平研究型大学的优势基础学科建设一批国家青年英才培养基地，建立拔尖人才重点培养机制，吸引优秀的学生投身基础科学研究，形成拔尖创新人才培养的良好氛围，努力使受计划支持的学生成长为相关基础学科领域的领军人才，并逐步跻身国际一流科学家队伍。在中组部和教育部的指导和支持下，清华大学精心组织、积极开展"拔尖计划"，建立"清华学堂班"，创立并实践"领跑者"理念，从理念创新、氛围营造、机制改革等方面，深入推进计划实施，努力探索

拔尖创新人才培养模式[7]。

2016年，学校为了积极探索优秀学生的多样化成长路径，提升学生学习的挑战性、自主性和开放性，在多年积累和探索的基础上积极探索建立高年级本科荣誉学生的个性化培养制度，设立本科荣誉学位项目。清华大学的本科荣誉学位鼓励对科研、学术有兴趣的同学进行高挑战度课程的学习，并在导师指导下，进行科研训练，开展卓有成效的科研或创新项目，从而激发学术志趣，树立学术信心。通过荣誉学位的实施，希望能够引导学生挑战极限、挑战自我，在知识、能力和综合素质方面得到根本性的提升，从而对学校整体的教育教学改革起到引领的作用。

钱学森力学班隶属国家基础学科拔尖学生培养计划和清华学堂人才培养计划，定位于工科基础教育，有多年的探索和积累。钱学森力学班率先启动试点清华大学荣誉学位项目，致力于构建一个开放性的创新教育模式，以有利于学生成长为工程技术领域具有社会责任、专业伦理、人文关怀、领导力、国际视野和突出创新研究和发明能力的人才。

三、荣誉学位项目构建的指导原则

大学学习的目的，不是知识的简单积累更不是无序的堆砌，而是知识的融会贯通、能力的培养、更是人格的养成和塑造。因此荣誉学位并不是学习成绩的简单排序，优良的课程学习成绩只是必要条件，更为重要的则体现在如下方面：

首先是挑战性课程的精深学习（deliberate learning）。本项目设置少而精的荣誉课程，引导学生挑战性学习这些课程。这里值得强调指出的是，课程的挑战性高并不等价于课程难度高，更不同于内容多或者全面。最重要的是突出思维方式的培养同时落脚在可迁移的能力，而且在学习方法上提倡批判性学习（提倡学生要有自己的看法）、主动学习（而不是被动地接受知识灌输）、"做中学"（learning by doing），特别是通过研究性学习，真正触及开放和未知的问题，达到深植基础、融会贯通的目的。

其次是因材施教（individualized）、多元评价（multi-evaluation）。本项目整体结构强调根深、枝壮、叶茂，学生主动选择、出口多。通过学生参与制定自己个性化的培养方案和学习计划，鼓励学生个性化发展，提倡并激励学生理想远大、抱负宏伟、富于责任感。构建和完善高水准、多元化的学生评价机制和方式，也是实现本项目实施的保障。

再次是要突出研究性学习（learning through research）。荣誉学位项目构建了由浅入深的研究实践性学习平台，汇聚全校及国际科研培训资源，为学生提供多元化、跨学科交叉研究指导与支持。研究是学习方式，不是目的。

最后是朋辈学习（peer learning）。一百多年前，纽曼在他的著名著作《大学的理想》中指出："年轻人敏锐、开放、富有同情心、观察力强；当他们走到一起、自由交往的时候，即使没有人教他们，肯定也会相互学习的。"之所以优秀的高中生要进入顶尖的大学，最重要的理由是，在那里你会与最优秀的年轻人成为同学。美国耶鲁大学教授J. Pelikan则进一步勾画了大学本科学生学习的基本形态。他指出："学生对学生的教导占本科教育的1/3，教授对学生的教育占另外1/3，学生独自在图书馆、实验室和宿舍的学习占最后一个1/3；

如果这三个部分之中的任何一个严重偏离规范接近 1/2，就造成不健康的失衡。"[8]这里的三种学习方式我们分别称之为"朋辈学习""传授和引导式学习""自主学习"。大学的培养过程，应当通过构建"朋辈学习"的平台和环境，帮助学生逐渐远离他们习惯的"传授式学习"方式，最终养成"自主学习"的习惯。

四、荣誉学位的方案设计

本项目突破现行的培养计划框架，从第 1 学期到第 6 学期，每学期设置挑战性荣誉课程 3 门。将 18 门荣誉课程，划分为 6 个系列（每个系列 3 门课程），分别是数学、自然科学（简称科学）、工科基础（简称工科）、专业与研究（简称研究）、人文艺术与社会科学（简称人文）、综合贯通（简称综合）。第 7 学期和第 8 学期，在高质量完成"高年级学生研究员计划"（SURF）、荣誉学位论文和其他教学环节之外，要承担低年级荣誉课程助教工作（learn by teaching），也使得整个体系形成一个具有正反馈的闭环结构。荣誉课程基本结构如下。

挑战性荣誉课程与环节

第1学期	第2学期	第3学期	第4学期	第5学期	第6学期	第7学期	第8学期
数学1	数学2	科学2	工科2	科学3	研究2		荣誉学位
数学3	科学1	工科1	工科3	研究1	研究3	SURF	论文
人文1	综合1	综合2	人文2	综合3	人文3		项目助教

荣誉学位项目突出"挑战式"学习的重要性，理念就是：课程不在多，而在精深，突出思维方式的培养。这 6 个系列 18 门荣誉课程无疑不是学生要学习课程的全部，但它们是核心骨架，希望给学生以清晰的导向。很多荣誉课程都有多个选择（特别是高年级）；学生可在荣誉课程导师的指导下，根据自己的兴趣和擅长做出自己的选择。

数学与自然科学 清华以工程学科见长，多年办学形成了"数理基础扎实"的培养特色，也是本项目坚持发扬的。指导思想上的进化是值得关注的，即今天的"数理基础扎实"要为"后续"的工程学科培养服务，是理性和批判性思维的培养和训练，是世界观和方法论的基石，也是累积创新能力的智慧。

工科基础 现有的课程体系中，这部分课程的数量很大，我们生怕哪块的知识缺了，而且课程也是相对比较零碎的。能够梳理出三门课程作为核心，这是很有难度的，实现的关键点就是对"基础"这两个字的把握。

研究实践 通过研究实践来学习，是实现对知识融会贯通、培养创新思维和能力的最有效的途径。为此，项目设计了如下三个台阶，凸显了荣誉课程体系对研究实践的高度重视。

入门：实验室探究（1 学分），鼓励学生运用好这个学校文化素质教育的课程平台，目的是感性的认识和接触科学研究。

低阶：ESRT（3 学分），目的是通过 144 小时（3 学分课程的课内外学时量）扎扎实实地在实验室参与工作，"体会"和"感悟"科学研究，属于"蚕"的阶段。

中阶：ORIC（open research for innovation challenge, 8 学分），目的是通过 388 小时自主（同时也是指导教授感兴趣）研究，真正进入研究状态，属于"蚕出蛹、初成蝶"阶段；系统性学习体验科学研究的规范、技巧等等，并产生基本上可发表的学术成果。

高阶：SURF（senior undergraduate research fellowship，必修），第 7 个学期到可能的继续深造或工作的国内外一流的学术机构或创新企业等，进行 6 个月全力以赴真枪实干的研究训练，以达到很高的学术水平，进入"蝴蝶飞起来了"的阶段；这既是一个职业引导，又是为下一步的发展作铺垫，也是一个初步展示学生综合能力与潜力的重要阶段。

研究实践的体系已经经过了几年的实践，是本项目的支柱。通过研究实践的训练环节，钱学森力学班学生的能力和素质都获得广泛认可，毕业生口碑越来越好，去向越来越好。

人文和综合贯通 这是本项目的突出特色也体现了培养理念的进化。人文课程的设置继承了多年来文化素质教育的积累，同时突出课程的挑战和学生的自主选择，原则是课程在精而不在多，培养学生的"听说读写"基本能力，读书的习惯则是终生学习所必需。如清华梅贻琦老校长所说：大学教育应当是"通识为本，专识为末"。通识的"通"不是普通，它的核心是贯通。贯通是需要设计的，而且贯通是一个过程。在整个培养方案设计中，我们突出的是 6 个系列（共计 18 门）课程，其中"贯通"是一个系列，也与培养方案的整体优化密切关联。我们重点构建两门贯通型课程，它们可以是持续 2～3 学期的课程。

如果我们用"少林寺拜师习武"作比喻，对这 6 个系列（共计 18 门）课程的目标和定位做一个通俗的说明，那么"数学与自然科学"就是"扎马步"的基本功，"工程基础"就是"初习拳脚"的入门，"研究实践"是"下山除暴安良"的初试身手，"人文"则是"诵读佛经"的禅修，而"贯通"大概是"闭关悟道"以成为"得道高僧"的参悟。

五、结语

荣誉学位项目的设计，始终坚持继承和发扬清华大学"数理基础扎实"的育人特色与优良传统，提炼并精心优化其中核心的课程系列，同时根据时代的要求创新设计人文和综合贯通环节，并按科学研究与创新能力发展规律，设计大学四年循序渐进的学习成长过程。参与本项目每位同学，将依据本人的学业发展意愿和培养计划规定的基本原则，在项目导师团队的指导和协调下，制定个性化的培养方案，提高学生的自主性和主动性。

荣誉学位的实施，引导学生挑战和超越自我，在知识、能力和综合素质方面得到极大的提升；聚合清华大学科研创新人才培养资源，引导提升教师的创新人才培养理念、投入和水平；引领学校整体教学改革的目标指向，起到试验、示范和导向作用。钱学森力学班荣誉学位项目，力图构建一个开放包容的平台，除了钱学森力学班的学生外，其他院系的学生经过个人申请、所在院系同意并推荐、项目导师团队认证，都有机会进入这个平台。

钱学森力学班荣誉学位项目，是一个具有相当普遍意义的草案，与具体的专业并没有很大关系。项目建构的基本原则与特色，首先是知识、能力、价值三位一体，协调统一发展；其次是突出少量但是对师生要求很高的基础核心课程和项目（简称荣誉课程或荣誉项目），根深且叶茂。荣誉学位具体要求则体现为在清华大学通常的学士学位要求之上，对学生的基础知识深度（特别是融会贯通方面）、自主学习能力，对批判性思维、解决问题的能力和创新研究能力，对创新精神、交流能力、国际视野、团队合作和领导力、社会责任心和价值观等方面，提出更高的目标和要求。

特别值得指出的是，整个荣誉课程体系的梳理构建过程中，主导的元素并不是围绕我们熟悉的"专业"（major）概念展开的，我们使用的主线更接近"分布"（distribution）和"主修"（concentration）。这两个概念也是美国著名大学（比如哈佛等"藤校"）规划它们本科培养的主线。我国的高等教育讨论"拓宽专业"或者"淡化专业"大概也有二十年的时间了，没有取得显著成效。其中道理非常简单。以专业出口为目标，为保证知识体系的完整性，课程只会变得越来越多；而学时有限，课程就会越来越碎片化。假如同样是每学期修 20 个学分，10 门 2 学分的课会使学生精力分散而且增加了学生的管理成本，与 5 门 4 学分的课程的效果会相去甚远。因此"一门课都不能少"的必然结果就是"哪门课都没学好"。今天必须跳开专业的概念，才能理解美国"藤校"每学期 4 门课（每门课相当于我们 4～5 学分的负荷）培养出高质量的学生，才能支撑中国高等教育的观念转变。

参考文献

[1] 吕杰昕，夏正江. 美国高校荣誉教育项目的缘起、现状和借鉴[J]. 全球教育展望，2013(9): 49-59.

[2] 牛卓. 美国研究型大学的本科生荣誉教育研究[D]. 上海：华东师范大学教育科学学院，2012.

[3] https://www.econ.berkeley.edu/undergrad/current/departmental-honors

[4] http://handbook.fas.harvard.edu/book/requirements-honors-degrees

[5] https://undergrad.stanford.edu/academic-planning/planning-departmental-honors

[6] http://bulletin.columbia.edu/columbia-college/academic-honors-prizes-fellowships/#academi chonorstext

[7] 袁驷，张文雪. "清华学堂人才培养计划"改革与探索[J]. 中国大学教学，2014(3): 9-13.

[8] PELIKAN J. 大学理念重审[M]. 杨德友，译. 北京：北京大学出版社，2008.

钱学森班的大工科梦想

清华大学数学科学系教授　白峰杉

　　钱学森班属国家拔尖人才培养计划和清华学堂人才培养计划，是国家拔尖计划中为数不多的工程专业类项目。2016 年，钱学森班成为清华大学首个校级本科荣誉学位试点项目，积极探索适应于更广阔的平台上人才培养的模式。钱学森班人才培养模式的尝试，其使命和初衷是培养未来通过技术和工程，改变中国和世界的创新型人才。这里的落脚点是人的培养，而不是专业技能的积累。

　　钱学森班是清华学堂人才培养计划中唯一的一个工程专业，也是国家拔尖人才培养计划中为数不多的非理科专业，定位是工科基础。十年的探索，初步形成了可以称为"大工科"的范式，对未来清华乃至中国工程教育的发展，具有重要的开拓意义和普适价值。

一、工程与工程教育

　　工程是什么呢？习惯上的最快方式就是百度一下。百度百科告诉我们：工程是将自然科学的理论，应用到具体的工农业生产部门形成的各学科的总称。而这实在是一个不够确切的定义！这也印证了最快的方式通常是比较差的。我们知道，历史上飞机、蒸汽机、内燃机等重要的技术进步和工程实现，都出现在能够解释它们工作原理的科学之前；当然，相应的科学原理出现之后，会进一步推动技术与工程的精致化[①]。

　　许多人都习惯性地把技术说成是科学的应用，又把工程说成是技术的应用，于是工程的独立地位就被否定了，工程成了科学的"二级附属物"。在这种观点的影响下，工程活动中的创新性和创造性被严重低估甚至几乎完全否定。在许多人的心目中，工程活动只是一种乏味的、执行性的因而无创造性的活动[②]。这个认知对中国的过去的工程可能是有道理的，但对未来则完全偏离。

　　工程是极有创造力的过程，它直接或者间接地导致我们生活质量的提高。然而工程师的工作则必须受到多方面的约束，包括技术、经济、市场、社会及伦理等等。工程思维的核心是"适"——在满足各种约束的前提下，平衡和优化若干比较重要的目标。

　　工程教育在西方，如果追溯其古老的传统是针对奴隶的教育，而传统的古典大学是贵族专享的教育。现代的西方工程教育，特别是其进入大学的形态，通常认为发源于法国大革命中建立的巴黎综合理工，创建于 1802 年的美国西点军校也有其重要地位，林肯签署的

　　① 美国国家工程院：2020 年工程人才报告暨 2020 年工程教育报告，美国科学院出版社 2004 年（中文版，中国海洋大学出版社 2008 年）第 13 页.

　　② 李曼丽，工程师与工程教育新论，商务印书馆 2010 年，第 66 页.

"赠地法案"推动了工科教育在美国的发展，也进而成就了美国在第二次工业革命中占得先机。

二、工程教育在中国

现代工程教育在中国的出现，是伴随 19 世纪 60 年代兴起的洋务运动，通过移植西方工业化社会的教育模式开始的。洋务运动，通过引进和学习西方先进的科学技术，通过创办军用工业、建立新式军队，随之创办民用工业企业，培养新型人才，以达到抵御外敌的目的。1895 年中日甲午战争中国战败，成为洋务运动由盛转衰的节点。但是在洋务运动中萌芽的中国工程教育，却随着资本主义经济的发展，呈现出新的发展趋势，开始由以培养军事工业技术人才为主，转向主要为民用工业培养普通工程技术人才的现代工程教育[①]。可见，中国的工程教育起始于功利主义和实用主义的目标，也是中国近代教育"基因"上的不足，长期制约了教育的发展。

为实现新中国的工业化，1952 年的院系调整，突出强化了工程学科，对新中国前 30 年的经济建设，发挥了巨大的作用，也为后 40 年的改革开放奠定了基础，实在是功不可没。但与此同时，院系调整确实在客观上让本已是非常实用主义的中国工程教育更加地实用主义。

中国的现代工程教育，初创时期以及院系调整时期的实用主义，并非是先辈的错误，而是历史条件所限，不得已而为之；然而，今天的教育却继续在实用主义的方向上奔跑，则是我们当代工程教育人的巨大错误，急需反思。

三、通识是工程教育的自然要求

科学的研究对象是自然物，是已经存在的对象；而工程的研究对象是建造人造物，是创造尚不存在的。然而科学与工程的区别，并没有体现在相应的人才培养目标设定与路径选择上。

美籍华裔老工程师聚会的时候，他们都会异口同声地表示：他们在校或刚刚从工学院毕业的时候，希望自己在学校学到更多的技术知识；过了 10 年之后，随着职业生涯的发展，他们希望当初能够多学一些商业管理和经济学；又过了 10 年，大概 40 多岁的时候，他们又觉得当初应当学习一些领导学和生活哲学，他们后悔当初没有多学一些文学、历史和哲学[②]。这里之所以特别强调美籍华裔的老工程师们经历岁月之后的体会，实则是因为他们经历过的工程是创新导向的，是曾经引领全世界工程之前沿的，对中国新生代的工程师尤其具有启发意义。

工程教育以科学和技术为底层支撑，逻辑思维的培养是基础；工程以创造尚不存在的人造物为目标，需要相当的想象力因而与艺术的思维相关；工程受到社会和伦理的约束，因此人文的修养是必须。

科学求真，人文达善，艺术尚美。毫无疑问，工程教育与真善美的修为直接相关，是

---

① 王孙禺，刘继青，中国工程教育，社会文献出版社 2013 年，第 23 页，第 46 页.
② 李曼丽，工程师与工程教育新论，商务印书馆 2010 年，第 242 页.

非常自然地要求所谓通识教育。工程师去理解和欣赏历史、哲学、文学及艺术，特别是其中创造性的元素，是非常有意义的。如此培养的工程人才，人格更加完善，也可以成为缓解 C. P. 斯诺在 20 世纪 50 年代所提出"两种文化"冲突的重要力量。

四、工程教育人才培养的优势

大学有近千年的历史，而本科有专业仅仅不足两百年。中国最古老的大学也仅仅百余年，一百多年前我们学习西方，构建自己的大学时，大学本科就是有专业的。这样的历史给我们带来一种错觉，即大学本科有专业是当然的，而且专业成为我们要捍卫的。可是在高等教育日益普及的年代，专业的概念（特别是本科专业）是应当不断被淡化才有未来的。面向未来，专业与职业的关联日益弱化，而所谓好的专业，一定要有广泛的适应性，能够面对复杂的问题。

工程学科的完整训练，当然可以成就杰出的工程师，在满眼都是人造物的未来世界，工程是人类美好未来的决定性因素之一；工程训练造就统筹性思维，最有可能成为杰出的领导者；未来的科学研究将面对越来越复杂的仪器设备，工程的训练也可以成就独特的杰出科学家；清华的工科已经走出了优秀的作家，如果是科幻作家，工科训练优势明显吧；未来的历史学家，没有科学、技术及工程的基本修养，如何理解当下呢；哲学家也是需要工程的训练，比如要想真正读懂康德，从文本到文本是难以贯通的，因为康德在成为形而上学的教授之前，二十多年的时间里他都在讲授数学和力学。

五、大工科引领未来中国高等教育

在西方，文艺复兴中的人本主义运动强调对于文本的研究，尤其是那些已经死亡的语言文本。这种做法加深了资本主义体系下各阶级之间的鸿沟。甚至连当时艺术家中最自傲的达·芬奇，也不得不在私人信件中对一些粗通文化人的观点为自己辩护；那些人认为他在绘画和科学上的兴趣比起文本研究来说还是要低一个层次[1]。西方的这个人本主义传统映射到近代西方教育，就是"大文科"的根深蒂固。1810 年德国洪堡大学的创建，开创了现代的西方教育，我们可以简单地将它描述为"大理科"的教育。西方的通识教育，可以看成是这两个教育传统的一种连接方式，但这个连接并不自然。

美国工程院早在本世纪初展望 2020 的工程教育，就提出了这么一个愿景——工程学位在 21 世纪具有转变为一般文理学位的潜质；也达成了这么一个认识——今天的关注已经超出工程教育自身，而延伸到作为一个系统内部，工程专业、工程实践和工程教育的相互联动[2]。

毫无疑问，过去 20 年美国的工程教育出现了很多有重要意义的变化，如麻省理工学院

---

① 刘易斯·芒福德，技术与文明，美国 HARCOURT 1934 年，1963 年修订版（中文版，中国建筑工业出版社 2009 年）第 361 页.

② 美国国家工程院：2020 年工程人才报告暨 2020 年工程教育报告，美国科学院出版社 2004 年（中文版，中国海洋大学出版社 2008 年）第 87 页.

的媒体实验室，斯坦福大学的设计学院，欧林工学院的创新实践都有令人耳目一新的感觉。但实事求是地讲，距离那个让工程教育成为一般文理学位的愿景尚有很大的距离。其中一个重要的、不容忽视的原因是，工程教育与西方文化的价值观不尽匹配。

而中国文化与工程之间具有更好的一致性，这里所谓的"大工科"核心内涵是指淡化专业属性的教育理念，让大工科教育成为以人为本的教育，进而引领未来中国的高等教育，实在是机遇难得。

十年树木，百年树人，拔尖创新人才培养的特点是目标的长期性。进入大学的青年只是人生的起点，我们不仅要关注他们当下的优秀，更要关注他们未来的卓越。中国的教育必须尽快走出焦虑和过多的短期追求，聚焦如何赢在转折点上并最终赢在终点上。这是教育的历史使命要求的，不仅是国家和民族的也是人类和世界的。我们确信这之中有众多的问题需要探究，是一个不断探索的过程，一个宽松的环境至关重要。

今天，中国的教育（特别是工程教育）急待一次哥白尼式的革命，其中心要从专业技能转到人，而且是人的长期发展和终生成长。大工科教育范式是清华工科转型的战略机遇，更是中国高等教育可以争夺的原创性制高点。

认识通识的意义

清华大学数学科学系教授　白峰杉

进入大学是人生非常重要的节点，而且是转折性的节点。事实上，没有什么人真的是"输在起跑线上"，因为人生是长跑甚至是马拉松。但确实可能输在转折点上。在这样的节点，你需要为自己定义未来的方向，所以有很多问题是需要追问的。在这里我们就一起探讨若干最需要认真思考的问题吧。我希望这是与同学们的对话，而不是展示若干问题的标准答案。

大学是什么？与中学的差异是什么？

回答这个问题其实并不容易，后面若干问题的讨论，本身也是深化这个问题的过程。这里我并不打算对这个问题展开一番学术探讨，如果你真有兴趣深入追问（这非常值得，也应当），推荐你去学习清华大学"学堂在线"MOOC平台上的课程"大学历史与文化"。我们首先关注一个非常表面化的事实就是，你非常熟悉的"中学"，在英文里面称"Middle School"；而"大学"在英文里面并不是"Big School"亦或是"Huge School"，它的英文是University。这对于你并不是新知识，但我几乎可以断言，这是你需要深入思考的。这个词本身在提示你大学悠远的历史和深刻的文化，提示你大学与中学的差异。

教育的意义究竟是什么？是获取知识吗？

如果是200年前，以掌握更多知识为目标的教育是相当合理的。因为当时的学校是知识存在的场所，书在学校，知识在老师的头脑里。今天的情况已经是大不相同了，应当如何调整呢？是不是应当变化？学生在大学中究竟要学习什么样的知识，培养什么样的思维能力和素质？要通过什么途径来培养？是认真思考的时候了！怀特海是20世纪一位杰出的、影响力非凡的数学家和哲学家，他早年在英国剑桥大学做数学教授，是现代数学史上"逻辑主义"的代表人物之一；晚年他在美国哈佛大学做哲学教授，他在《教育的目的》一书中就沉痛地指出：

> 如果说我们人类的努力遭遇到了什么挫败，让人感到悲哀的莫过于理想的消逝。回望过去，我们的先贤们在学校里倾心传递智慧；再看现在，我们在大学里的目的变得如此卑微，仅仅是教授一些知识。从过去的神圣人类智慧降低到现今的若干学科知识，这标志着教育的失败，而且是一个长时间的失败。

怀特海在《教育的目的》中还清晰地指出了知识与智慧之间的关系，即"没有知识的基础，一个人是不可能有智慧的；一个人虽然可以轻易地获得知识，但可能仍然没有智慧。"

可见，智慧是更加值得追求的目标。

什么是智慧？如何能够获得智慧呢？

苏格拉底被认为是西方文化中最具智慧的人，他作为教育家有一句名言："我唯一比学生高明的地方，是我知道自己无知。"由此我们可以这样推论：所有的人都是无知的，差异只是在于自己是否知道。所以，知道自己无知应当是智慧的组成部分。下面自然的问题就是，如何才能够知道自己无知呢？古希腊的著名数学家也是哲人芝诺，有一个有趣的模型：一个人知道的知识就如同一个椭圆的内部，如果我们接受世界是无限的，这个椭圆的外部就都是你不知道的；而边缘是非常重要的，它代表的是你确切知道的"不知道"。

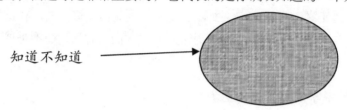

知道不知道 →

我们将这个模型修正一下，即你所知道的"不知道"是一个你的知识定义的区域外环状的区域，这样可以更清晰地说明问题。这个模型可以告诉你：有效提高这个环状区域的面积（或者更加确切的也许是环状区域的面积与内部面积的比），是你大学学习的基本目标（至少是之一），它让你能够知道自己无知的，从而更加接近智慧。今天的你因为"知道不知道"比例不高，特别容易进入一个误区：自以为什么都知道。

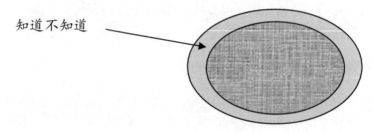

知道不知道 →

这个模型还有一个有趣的"推广"是在课堂上与学生的讨论中，由"钱学森班"力7的谢鑫同学提出来的，即椭圆的长轴方向代表人类知识积累比较多的学科，而短轴方向代表积累相对比较少的。这一点区分与后面的专业的概念及其选择有关。

专业的意义是什么？与未来的职业关系如何？

进入大学，无论是所谓的大类招生，还是入学时就比较明确，你最终都会有专业，这是与中学很大的差异。曾经在经济发展水平比较低的时期，专业与我们未来从事的职业有比较密切的关系，但今天已经完全不同。专业在今天的教育中最大的意义是，因为你的学习比较集中于某个方向，引起了知识增长方式的根本变化，使得"知道不知道"的部分增长更加有效。通过知识的"定向增长"，目的还是让我们更接近智慧，而绝对不是单纯地知道得更多。与人类知识积累比较多的学科相关的专业通常可能比较"旧"，但能够提供的训练通常也比较深；而短轴方向代表的学科，专业可能比较"新"，但可能深度有限。

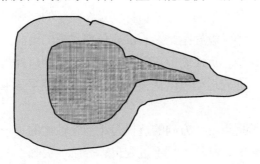

这里特别强调的是，专业与你未来的职业可能有关，但不是必须的。从现有的统计数据看，没有哪个专业的学生聚集在专业规定的职业。你们未来的职业生涯是 50 年，这么长的时间世界会变化很多，许多的职业也会在 10 年或 20 年内可能会消失，如果专业与职业绑定过紧，未来就会面对更多困难。

还有一个问题需要关注，就是未来 50 年会有太多全新的领域，你学习的专业如果只能绑定现在，迎接未来就会困难。如此看来，一方面专业的选择不是特别重要，因为与你未来长远的职业发展关联有限；另一个方面，专业选择非常重要，但标准不完全是毕业后的第一份职业，这个专业要能够提供坚实的基础训练，能够应对变化。按这个标准，专业的训练一定要有"硬度"，让你一生拥有好"牙口"。大学如果只是"水过"了若干"水课"，拿到了一张"含水量"高的毕业证书，那将是一个毫无意义的大学生活。

通识教育的意义是什么？其社会价值是什么？

所谓通识教育，简单地讲，就是专业之外的。面对未来中国"和平崛起"的主题，这又将是一个呼唤英雄的年代。这种时代主题的变化，要求中国的大学对人才培养的立足点必须做出方向性的调整，才能使我们培养出的人才，担负起历史赋予你们这代人的使命。调整的方向之一，就是本科培养要打破"专业垄断和霸权"，学生要更加重视通识，这与创新思维的培养密切相关。

爱因斯坦关于高等教育的培养目标就指出："学生在离开学校的时候不是作为专家，而是和谐的人。"那么自然的问题是，如何成为和谐的人呢？国学大师钱穆先生的《人生十论》指出，完整和谐的人就是真善美的统一，而科学求真、人文达善、艺术尚美，因此你的大学学习的内容应当是适度合理匹配的科学、人文和艺术。

成就一个完整和谐的人，这是通识教育的个体目标；构建社会精英沟通对话的平台，则是通识教育的社会目标。在学科划分越来越细的今天，受过高等教育的人相互的对话成为困难，这明显是社会发展的障碍。比沟通更高远的目标是合作，而且是与远离你专业领域的人有效合作，这同时体现通识教育的个体目标和社会目标。

大学是什么样的转折性的节点？方向在哪里呢？

最直接地想象转折性的节点，也许就是：人生就是在操场上奔跑，中学是在跑直道，而大学进入弯道了。事实上，中学到大学的转折要复杂得多！！在操场上奔跑就是你进入大学之前的全部，你的运动是一维的，你的目标就是在统一的规则之下取得更好的成绩。更接近真实的想象可以是：中学就好比是沿着没有任何岔道的山洞奔跑，目标是前方透进阳光的洞口；中学到大学这个转折性的节点就是那个洞口，洞口外是一片开阔的田野、蔚蓝的天空。这个转折点上，你的运动可以从一维提升到二维甚至三维，因为你展翅高飞也是可以的。

在中学到大学这个转折点上，方向的选择是相当个性化的。一维的运动，方向是唯一确定的，序是单一、完全的，其特点是不进则退；二维或更高维度的空间里，运动方向有无限的可能，序也是多元的。在这个转折点上，你最容易出现的问题有两类：一个极端的情况是，由于选择太多而不知所措，从而迷失；另外一个极端的情况是，漠视洞口外如此开阔的田野和天空，以为洞口外的世界还是一维的（因为太长时间的单一运动模式而形成了思维定式），继续沿着一条比较熟悉的道路奔跑顽强追求考试高分。在这个复杂的转折点上，深入的思考是必须的，相信通识教育也会帮助你开阔思路，更清晰地思辨。

今天 18 岁的你，过去的表现如何其实并不重要（包括过去的优秀千万不要成为未来前进的负担），重要的是未来如何发展。爱因斯坦在他 18 岁的时候并不是出类拔萃的，甚至都不是优秀的，但发展到 30 岁他的确是卓越的了。爱因斯坦是通过提出全新的科学问题，定义了全新的科学范式而卓越的。调整好自己奔跑的方向和方式，把握好你自己的 18 岁到 30 岁，这是你奋斗的年龄。

创新时代的人才战略与钱学森班下一个十年

清华大学微纳米力学中心副研究员　徐芦平

前言

清华大学"学堂计划"钱学森班自 2009 年创建，迄今已整整十年矣。所谓"十年树木，百年树人"，在教育的语境里，十年其实是一个极小的时间尺度，很多事情只能算刚刚种下种子或破土出苗，若论抽枝展叶、开花结果则尚需时日。然而，站在历史的长河中，我们也会发现，当时代变革的需求与能够促成变革的新思想、新模式相遇，很多历史性的重大突破和转折也可能就在短短几年、十几年时间里发生。因此，在我们迎来钱学森班上一个十年发展里程碑、同时马不停蹄地奔向下一个十年起跑线的时候，对 21 世纪教育面临怎样的变革性需求以及钱学森班如何应答这个历史需求做一些"务虚"的战略性的思考，也许是一件不无裨益的事情。特别要声明的是，这些思考是在钱学森班工作组长期探索实践和近期的深入讨论基础之上产生的，尤其融合了不少与钱学森班首席郑泉水教授与核心组白峰杉教授的交流讨论，是典型的"集体智慧"（collective intelligence）的成果，特此致谢。

一、发展创新教育是 21 世纪的战略需求

21 世纪是创新的世纪，科技创新是决定国家发展与社会进步的根本动力。以互联网、人工智能、大数据、纳米科技、生物技术为代表的科技领域迅猛发展，给人类生产与生活方式带来了颠覆性改变。科技创新能力，正在成为各国的核心竞争力。科技创新水平高的国家，通过持续投入高端研究，引领新型产业发展，制定领域标准，获得技术专利，通过高科技成果获得高额利润与产业主导权；科技创新水平低的国家，只能居于国际产业竞争合作链条的下游与底端，依靠输出廉价劳动力与资源换取低额利润，同时花巨大的成本购买其他国家的科技创新成果。我国经过四十余年改革开放，在经济、科技、社会各领域取得了巨大发展成就，但在科技创新水平上，我们还相对薄弱，与美国、日本、以色列、欧盟等国家或地区相比有较大差距。提高我国的科技创新能力，实现从"中国制造"向"中国创造"的跃迁，是实现国家发展、民族复兴、人民幸福的关键。

在这样的创新时代背景下，创新能力不再是社会中少数精英人才的培养需要，而将如阅读、书写、数字化技能一样，成为 21 世纪绝大多数人的普遍能力需求。特别是随着近年来人工智能与自动化技术的突破，这一需求的普遍性显得愈发突出与紧迫。据 2014 年的《经济学人》杂志上发表的工作显示，未来 20 年中，将有超过 40% 的人类工作岗位——主要是重复性与程序性的工作——将被自动化技术取代。创新能力较低的人，将会成为创新时代

的"新文盲"，面临着巨大的生存与职业发展压力。为了在人工智能新时代发展人类特有的创造能力，让人的智慧与机器的智能之间形成积极的创造性协作，关键是对人才培养模式进行深入变革，发展面向全社会的大规模、高质量、多层次、终身性的创新教育与学习体系。正如 2017 年 10 月 30 日，国家主席习近平在接见清华大学经管学院顾问委员会时指出，人才是创新的根基，是创新的核心要素。培养人才，根本要靠教育。时代的重大转变需要高等教育目标与方法的深刻转变，将人才培养的重心从培养知识型人才转变到培养创造性人才的方向上来，将创新能力的培养放到与听、说、读、写等核心素养相等同的重要性上来，让我们的下一代普遍具有高水平的创造性思考、研究、发明、合作能力，是当今我国教育所面临的战略性与结构性需求。

然而，我们现有大学的教育模式是否胜任培养 21 世纪科技创新人才的使命？答案是否定的。事实上，由洪堡大学于 19 世纪初奠定的现代大学体系是伴随着各国工业化进程而发展，核心目标是培养在文化道德、知识体系、基本技能和行为规范等方面符合社会需要的合格公民。这样的培养目标及相应模式，符合劳动密集型和知识密集型为特征的工业化时代的人才需求，但却无法满足以创新为核心竞争力的 21 世纪人才培养需要。英国国家科技艺术基金会（NESTA）主席 Geoff Mulgan 提出，人类的智慧可大体分为三个层次：最低的层次，是运用已知的方法解决已知的问题，通过反复训练，高质量地完成重复性和技巧性工作；中间的层次，是发展新方法解决已知问题，这对想象力与原创性解决问题的能力提出高得多的要求；最高层次，是提出具有重要价值的新问题，或重新定义问题，为人类开辟全新的探索与创造指出可能的方向。按照这样的分类，我们可以发现就普遍的大学教育而言，绝大部分时间和资源被用于培养学生熟练掌握已知的知识与方法，锻炼高效率重复解决已知问题的能力，而面向第二层次（创造性解决问题）和第三层次（创造性提出问题）能力的培养却严重缺失。提升人才培养层次，改善创新人才培养能力规模，成为包括我国在内的世界各国所共同面对的时代挑战。

二、从 0 到 1：钱学森班的创新人才培养模式的十年探索

教育是极端重要、高度复杂、牵一发动全身的社会系统。要实现我国教育目标从知识技能型培养向创新培养的战略迁移，需要一个长期的、系统性的范式转换过程，这一过程将涉及理念、模式、体制、生态等诸多要素的重塑再造，缺一不可。在我国的大学中，落实人才培养的主体机构是院系。对于院系来说，其核心使命是从学科发展与院系建设的角度出发培养该专业方向上的高水平人才，因此往往没有足够的动机和资源要素以推动超出专业层面的通识教育与创造性教育，或者开展深层次、系统性的人才培养模式探索与变革。在这样的格局下，国家从战略高度出发做出积极部署，在一些一流高校给予大力度的资源与政策支持，开展一批面向未来创新人才培养的教育试点项目，对于在我国发展重要历史转型时期探索中国特色的创新人才培养模式，具有极为重要的改革试验田与先锋引领意义。

清华大学"钱学森班"就是这些试验田中最富颠覆性与示范性的一个。与其他明确定

位在特定学科中开展人才培养的拔尖人才培养项目不同，钱学森班在很大程度上弱化专业定位，明确提出面向（非常广泛的）工科基础，培养有志于通过技术创新改变世界的卓越创造型人才。这一定位充分体现了对时代变革和教育发展大势的洞察，以及跳出具体专业、回归到以培养创造型的人为核心的教育探索与实践上的觉悟。在教育部、财政部、清华大学等主管机构的大力支持下，钱学森班在 2009—2019 年的十年中通过逐步尝试、快速迭代的方式，实现了对整套培养体系"从 0 到 1"的颠覆性再造。从以课程为纲的传统"C 模式"培养体系（C = course），转向了以研究型学习为主线、以核心课程与朋辈学习为支撑的 CRC 模式（CRC = course + research + community），在大幅减少学生学分负担的同时，为每一个学生提供个性化的创造性学习条件与成长路径。特别是通过以科学研究与技术创新实践为主线，让学生有机会充分探索和发展自己的内在兴趣，通过与志同道合的优秀导师共同就前沿交叉科学技术问题开展创新研究或发明创造，从机制上打破了学科壁垒，引导学生走出从学生跟随教师被动学习的传统，最终实现了从以"教"为中心向以"学"和"创"为中心的创造性成长的模式转换（图 1）。

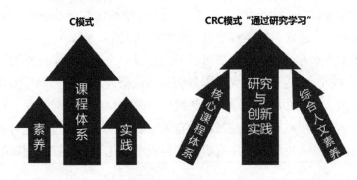

图 1　人才培养模式从"C 模式"向"CRC 模式"的转换

从"C 模式"转变为"CRC 模式"，不仅仅是课程与科研实践训练比例或重要性的调整，而是在更深层次上，实现了人才培养核心模式的转换。C 模式的本质是一个"有限游戏"，通过以教为主的模式，依托学科体系构建统一的学习路径与学习目标，以培养本学科专业知识技能为目的，大学四年取得优异成绩是取得成功的标志；与之相对，CRC 模式本质上是一个"无限游戏"，通过以学为主的模式，不存在先验统一的学科边界与培养目标，每个学生发展出个性化学习与科研创新实践路径，以找到内在兴趣、培养跨学科创新创造综合能力为目的，以成长为与众不同的开创性领军人物为成功的标志。基于 CRC 模式所构造出的清华大学"荣誉学位"培养体系表明，钱学森班的教育创新远远超出了特定学科的拔尖人才培养的范畴，对于大工科领域的几乎所有院系都可以很好地对接兼容，显现出强大的模式先进性与普遍适用性。

三、展望钱学森班开放的未来：从 1 到 ∞ 打造大规模、开放型创新人才培养体系的可能

从性质与规模上看，钱学森班第一个十年面对的问题，是要实现"从 0 到 1"的模式

突破，即发展出一套符合科技创新人才成长规律的全新培养模式。十年探索实践结果表明，钱学森班的教育模式创新在教育界与社会上获得了高度认可，不论是每年钱学森班火爆的招生，学生毕业后的高水平发展去向，还是家长与校友对钱学森班培养模式的高度认同，都在客观上印证了钱学森班抓住了创新人才培养的关键问题，其改革思路行之有效。在这个坚实的基础上，钱学森班下一个阶段完全可以在更大范围内发挥引领作用，为国家谋大局、谋长远，思考如何为更大数量有志于通过科技创新改变世界的年轻人提供成长所需要的模式与生态，实现从 1 到 ∞ 的规模突破。这一步，也许就是钱学森班走向真正破解"钱学森之问"，推动我国科技创新人才培养的系统范式转变的关键一步。

我们不妨站在钱学森班十年发展的历史节点上，对国家社会发展的需求和钱学森班的下一阶段建设进行畅想与展望。为了实现有效率的"从 1 到 ∞"，指数型增长是必经之路。钱学森班可以通过发展具有指数型推进能力的数字化技术、催化条件与合作生态，从而以低成本和高速度实现超越精英小班规模，跳出院系专业的框架，打通高等教育与基础教育的壁垒，让教育资源与社会资源围绕科技创新人才的培养形成全新的组织形式，为大范围科技创新人才提供连贯性、系统性、高质量、多元化、个性化的培养条件。围绕"从 1 到 ∞，指数型发展"这一基本思路，钱学森班可以做的事情很多，例如：

第一，数字化技术方面，钱学森班可以考虑建设一个未来数字化学习平台（可称之为"云钱学森班"在线平台），从而在大范围推动科技创新人才培养资源与模式分享。通过共享优质课程与资源、挑战性研究问题、创新挑战研究项目、专家导师库、开放式朋辈学习社区等资源，钱学森班可以在高校与基础教育领域联合推动"通过研究与创新实践学习"模式的广泛应用，让一大批优秀学生有机会参与到个性化、挑战性、创新型的钱学森班模式学习体验中来。

第二，在催化创新条件建设方面，钱学森班可以在原有的"开放智慧实验室"（Open Wisdom Lab，简称 OWL，故又名"猫头鹰实验室"）基础上，进一步借鉴麻省理工学院"媒体实验室"等机构的交叉创新与人才培养经验，融入社会资源打造一个以学生为中心的多学科交叉开放实验室，为不同学科与年龄的学生提供参与或发起前沿研究、创新发明的实践基地，让他们有机会在最有梦想与潜力的青少年时期，有机会接触和参与解决各领域前沿挑战问题，在交叉研究与合作创新的过程中提升自我认知，寻找志同道合师友，实现创新能力的高度发展。

第三，在合作生态建设方面，钱学森班可以尝试打通大学与中学的界限，围绕科技创新人才培养建立连续性合作。长期以来，由于基础教育—高等教育分离的教育模式以及"千军万马过独木桥"的招生体制所限，大学与中学在合作开展创新人才培养方面存在约束性壁垒。钱学森班如能利用自己的品牌优势与广大有志于发展创新人才培养的优秀中学合作，与他们分享钱学森班模式、课程、师资、课题等资源，共同开展优秀中学生的发现与长期培养、优秀教师的合作与培训、科技创新基地联合建设等活动，必将极大地推动科技创新人才培养的普及化、优质化、连续化，引领带动基础教育领域的科技创新人才培养实践，并最终推动创新人才的发现、评价与选拔等方面的机制创新。

除了建设在线平台、科技创新实践基地、发展与中学创新人才培养合作之外，还有很多其他有助于实现钱学森班价值指数型增长的方法。例如，可以通过与海内外一流大学合作，为优秀学生的未来发展提供更为多元化的出口；与一流教育研究机构合作，开展有效的教师培训和教育方法优化，让更多一流教师参与到创新人才培养的过程中来；等等。不同的方法会带来不同的价值，最终共同形成指数型推力。如建设科技创新实践基地可以有效聚合优质学习与研究资源（师资、创意、挑战、技术、资金、合作等），有助于形成高质量创新人才培养正反馈与头部资源；在线平台等数字化技术可以以极低的成本在大范围分享钱学森班资源与模式，吸引与激发广大优秀学生加入钱学森班生态，极大促进钱学森班规模化效应；与国内外一流大学和中学建立合作网络，可以使钱学森班模式深入到基础教育阶段，实现人才早期培养与长期发展之间的协同，推动创新人才的贯通性培养与长期发展支持体系建设，实现从"千军万马过独木桥"向"条条大道通罗马"的结构性转变。不同的模式相互支撑形成正反馈，最终可以一起推动钱学森班模式的指数型快速增长并促进创新人才培养的范式转变。

四、解放创造力，发展创新力

1872 年，年轻的哲学家尼采在瑞士巴塞尔大学围绕教育问题作了五次公开讲座。这些讲座的内容在尼采去世后，被整理收录出版为一本名为《论我们教育机构的未来》的小书。在这本书的导言中，尼采忧心忡忡地指出，当代教育的一个重要错误倾向，在于其不断缩小教育内涵的冲动正在使教育日渐沦为学术分工的工厂，从而无法促使受教育者高贵的、深刻的、丰富的、活泼的、充满个性的人格得以充分发展，以至于极大地腐蚀了教育的真义。尼采深刻地洞见了现代性对教育的侵蚀与异化。事实上，在工业化时代，为了培养有效率的大规模协作生产者（包括知识密集型与劳动密集型生产者），教育必然体现出重知识而轻质疑、重技能培养而轻创造、重视内容统一而忽视个性化需要、重视对规则规范的遵守而压制个性化思想人格发展等倾向。事实上，在工业化时代，教育是用统一的模子"塑造"具有明确知识与技能结构的人才。随着 21 世纪科技与创新力量的崛起，教育需要转变为依据每个人独特天赋与内在热情让每一个人把自己"创造"为独具特色的创新型的人才。这一从"塑造"到"创造"的转变，无疑是 21 世纪教育所面临的最大历史性转折；解放创造力，发展创新力，势必成为 21 世纪教育的核心使命。

作为在创新教育模式探索道路上十年如一日坚持"走窄门、闯新路、向未来"的钱学森班，需要在这个时代的转折点上勇敢地承担起自己的历史使命。如果钱学森班可以充分利用下一个关键的十年，通过技术、模式、生态领域的整合创新实现钱学森班模式的指数型发展，将极有可能在全社会范围内推动我国科技创新人才培养模式的重大转型与培养生态的建设，发展成一套符合中国特色与时代发展的、可持续优化与大规模推广的科技创新人才培养体系，为推动国家的科技创新、产业升级与可持续发展提供生生不息的人才动力。

丰富钱学森班创新文化活动，增强学生自我认知水平

清华大学心理学系教授　孙　沛
清华大学心理学系博士研究生　郭双双
清华大学心理学系博士研究生　杨泽云

随着美国缩紧科研经费及我国科学研究的进步，一些诸如"美国科学正在走向衰落""中国已经超过了美国"的观点正在流行。尽管今天中国科学与美国的差距确实在缩小，但在当前中美贸易争端的大背景下，我们应该保持应有的警醒，应意识到中美之间在科学研究中仍存在着巨大的差距。美国两院院士谢宇认为，中国科学现在面临的一个很重要的问题是——原创性、前沿性的科学创新太少。究其原因，不是缺乏资金和人才，而是缺乏创新的文化[1]。文化对于一个组织至关重要，好的组织文化能够决定个人能力在整个组织中的表现程度[2]，形成强烈的使命感、持久的驱动力，激发组织成员的积极性和首创精神，成为组织成员自我激励的一把标尺[3]。

清华大学钱学森力学班（以下简称"钱学森班"）的每位学生都非常优秀，如果能够营造出让每个个体的优秀在一起产生最优的化学反应的文化氛围，将会持续地让每位同学得以最大限度成长。一直以来，钱学森班都在努力构建"不断追求卓越，持续激励他人"的群体文化，致力于培养一大批具有良好的五维素质，即内生动力、开放性、坚毅力、智慧和领导力[4]，未来有望成为各领域内领军人物的人才。未来十年，大力加强群体文化建设，营造良好的创新氛围是钱学森班的当务之急。文化建设的目的是为了学生更好地成长，因此其主体和核心也应该是学生。

过去十年，钱学森班逐步探索开创了群体文化营造的多种途径。未来十年，钱学森班应该在过去成功经验的基础之上，将班级文化营造的途径体系化为三大系统，即支持系统、经验系统和自我认知系统，使各个系统能够相互作用、共同发力（图1），最大限度地增强学生的五维素质，进而展现其创新潜力。

第一是支持系统。到目前为止，钱学森班对学生每个个体的发展提供了坚实的支持——除了充足的科研资金、良好的实验条件等强有力的硬件支持之外，还有强大的导师团队、师资雄厚的任课老师团队、充足的海内外交流机会等。未来钱学森班将更加注重利用多方资源加大对于班级整体的支持，例如开展丰富多彩的集体活动、开设团体辅导课程等来增强学生内部凝聚力；进一步加强目前已有的导师制、辅导员和班主任制度、家长社区、学术共同体、校企合作等，对学生的学业、生活、心理、职业规划各方面进行全方位的支持。

第二是经验系统。目前已经建成的以 CRC 为核心的钱学森班培养模式引导学生构建各

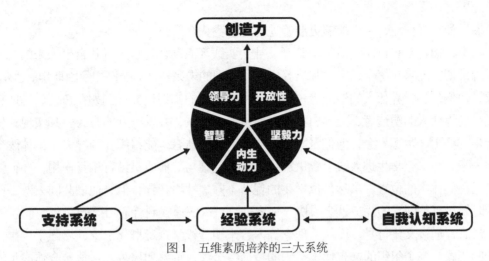

图 1　五维素质培养的三大系统

自不同的经验系统。尤其是"通过研究学习"引导学生进入实验室、做 SRT、开展 ORIC、进行 SURF，对科研从感性认识一直到自己独立能够完成一个他人认可的研究项目。学生在这个过程中积累属于自己的经验，逐步形成自己独特的经验系统。另外，钱学森班也已经开始了和企业的对接与合作，学生可以进入华为等一流企业进行实习，跟随企业相关领域的专家学习，收获将理论知识和科研成果转化为产品的经验。

第三是自我认知系统。积极正确的自我认知，有利于个体更好地发挥自己具备的能力素质。学生只有了解自己，才有可能超越自己，做到"不断追求卓越"；与此同时也能提高了解他人的能力，更容易做到"持续激励他人"。

目前钱学森班着力发展的前两个系统对学生的自我认知已经显示出了有力的促进作用，未来可以考虑通过以下途径来加强学生的个体自我认知、群体自我认知和对自己与整个全体关系的认知。

首先，增加新生教育，引导学生进行自我探索。钱学森班对学生的期望不仅仅在于超群的科研能力，还期待学生具有团队引领能力和对他人的影响力，成为行业领军者。如果学生能早一点发现自己的优势，并在该方面受到重点培养，其未来的发展将会更加顺利。钱学森班希望通过职业生涯规划、个人潜能开发、心理健康辅导等活动为学生的自我探索提供途径；并通过开展与高年级学生、毕业生、各领域顶尖人才等的交流活动为学生提供多种参考和榜样，激发学生的潜能和梦想。

其次，充分利用 X-idea 课程，加强学生的自我认识和自我定位。X-idea 课程授课方式为讲解（1 小节课）、分组讨论（1 小节课）、小组报告（1 小节课），每节课围绕一个主题展开。课程内容可以包含至少两大部分：第一部分引导学生了解钱学森班，包括钱学森班文化、课程体系、培养模式 CRC、目标与选择等多个方面。学生在了解整个班级的理念和架构的基础之上，更容易结合自己的特点进行较为准确的自我定位。第二部分为学生对自己的认识和探索。具体而言，可让学生每隔一段时间做一次简短的报告，围绕过去一段时期在自我探索方面做出的努力、探索的过程以及结果、感兴趣的人或事情、对他人的认识等等话题进行阐述。引导学生有意识地记录、了解和分析自己心理发展成长的历程。通过自我展示和相互交流，学生能够更准确地构建自我认知系统。

再次，通过各种讲座、研究、参观、社会实践等活动，让学生寻找自己未来的志向。钱学森班期望能够在每个班级中都培养出不同类型的未来塑造者，例如爱因斯坦、达尔文、牛顿，他们是科学界伟大的塑造者，极大地突破人类的知识边界；例如乔布斯、马斯克，他们是商界伟大的塑造者，能提出独特和有价值的愿景，并以美妙的方式将其实现；例如丘吉尔、马丁·路德·金，他们是人类社会伟大的塑造者，能组织和领导一个集体改变人类的未来。当一个学生进入钱学森班集体之后，就会与其他成员进行相互作用，并很快找到自己在集体中的位置。虽然每位学生的优势不同、性格各异，但当他们共同去做一些事情的时候，每位同学的优势就会很快显现出来，可以快速找到合适自己的角色。

最后，通过文化符号、产品、理念等内容来塑造钱学森班群体形象，增强学生集体认同和归属感。一个组织的标志代表组织的特征、个性、形象和风貌，包含着全体成员的价值认同。例如，钱学森班可以根据本班的使命定位和学生的特点设计一个班级吉祥物来代表钱学森班这一群体，塑造学生价值取向、引导学生构建群体自我认知。

上述三个系统相互作用，共同激发培养学生的五维素质。支持系统为引导学生构建各自的经验系统和自我认知系统提供了可能，是培养学生五维素质的基础；学生构建经验系统的过程，也就是五维素质被激发、培养的过程，与此同时对自我的认知也更加清晰积极，逐渐形成健康向上的自我认知系统；清晰积极的自我认知再次强化并将更好地发挥五维素质，更有利于经验系统的构建。

过去十年，钱学森班在群体文化建设方面已经积累了丰富经验；未来十年，钱学森班将在已有支持系统、经验系统的基础上不断完善，同时着力构建自我认知系统，引导学生形成积极的自我认知，树立更加多元化、立体化的世界观、人生观、价值观。通过三大系统的相互配合，让钱学森班"不断追求卓越，持续激励他人"的文化能够不断丰富和传播，为创新人才的成长提供肥沃土壤。

参考文献

[1] 谢宇. 美国科学在衰退吗？[J/OL]. 财经杂志, 2018-04-30 [2019-06-05]. http://tech.163.com/18/0504/10/DGV5M1T900097U7H.html.

[2] 迈克尔·茨威尔. 创造基于能力的企业文化[M]. 王申英, 等译. 北京: 华夏出版社, 2002.

[3] 石伟. 组织文化[M]. 上海: 复旦大学出版社, 2010.

[4] 郑泉水. "多维测评"招生: 破解钱学森之问的最大挑战[J]. 中国教育学刊, 2018, (5): 36-45.

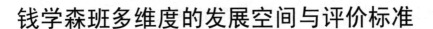

钱学森班多维度的发展空间与评价标准

清华大学航天航空学院教授 陈 民

　　清华大学钱学森力学班（以下简称"钱学森班"）自创办以来，对学生培养的模式一直在不断摸索和进步当中，同时又贯穿了一条非常明确的主线，那就是走出一条以"工科前沿"为特色的杰出人才培养之路。钱学森班的同学是从已经被清华录取的同学中层层选拔而来，进入钱学森班的时候无疑已经是非常"杰出"的"菜鸟"。说他们"杰出"是因为他们个个都是考试场或者竞赛场上的常胜将军，说他们"菜鸟"是因为目前现实的中小学教育模式导致这些踏入大学的新生往往是第一次离开父母独立生活，甚至是第一次独立思考人生。他们需要在大学生活中掌握知识、培养能力、树立信念、确定目标，而原有的以传授知识为中心的人才培养体系显然是不足以胜任，就此已经有很多关于钱学森之问及现有人才培养理念的讨论。虽然大学的人才培养理念已经有了巨大的进步，但无可否认现行的人才培养体系依然是以成绩（学分绩）为第一评价标准的。在这样的培养体系里，同学们无可避免地以学分绩来衡量自己的能力和发展潜力，这对同学的能力培养和自信心建设有明显的负面影响。一些同学入学伊始就患上学分绩焦虑症。尤其钱学森班高难度的基础课程和专业课程，同时强调建立动态的分流与进出机制，无形中加大了同学们的学分绩压力。

一、以科研能力为评价标准的做法深受同学喜爱

　　得益于钱学森班高度灵活的培养体系，从建立伊始就把同学的能力培养，尤其是科研能力的培养放在首要地位。从刚入学的导师制、低年级的 SRT（student research training）、高年级的 ORIC（open research for innovative challenge）以及出国研学，形成了一个围绕能力培养的链条。这样的措施不但在同学的能力培养上成绩斐然，更显著的效果是形成了学分绩以外第二个维度的人才培养评价标准。以 2013 级的同学为范本，全班同学均在大一下学期开始课外科研训练，大二下学期又在 SRT 的基础上进阶为更高水平和更高要求的ORIC 训练。同学们在科研中不仅仅激发了热情和兴趣，提高了思辨能力以及解决问题的能力，而且找到了学分绩以外的自我激励和自我评价途径。等到这批同学经历了 SRT 的入门和 ORIC 的淬炼，大四上学期参加出国研学的时候，已经是科研战场上的老兵。科研能力的成长已经使得很多同学能够对学分绩淡然处之。同样是这个班级，在申请去美国顶尖高校攻读研究生的同学中，有 4 位同学收到被 MIT 录取的 5 份 offer（录取通知）。据我了解的情况，他们得到美国顶尖大学的肯定几乎都不是依靠学分绩，每位同学都有第一作者的期刊论文发表，包括一篇第一作者的 PNAS（Proceedings of the National Academy of Sciences of the United States of America）论文。与他们交流的过程中，很多同学表示参加科研以后思维方式和解决问题的能力自我感觉有了很大提高，但比这更重要的，他们认为通过研究摆

脱了学分绩焦虑、树立了走学术道路的信心并激发了内心动力，这些才是最大的收获。

二、从出国研学的反馈看科研能力培养的阶段性成效

按照国际顶尖大学的通识，杰出人才的培养通常以批判性思维、创造性思维、解决问题的能力以及高效沟通的能力为标志。钱学森班通过研究学习的做法在培养同学的批判性思维、创造性思维以及解决问题的能力方面明显优越于课堂知识传授为核心的培养模式。但是思维方式和能力的进步不像知识的掌握程度那样容易通过考核来衡量。笔者借助 2018 年秋季在美国访问的机会走访了指导过钱学森班同学本科出国研学的 11 位教授，其中哈佛大学教授 5 人、MIT 教授 5 人、哥伦比亚大学教授 1 人。这 11 位教授一共指导了 31 位钱学森班同学的本科研学。

走访的形式是面对面的交谈，目的之一是收集国际顶尖大学的教授对钱学森班同学能力评价的第一手资料。当被问到"请问您对钱学森班的本科生的总体评价怎么样？是优秀、良好、一般还是很差"时，所有教授的回答都是"钱学森班同学非常优秀"。当被问到"如果把钱学森班的本科生和你们学校的本科生相比，你觉得有没有什么明显的不同或者差距？有两位哈佛教授和一位 MIT 教授认为他们指导的钱学森班学生和他们本校的学生一样好，没有明显的不同；有另一位哈佛教授认为"该钱学森班同学的能力与哈佛的本科生相比也是名列前茅的"；还有另一位 MIT 教授认为"该钱学森班学生各方面能力很突出，尤其是动手能力很厉害，已经和美国本土的大学生没什么不同了"。

三、为同学们提供到行业顶尖企业发展的通道

钱学森班的出国研学通过历届同学和老师的努力，已经为钱学森班在国际上赢得了很多赞誉，也在同学们的能力培养上成绩斐然。仅举两个个例，力 3 的胡脊梁同学和力 4 的贺琪同学大四期间分别在 PNAS 上和 Nature Communication 上发表论文，其主要研究内容都是在出国研学期间完成的。但是"工科拔尖人才"不只是研究型人才，同时也不是所有的钱学森班同学都是以学术研究为自己的志向。

为了给同学们提供更大的发展空间以及建立学习与研究以外第三个维度的自我评价和自我激励体系，钱学森班也努力与行业顶尖企业建立联系。作为钱学森班 SURF（senior undergraduate research fellowship）项目的一部分内容，钱学森班与华为公司在本科生研究实习方面建立了密切的合作关系。华为公司对钱学森班同学开放了"2012 实验室"和"海思实验室"，提供了一批具有挑战性的硬核课题，其中很多内容都是首次对学生开放（华为公司如是说）。为了吸引拔尖人才到华为，海思麒麟芯片的 AI 首席科学家芮祥麟博士还到钱学森班讲解华为自主研发的消费终端 AI 全栈解决方案。目前，华为公司已经给力 6 的 5 位同学提供了本科实习的 research fellowship（研究员职位）。

学校正全面推行"价值塑造、能力培养、知识传授"三位一体的育人理念。钱学森班因为船小好掉头，在人才培养的改革中正通过大量学时的本科科研、出国研学以及企业实习摸索一条工科拔尖人才的能力培养模式。目前已经可以看到这个模式在同学们的自我肯定、树立信念以及激发内心动力方面卓有成效，期待钱学森班下一个十年在这方面有更大进步。

清华大学钱学森班的理论力学教学实践①

清华大学航天航空学院教授，航天航空学院党委书记 李俊峰

(清华大学航天航空学院，北京 100084)

摘要 本文扼要介绍了给清华大学钱学森班讲授 8 年的理论力学课及其升级课程"动力学与控制基础"的教学实践情况，分析了新时代学生基础差异化、教学要求多样化、学生成长需求个性化对教学的挑战，对新建课程的教学内容、体系、教材、考核等安排做了说明。

关键词 理论力学；动力学与控制基础；钱学森班；基础力学教学

中图分类号：O31 **文献标识码**：A **doi**：10.6052/1000-0879-18-211

　　清华大学钱学森班创建于 2009 年，属于国家"基础学科拔尖学生培养试验计划"（简称"拔尖计划"）中唯一定位于工科基础的实验班[1]，每届招收 30 名学生。笔者有幸负责并主讲历届钱学森班的"理论力学"及"动力学与控制基础"课程，教学实践 8 年多，颇有些体会。听闻"拔尖计划"将扩大升级为 2.0 版，窃以为实践经验分享或许有益。

1. 教学实践概述

　　钱学森班学生的理论力学课程，与清华其他工科专业一样，都是安排在大二秋季学期（即大学第 3 学期），第一届至第八届（即 2009 级至 2016 级）学生分别在 2010 年至 2017 年的秋季学期学习理论力学。这 8 年实践（参见附表 1）可以分成四阶段，对应四种形式。2010年和 2011 年属于第 1 阶段，采用了最容易操作的形式：钱学森班的全部 30 名学生被编入100 多名不同专业学生的混合教学班中，与其他工科专业学生学习同样的理论力学（课程体系、内容与特色参见文献[2]，教学日历参见附表 1 和附表 2），同时并行地为他们单独开设"理论力学专题研讨"课程。2012 年属于第 2 阶段，钱学森班的学生单独上课，学习理论力学的内容和深度都有所调整（教学日历参见附表 3），在"爱课程"网站上的资源共享课视频，就是这一轮授课时拍摄的。2013 年和 2014 年属于第 3 阶段，回归到普通工科专业理论力学的教学内容和方式（教学日历参见附表 4～附表 6）。2015 年之后属于第 4 阶段，不再用"理论力学"这个课名，改为"动力学与控制基础"，教学内容有大幅度的改变，每年对具体的教学安排也有一定调整（教学日历参见附表 7～附表 9）。

　　为了配合上述改革、调整，从 2014 年秋季开始，允许学生在开始上课前一段时间提出免修考试申请，任课教师单独给他们命题，闭卷考试，将考试成绩告知学生。学生自己决

---

① 李俊峰. 清华大学钱学森班的理论力学教学实践. 力学与实践，2018，40(4): 422-427.

定是否愿意接受这个成绩作为课程最终成绩，不再听课，不再参加考核，或者放弃这个成绩，与其他学生一样正常修课和考核。在实践中，一般每届只有少数几名学生申请免修，只会有 1~2 名学生接受考试成绩。

在考核方式上，我们也做过一些尝试。2012 年秋季学期的最后两周，半数以上学生自愿参加了口试。口试考核评委包括三位主讲理论力学的教授，对学生逐一考核。具体做法是，学生进入考场后从几十个试题签中抽得自己的考题，准备 15 分钟后口头回答或在黑板作答，评委根据学生回答情况再追问（例如，通过追问判断学生对角速度概念的理解水平处于哪个层次：中学物理、大学物理、理论力学？[3]），作答时间总计 15 分钟。得到口试成绩后，学生自己决定是否愿意接受这个成绩作为课程最终成绩，不再参加期末考试，或者放弃这个成绩，与其他学生一样参加期末考试。在实践中，多数学生接受了口试成绩，不参加期末考试；有 1~2 名学生不接受口试成绩，参加期末考试，一般也会得到更高的分数。

上述教学实践的一些情况，笔者曾在全国力学课程报告论坛上做过交流，在北京大学、中国科技大学、清华大学的力学教授们参加的教学研讨会议上做过介绍。

2. 教学特点与难点辨析

钱学森班教学特点非常多，难点也不少[4]。本文仅从授课教师的角度做一些归纳和分析，管中窥豹，略见一斑。

2.1 同一届学生的学习基础差异化

钱学森班的学生都是全国高考或者竞赛意义下的顶尖学生[1]，但是，从理论力学的教与学的角度看，"物理竞赛生"与其他学生（高考生及其他学科竞赛生）的差异非常大，主要体现在两个方面：在那些与理论力学相关习题的训练上，在高中阶段就已经有非常显著的差异；在学习理论力学中那些必须突破高中强化训练形成的固有思维才能掌握的内容上，他们的表现也不尽相同。在教学中对这种差异的感受明显强于几十分高考分数的差异，笔者对后者有一定的授课实践经验[5]。

钱学森班要求学生课内/课外投入时间比在 1:3 左右[4]（清华大学的这个比例一般认为是 1:2），课程的挑战度非常大，学生对完全陌生的课程更加焦虑，自然会投入更多时间精力，而对于似曾相识的理论力学，在投入精力上应该没有比较优势。在理论力学课程每周答疑时间来答疑的学生人数、次数看，钱学森班也没有比较优势。另外，"物理竞赛生""数学竞赛生""高考生"等，在大学一年级的数学课（数学分析、高等代数）上的不同感受，也会影响到他们对理论力学课程的投入。

如果教师对课程教学的理解、教学习惯比较"传统"，比较适合教那些类型统一、基础"整齐"的学生，那么"差异性"会带来很大挑战，对这些人们心目中"顶尖"的学生，也能明显区分出所谓的"优等"和"差等"，具体表现就是一些学生"吃不饱"，另一些学生"跟不上"。很明显，他们被归为"顶尖""优等"或"差等"，是因为采用了不同的评价体系和标准，在不同的维度上观察。

我们理论力学教师应该都能明白，坐标变换带来的不同表象，不一定能说明物理现象或物理性质不同。我们在理论力学中教学生在不同的参考系中观察运动，在同一个参考系中定义的矢量还可以投影到不同坐标系中，得到不同的分量表达，在各种不同和变换之中寻找不变量、慢变量，由此抓住物理本质。用僵化、固化的思维和方法，仅仅在某一个参考系的某一个坐标系中观察和研究运动，不是大学的理论力学教学的应然。教师对学生的认识也是如此，准确认识学生的现状、了解学生学习的习惯，就可能更有效地帮助学生学好理论力学。

换一个角度看，师者仁心，教师都不希望任何一个学生"掉队"。因此，教师通常将注意力集中在及格线附近的学生上。当然，成绩优异的学生是教师比较容易获得成就感、幸福感的来源，老师下意识地也会特别关注他们，对他们的成绩津津乐道。如果认清教师工作的本质，即在自己的帮助下学生克服困难获得成长，那么，学生的成长增量也是教师成就感和幸福感的来源，每一个学生都可以有成长增量，而不仅仅是成绩优秀的学生。能认识到这一点，教师在教学工作中可以获得更多的幸福感，愿意投入更多精力关注更多学生的学习成效、成长增量。

2.2 不同届学生的教学多样化

钱学森班属于实验班，在招生办法、教学方案与体系、课程内容等方面，创新与改变是常态，处于动态调整之中。对于任课教师来说，每一轮授课形式、内容、安排都可能有比较大的调整。笔者在以往 20 多年给清华大学工科学生讲理论力学过程中，每年都会做微调改进，积累很多年才会有较大幅度改变[6-7]。近 8 年针对钱学森班的教学变化，确实是难得的实践经历。尽管在我们的第 2 版《理论力学》教材中考虑了钱学森班的教学要求，专门增加了一些章节[7]，但也属于微调。

如果将教学方案比作运动的小车，教师在小车上做动作，学生在地面上边跑步边模仿老师。以往的教学中，小车（牵连运动）很慢，学生跑步的水平都很好，都擅长跑万米，牵连运动不影响学生学习，只要教师的动作（相对运动）清晰、明确，学生的学习效果就不错。现在情况有些不同，小车速度大小不定、方向不定，学生跑步水平都特别好，不过，有人擅长跑百米，有人擅长跑万米，有人擅长马拉松。在师生之外的观察者来看，教与学都面临很大挑战。

2.3 学生对学习成效预期的个性化

钱学森班的学生都是爱学习的，都希望取得好成绩，也希望老师通过讲课、答疑等对自己获得满意的学习成效有显著的助益。需要说明的是，学习成效与成绩不完全一样，有些学生需要老师指导才能认识到这一点。当然，如果教师在考核环节上花更多精力，让学习成效和成绩的相关性更强，一定会有更好的教学效果。还有，学生满意的成绩也因人而异，及格、良好、优秀都是可能的目标，这如果是学生根据自己的基础、未来发展方向等因素主动做出的选择，都是无可厚非的。我们希望看到，对于一些学生，即使达到了得满分甚至"超量程"的水准，都不影响他们继续深入钻研教学内容中的基础性问题。

不过，在很多学生潜意识里，执着追求的目标是取得比同类同学相对更好的成绩或排名。事实上，相对成绩或排名是学生比较习惯的评价学习成效的指标，当然这也确实可以作为一类指标，但绝不应该是唯一的、主要的指标。个性化的客观的学业成长与进步也应该是值得关注的指标，其重要性至少不应该低于相对排名。钱学森班自始至终不公开学生成绩及排名，学生争取和竞争的一些机会，也不以学分绩（GPA）为标准遴选。

在符合要求基础上的个性化成长，应该是培养创新人才目标所鼓励的，在基础课程教学中也应有所体现。

3. 新课程的设计与实践

钱学森班在 2015 年完成了为期 3 年的培养方案第 2 版的构建并开始执行，同时也被选作清华大学本科荣誉学位的方案试点[3]。第 2 版方案比第 1 版的总学分要求减少 20 多分，同时更重视基础课（数学、自然科学、工科基础）和科学研究训练。与本文内容相关的重要改变是，将 5 学分的新开课程"动力学与控制基础"作为工科基础课程，代替原来的工科的 4 学分理论力学和 2 学分振动理论。根据笔者在清华大学力学系任教 25 年的经验，以及对教学目标的理解，该课程为学生在大学期间学习后续工科课程奠定知识、方法、思维等基础，也是力学的二级学科"动力学与控制"的唯一课程，对将来可能从事相关研究的学生来说，这是唯一的通过课程了解其研究特点的窗口。

3.1 课程内容

顾名思义，课程内容涵盖经典力学中的动力学基本内容，有些原属于理论力学的基本教学内容，还应包括刚体动力学、分析力学的核心内容。"控制"通常被认为是"自动化"本科专业或"控制科学与工程"一级学科的简称，但在"力学"一级学科下的二级学科"动力学与控制"的这几个字，显然不应该是代表覆盖上述本科专业或一级学科的意思。事实上，从学者做学术研究角度看，"动力学"与"控制"在研究基础上有一个交集，即运动稳定性理论（李雅普诺夫理论）。数学领域也从常微分方程定性理论的角度研究运动稳定性。经过 100 多年的发展，李雅普诺夫理论与方法，已经渗透到应用数学、力学、控制与系统理论的众多领域，取得了巨大发展，形成了从理论到应用的丰富体系[8]。"动力学与控制基础"课程讲一些稳定性理论的基础理论与方法，也应该是可以的。

3.2 课程体系

设计课程体系，主要考虑学生的学习基础与学习难度。附表 7～附表 9 是连续三年讲"动力学与控制基础"的教学日历，可以看出课程内容和体系，三年的教学安排基本一致，只是在第一次尝试时增加了运动学、动力学和静力学的测试，目的是在这些节点检测学生学习情况，作为后续讲课调整和今后调整课程安排的参考。

课程各部分内容的学时安排大致是：绪论 2 学时，运动学 15 学时（包括点的运动学、刚体运动、刚体定点运动、刚体平面运动、点的复合运动），质点系动力学 15 学时（包括相对非惯性系的运动、动量定理、动量矩定理、动能定理、碰撞、变质量系统动力学），刚体动力学 6 学时，刚体静力学 6 学时（包括力系等效与简化、刚体与刚体系平衡、含摩擦的平衡问题），分析力学 18 学时（包括分析力学基本概念、变分原理、拉格朗日方程、虚位移原理），运动稳定性 18 学时（包括稳定性定义、稳定性基本定理、平衡稳定性、定常线性系统稳定性、三体问题、力学系统稳定性），合计 80 学时。但是这几部分不是截然分开讲述的，是按照简单明确的课程逻辑组织的（参见附表 9）。

3.3 教材教参

"动力学与控制基础"课程目前还没有专用教材。在与同行、同事讨论该课程教材或教学参考书时，马尔契夫编著的《理论力学》[9]被提及最多，这本俄国教材包含了新课程可能涉及的所有内容，在叙述方式上比较偏重数学严谨，可以更多地应用钱学森班学生在数学分析和高等代数上学习的内容，应该也是这些学生比较喜欢的讲述方式。不过，这本书不同于我国理论力学教材，没有习题，例题也很少。事实上，俄罗斯（前苏联）很多数学、力学的教材都是这样，只是讲大课讲授的内容，相应的习题课由助教单独组织，习题课上讨论题和作业题可以自编或者选自比较常用的习题集，例如，吉米多维奇的《数学分析习题集》、密歇尔斯基的《理论力学习题集》[10]等。今后也可以考虑在教学中联合使用教材[9]和习题集[10]。

3.4 考核情况及学生匿名反馈建议

"动力学与控制基础"的期末考试题目，以 2018 年 1 月的期末考试试题为例，有 45% 试题就是全校所有工科专业一致的"理论力学"期末试题中的比较综合的大题。另外 55% 试题属于单独命题，考核理论力学基础内容之外的部分，其中有些代表性的试题陆续在本刊发表[11-12]。理论力学试题平均得分 40（换算为百分制是 88 分），其他试题平均得分 34（换算为百分制是 62 分）。

近三年学生匿名评教中，除了肯定和表扬之外，只有两条实质性的反馈建议："希望老师能合理安排难度梯度""希望老师今后能够多留出时间讲相对不熟悉的拉格朗日力学与稳定性，牛顿力学部分可弱化"。

从考核和学生反馈情况看，原来在理论力学中讲 52 学时的牛顿力学内容（教材[7]中第 1 章到第 4 章、第 6 章、第 7 章、第 10 章），现在用 38 学时讲，学生掌握情况依然很好；原来在理论力学中讲 12 学时的分析力学和刚体动力学（教材[7]中第 5 章、第 8 章、第 9 章、第 12 章），内容扩展后讲 24 学时，学生掌握情况比较好；原来在理论力学中不讲的运动稳定性基础内容，莫斯科大学 Румянцев 院士给本科生讲课也是这些内容（1989 年到 1993 年笔者旁听过），学生掌握情况不算好，学生口头反映的主要困难是缺少适当的习题训练。

4. 结语

笔者给钱学森班讲授理论力学这类力学基础课的实践表明，简单沿用"快班""慢班"的分层教学方法，对"快班"就讲多、讲深、讲快，对"慢班"就讲少、讲浅、讲慢，无法应对学生基础差异化、教学要求多样化、学生成长需求个性化带来的挑战。新时代，知识获取方式和传授方式、教和学关系都发生了革命性变化。以钱学森班为例的创新培养模式探索，尝试寻找适应新时代培养要求和学生特点的培养模式，对教师的教学与教学研究都是非常有挑战的。本文旨在提出问题，分享 8 年的教学研究与实践得到的第一手资料，希望有更多师生参与教学研究和实践。

参考文献

[1] 郑泉水."多维测评"招生：破解钱学森之问的最大挑战[J]. 中国教育学刊，2018(5): 36-45.

[2] 李俊峰. 理论力学课程体系改革探索与实践[J]. 中国大学教学，2008(4): 10-13.

[3] 刘军华，李俊峰. 关于刚体角速度的认识与思考[J]. 力学与实践，2018，40(1): 75-77.

[4] 郑泉水. 论创新型工科的力学课程体系[J]. 力学与实践，2018，40(2): 194-202.

[5] 石萍，唐晓雯. 延请名师分享精品——一次理论力学教学实践浅析[J]. 力学与实践，2010，32(1): 84-86.

[6] 李俊峰，张雄，任革学，等. 理论力学[M]. 北京：清华大学出版社，2001.

[7] 李俊峰，张雄. 理论力学[M]. 2 版. 北京：清华大学出版社，2010.

[8] 黄琳. 稳定性理论[M]. 北京：北京大学出版社，1992.

[9] 马尔契夫. 理论力学[M]. 3 版. 李俊峰，译. 北京：高等教育出版社，2006.

[10] 密歇尔斯基. 理论力学习题集[M]. 50 版. 李俊峰，译. 北京：高等教育出版社，2013.

[11] 李俊峰. 复杂空间力系的简化[J]. 力学与实践，2017，39(3): 301-302.

[12] 李俊峰，马曙光. 如何推动箱子更省力[J]. 力学与实践，2018，40(3): 337-338.

附录

附表 1　历届教学实践概况

序号	教学学期	课程名称	周学时	课堂规模与形式	教师
1	2010 年秋	理论力学	4	大班、混编	李俊峰
		理论力学专题研讨	2	小班、单独	高云峰
2	2011 年秋	理论力学	4	大班、混编	李俊峰
		理论力学专题研讨	2	小班、单独	高云峰
3	2012 年秋	理论力学	4	小班、单独	李俊峰
4	2013 年秋	理论力学	4	大班、混编	李俊峰等
5	2014 年秋	理论力学	4	大班、混编	李俊峰等
6	2015 年秋	动力学与控制基础	5	小班、单独	李俊峰
7	2016 年秋	动力学与控制基础	5	小班、单独	李俊峰
8	2017 年秋	动力学与控制基础	5	小班、单独	李俊峰

附表 2　2010—2011 学年秋季学期理论力学教学日历

周次	上课时间	讲课内容
1	9 月 15 日，17 日	绪论、点的运动
2	9 月 26 日，29 日	刚体运动、定点运动
3	10 月 8 日，9 日	刚体平面运动
4	10 月 13 日，15 日	点复合运动、刚体复合运动
5	10 月 20 日，22 日	刚体复合运动、力系等效
6	10 月 27 日，29 日	力系等效、刚体平衡、摩擦
7	11 月 3 日，5 日	刚体系平衡、约束
8	11 月 10 日，12 日	虚位移原理、期中考试
9	11 月 17 日，19 日	虚位移原理、质点动力学
10	11 月 24 日，26 日	质点动力学、动量定理
11	12 月 1 日，3 日	动量矩定理、平面运动动力学
12	12 月 8 日，10 日	动能定理、普遍定理综合应用
13	12 月 15 日，17 日	碰撞、达朗贝尔原理
14	12 月 22 日，24 日	拉格朗日方程
15	12 月 29 日，31 日	变质量系统动力学

附表 3　2011—2012 学年秋季学期理论力学教学日历

周次	上课时间	讲课内容
1	9 月 15 日	绪论、点的运动
2	9 月 19 日，22 日	点的运动、刚体运动
3	9 月 26 日，29 日	刚体平面运动
4	10 月 10 日，13 日	点复合运动
5	10 月 17 日，20 日	刚体定点运动、刚体复合运动
6	10 月 24 日，27 日	力系等效、刚体平衡
7	10 月 31 日，11 月 3 日	摩擦、刚体系平衡
8	11 月 7 日，10 日	运动学习题课、期中考试
9	11 月 14 日，17 日	虚位移原理
10	11 月 21 日，24 日	虚位移原理
11	11 月 28 日，12 月 1 日	质点动力学
12	12 月 5 日，8 日	动量定理、动量矩定理
13	12 月 12 日，15 日	动能定理、综合应用、碰撞
14	12 月 19 日，22 日	碰撞、达朗贝尔原理、拉格朗日方程
15	12 月 26 日，29 日	拉格朗日方程、刚体动力学
16	1 月 2 日	变质量系统动力学

附表4　2012—2013学年秋季学期理论力学教学日历

周次	上课时间	讲课内容
1	9月10日，12日	绪论、点的运动
2	9月17日，19日	刚体运动、刚体定点运动
3	9月24日，26日	刚体平面运动，点复合运动
4	10月8日，10日	点复合运动，刚体复合运动
5	10月15日，17日	运动学习题课、小测、力系等效
6	10月22日，24日	力系等效、刚体平衡
7	10月29日，31日	摩擦、刚体系平衡、静力学习题
8	11月05日，7日	虚位移原理
9	11月12日，14日	虚位移原理
10	11月19日，21日	质点动力学
11	11月26日，28日	动量定理、动量矩定理
12	12月3日，5日	动能定理、综合应用、碰撞
13	12月10日，12日	碰撞、达朗贝尔原理、拉格朗日方程
14	12月17日，19日	拉格朗日方程、刚体动力学
15	12月24日，26日	变质量系统动力学

附表5　2013—2014学年秋季学期理论力学教学日历

周次	上课时间	讲课内容
1	9月16日，18日	绪论、点的运动学
2	9月23日，25日	刚体运动、刚体平面运动
3	9月29日，30日	刚体定点运动，点的复合运动
4	10月9日	点的复合运动
5	10月14日，16日	刚体复合运动，运动学测试
6	10月21日，23日	力系等效、刚体平衡
7	10月28日，30日	摩擦、刚体系平衡
8	11月4日，6日	期中考试、虚位移原理
9	11月11日，13日	虚位移原理、质点动力学
10	11月18日，20日	质点动力学、动量定理
11	11月25日，27日	动量定理、动量矩定理
12	12月2日，4日	动能定理、综合应用、碰撞
13	12月9日，11日	达朗贝尔原理、拉格朗日方程
14	12月16日，18日	拉格朗日方程、刚体动力学
15	12月23日，25日	刚体动力学、变质量系统动力学
16	12月30日	变质量系统动力学

附表6　2014—2015学年秋季学期理论力学教学日历

周次	上课时间	讲课内容
1	9月22日，24日	绪论、点的运动学
2	9月29日	刚体一般运动
3	10月8日	刚体定点运动
4	10月13日，15日	刚体平面运动、点的复合运动
5	10月20日，22日	点的复合运动、运动学习题
6	10月27日，29日	刚体复合运动、约束-虚位移、达拉原理，拉格朗日方程（Ⅰ）
7	11月3日，5日	拉格朗日方程（Ⅰ）、虚位移原理
8	11月15日	期中考试
9	11月17日，19日	虚位移原理、力系等效与简化
10	11月24日，26日	力系等效与简化、试卷讲解，刚体平衡
11	12月1日，3日	摩擦、刚体系平衡
12	12月8日，10日	动量定理、动量矩定理
13	12月15日，17日	动能定理、综合应用、刚体动力学
14	12月22日，24日	刚体动力学、非惯性系
15	12月29日，31日	碰撞、拉格朗日方程（Ⅱ）
16	01月5日，7日	变质量系统动力学

附表7　2015—2016学年秋季学期动力学与控制基础教学日历

周次	上课时间	教学内容
1	9月16日，18日	绪论、刚体运动
2	9月23日，25日	刚体定点运动，点的复合运动
3	9月30日	刚体复合运动
4	10月9日，10日	分析力学基本概念，变分原理
5	10月14日，16日	拉格朗日方程Ⅰ，运动学测验
6	10月21日，23日	拉格朗日方程Ⅰ，质点系动力学定理
7	10月28日，30日	质点系动力学定理，碰撞（含拉格朗日方程解法）
8	11月4日，6日	变质量，拉格朗日方程Ⅱ
9	11月11日，13日	刚体动力学Ⅰ
10	11月18日，20日	刚体动力学Ⅱ，稳定性概念
11	11月25日，27日	稳定性基本定理，动力学测验
12	12月2日，4日	稳定性基本定理，线性系统稳定性，三体问题
13	12月9日，11日	力学系统稳定性，平衡稳定性
14	12月16日，18日	力系等效与平衡，平衡问题选讲
15	12月23日，25日	虚功原理
16	12月30日	静力学测验

附表8　2016—2017学年秋季学期动力学与控制基础教学日历

周次	上课时间	教学内容
1	9月14日	绪论、点的运动学
2	9月21日，23日	点的运动学，刚体运动
3	9月28日，30日	刚体定点运动，刚体平面运动，点复合运动
4	10月9日	点复合运动，非惯性系
5	10月12日，14日	非惯性系
6	10月19日，21日	刚体复合运动，运动学习题，分析力学基本概念，变分原理
7	10月26日，28日	变分原理，拉格朗日方程Ⅰ
8	11月2日，4日	动量定理、动量矩定理，期中考试
9	11月9日，11日	动量矩定理，动能定理
10	11月16日，18日	刚体动力学Ⅰ和Ⅱ
11	11月23，25日	刚体动力学Ⅲ，碰撞，拉格朗日方程Ⅱ
12	11月30日，12月2日	拉格朗日方程Ⅱ，力系等效与简化，虚位移原理
13	12月7日，9日	虚位移原理，刚体平衡，刚体系平衡，摩擦，稳定性定义
14	12月14日，16日	稳定性基本定理
15	12月21日，23日	平衡稳定性，定常线性系统稳定性
16	12月28日，30日	力学系统稳定性，变质量系统动力学

附表9　2017—2018学年秋季学期动力学与控制基础教学日历

周次	上课时间	教学内容
1	9月19日，22日	绪论、点的运动学
2	9月26日，29日	刚体运动，刚体定点运动
3	10月10日，13日	刚体平面运动，点复合运动
4	10月17日，20日	点复合运动，非惯性系，刚体复合运动
5	10月24日，27日	分析力学基本概念，变分原理，拉格朗日方程Ⅰ
6	10月31日，11月3日	拉格朗日方程Ⅰ，动量定理
7	11月7日，10日	动量矩定理，动能定理
8	11月14日，17日	碰撞，刚体动力学Ⅰ
9	11月21日，24日	刚体动力学Ⅱ
10	11月28日，12月1日	拉格朗日方程Ⅱ，力系等效与简化
11	12月5日，8日	虚位移原理，刚体静力学，稳定性定义
12	12月12日，15日	稳定性基本定理
13	12月19日，22日	平衡稳定性，定常线性系统稳定性
14	12月26日，29日	三体问题，力学系统稳定性
15	18年1月2日，5日	力学系统稳定性，变质量系统动力学

关于"数学物理方法"课程教学的理念、实践与思考

清华大学数学科学系副教授　吴　昊

清华大学数学科学系教授　白峰杉

2018 年秋季，受"学堂计划"钱学森班工作组的委托，我们启动了钱学森班"数学物理方法"课程改革工作。白峰杉教授负责理念设计、框架搭建，吴昊副教授负责教学组织和实践工作。经过一个学期的沟通与磨合，我们形成了一些理念、实践和思考，现总结如下。

一、课程基本情况介绍

"数学物理方法"是针对钱学森班二年级学生开设的课程，每学年秋季学期开课。根据钱学森班培养计划，学生在大一时，已经完成"高等微积分"（含常微分方程）、《高等代数》和"大学物理（Ⅰ）"的课程学习，掌握了基本的高等数学工具和大学物理中的力学和热学知识，对物理问题和过程也有了更深入的了解，为本课程的学习奠定了良好的基础。

本课程共 4 学分，需要学习的知识包括复变函数、积分变换、数理方程和特殊函数。该课程相当于将数学系为理工科院系同学开设的数学公共课程"复变函数引论"（2 学分）和"数理方程引论"（2 学分）整合在一起。

从内容上看，"复变函数引论"需要讲授利用留数定理计算积分、傅里叶变换、拉普拉斯变换和 delta 函数等内容。"数理方程引论"中为了准备"积分变换法"和"格林函数法"，也需要提前花费相当的时间讲授傅里叶变换、拉普拉斯变换及 delta 函数。因为"复变函数引论"并不是"数理方程引论"的先修课，因此这部分内容在"数理方程引论"中必须讲授。考虑到部分工科院系（如钱学森班、电子）对学生的数学水平要求较高，以上两门课程都需要学习。将它们整合在一起，则可以整体优化，且学生能够对积分变换方面的内容有更深入的理解和认识。

整合后节约的课时，可以用来补充知识，也可以直接将课程总学分降低。自 2013 年秋季起，本文作者之一吴昊副教授，为电子系二年级本科生讲授"复变函数与数理方程"课程（每次选课人数接近 300 人）。根据电子系课改的统一要求，我们整合的两门课程，减少了重复教学内容，同时删去了一些次要的内容（例如初等解析函数、解析延拓、辐角原理和共形映射等），将课程学分数由 4 学分减为 3 学分。

从 2018 年秋季开始，受钱学森班工作组的委托，由白峰杉教授设计，吴昊副教授具体实施，对钱学森班 4 学分的"数学物理方程"课程开展教学改革。我们的具体思路是：以吴昊副教授讲授的"复变函数与数理方程"（3 学分）为基础，增加 1 学分的翻转课堂教学，

形成了大班教学（两个不超过 180 人的平行班）和小班翻转课堂（只针对不超过 40 名钱学森班学生）的"3+1"混合教学模式。

二、教学理念与实践

1. "3+1"混合教学模式

所谓"3+1"混合教学模式，是针对钱学森班 4 学分的"数学物理方程"，将其拆分成相对独立又彼此联系的两个环节：3 学分的课堂讲授环节（与电子系共同授课）和 1 学分的翻转课堂教学。我们设计这个教学模式，基于几点考虑：

（1）钱学森班目前的课程体系在教学上属于增量。如果邀请老师专门开设一门 4 学分的课程，会极大增加教师的授课负担。这使得我们邀请优秀教师为钱学森班授课存在困难。

（2）如果将钱学森班直接和其他班级混班教学，没有设置额外要求，对于钱学森班同学来说，可能会"吃不饱"，无助于达到我们设定的人才培养目标。

（3）如果针对钱学森班同学展开小班教学，可以适当的提高教学强度和难度，但是会在对学生评价时出现困难——我们可以评估每位钱学森班同学在钱学森班内部的排名，但是无法评估他们在全校范围内的排名。实际上，由于小班教学强度高、难度大，钱学森班同学的课程成绩会相对较低。

我们提出的"3+1"混合教学模式在一定程度上可以解决上述问题：（1）对为钱学森班授课的老师来说，增量有限，压力增加不多；（2）3 学分的混班教学，让钱学森班和其他班同学一起学习，学习生态良好并解决横向比较的问题；（3）1 学分的翻转课堂，解决钱学森班教学拔高的问题。

除了课程教学和翻转课堂以外，我们也综合考虑了课堂作业、学习报告和期末考试等多方面的问题。这将在后续的教学实践部分中予以介绍。

2. 混班大班教学与教学内容调整

根据我们的设计，这门课程有 3 学分的大班混班教学环节，钱学森班同学与电子系同学一起上课。由于针对电子系的教学已经历经 6 年，课程体系相对成熟，而钱学森班教学属于增量，我们在 3 学分授课中维持原有体系不变，没有针对钱学森班学生的知识需求进行修订（这样也导致了一些问题，我们将在"小班翻转课堂教学与讨论"部分进行讨论）。在整个 3 学分混班教学环节中，我们给所有同学（钱学森班和电子系）的授课内容、作业、习题课要求完全一致。

值得一提的是，教师针对电子系"数理方程"部分的教学做了较大调整，目的是适应新科学技术的发展，同时为电子系同学打下更好的数理基础。这部分内容，对于钱学森班同学来说，也是适用的。具体介绍如下：

对于数理方程（数学系为偏微分方程）的讲授，一般有两种模式。数学系的模式是以不同方程作为章节划分依据，即波动方程、热传导方程和调和方程各一章。然后分别讲述其导出、性质和求解等。这样的优势是，学生对于不同方程的性质及差异更清楚。其缺点是，求解方法是混乱的，例如分离变量法、积分变换法和格林函数法均可适用上述三类方程。因此不利于学生熟练掌握求解方式。

针对工科的讲法为，以不同求解方式划分章节，即分离变量法、积分变换法和格林函数法各一章。这样的优势是，学生更加熟悉方程的解析求解方法。由于同一个方程出现在不同章节，方程的性质也散落在不同章节。因此，学生对方程本身的了解不够系统。这导致他们难以整体理解二阶线性偏微分方程的分类，以及更大范围的偏微分方程分类。

由于计算机的快速发展，当前对偏微分方程的求解已经远远超出解析求解的范畴。授课教师认为，解析求解的意义在于定性了解方程。如果想定量了解，则需要借助数值计算。对于不同性质的方程，其数值求解的方式是不同的。从这个意义上讲，数学系的讲授方法有更大的合理性——与现代科学计算的发展相契合。

因此，教师对数理方程的教学做了较大调整——既考虑到电子系的课程特点，后续学习强调各种方法的使用，又能让学生充分了解方程的性质。我们将数理方程分成三部分。上部是总览，让学生能够对偏微分方程有一个全局认识，并且建立起"偏微分方程是描述实际物理问题"的基本观念。中部分别讲授"波动方程和特征线法""热传导方程和积分变换法""位势方程与格林法"。即以一个方程为重点，讲一种求解方式。在中部的每个小节中，力争把方程的性质全部讲清楚、说明白。作为知识拓展，向学生展示，该方法也可以求解其他问题。下部讲分离变量法，但不区分具体方程，同时引出特殊函数。

对于数理方程的严格数学理论，例如解的存在性、唯一性和稳定性等，由于时间关系，我们只作介绍，不进一步讲解。需要说明的是，工科学习对严密性要求不高，而且这部分内容的讲解颇为费时费力，严格数学理论的建立，还需要以实变函数（4 学分）、泛函分析（4 学分）等课程作为先修课。

3. 小班翻转课堂教学与讨论

小班翻转课堂教学是这门课程的核心创新点。设立翻转课堂教学，主要基于两方面的考虑：

（1）混班大班教学只有 3 学分内容，课时受到了压缩，有些知识点需要在小班课堂中补充回来。如我们之前提到的，我们的 3 学分体系，首先考虑电子系学生的需求。这也导致一些对于钱学森班同学比较重要的内容，没有在 3 学分体系中涉及，可能会影响后续的课程教学（例如："流体力学"任课老师提出我们在课上删去了保角变换的内容，以及压缩了拉普拉斯方程求解的内容，会影响到后续教学）。由于时间关系，这部分内容已经无法放在大班教学中。因此，我们需要在小班翻转课堂中，通过某种手段将它们补回来。

（2）钱学森班教学体系是研究导向型的。大二阶段，学生需要从大一的"学习优先"向大三的"研究优先"进行过渡。我们设立翻转课堂，在学习知识的同时，适当增加对学生研究能力的训练。我们认为，被动学习面临的情况是："结论是已知的，探索过程是有人指导的。"科学研究面临的情况是："结论是未知的，探索过程也是未知的。"而探索型学习面临的情况是："结论是已知的，而探索过程是不确定的。"在翻转课堂中，引入探索型学习，从一定意义上，是想解决学生从学习向科研的过渡问题。

我们将学生分组（每组 2～3 名同学）。我预先公布了 17 个题目，同时鼓励同学们自主选题（前提是需要与这门课程的内容有关）。要求每组根据自己的情况，选择一个题目进行汇报。我们将报告时间设置为 45 分钟，从而保证了报告内容的深度和广度。

预先公布 17 个课题，基于三点考虑：（1）将课上因为时间不够没有讲述的内容，通过翻转课堂补回来；（2）扩大课程的外延，开拓同学们的知识面；（3）强化同学们的自信心，即便对于老师没有讲过的知识，也可以通过自己的努力吃透。

翻转课堂的考核方式，包括三部分：教师打分、助教打分和同学自行打分（打分匿名、可以给本组打分）。我们特别强调同学自行打分的重要性。通过这种方式，我们强调自我判断和同行评议的重要性。在准备翻转课堂的过程中，每位同学都付出了努力，他们有足够的判断力来检验其他小组是否认真准备了翻转课堂。通过这种方式，我们想让同学们理解同行评议的重要性，从而为加入学术共同体做好准备。从最后的结果看，同学自行打分的结果，和教师打分的结果是基本一致的。

4. 课程作业、习题课及考核体系

经过 6 年的课程建设，讲义（共 8 章 24 节 363 个页面）、练习题（74 道大题，每道大题若干道小题，合计 15 页）和习题课（15 个课时，包括 61 道大题和习题详解）的建设已经基本成熟。

值得一提的是，在习题课建设方面，我们补充了两部分的内容：（1）选学部分。即因为课时关系无法在课上讲授的内容，我们给出了详细的解答和说明，供学有余力的同学学习。（2）附加题部分。这部分内容已经严重超纲，但是希望向大家展示课程的边界在哪里。对于想挑战 A+ 的同学，他们在期末考试中需要正确完成附加题。提前学习这部分内容，有利于进一步扩展同学们的知识面。

在期末考试方面，我们习惯于公布历年考试试题，可以作为同学们在学习或复习过程中的参考资料。这样做基于几点考虑：

（1）个别学霸非常喜欢在考试后将考试题目分享在网络上（凭记忆），即便不公布，大部分同学都可以轻易地获得往年考试的试题；

（2）考试的内容一定是课程的重点，作为基础数学课程，以上知识在同学们的后续学习中时常用到，同学们拿往年试卷作为复习资料，客观上也可以提高对重点内容的关注程度；

（3）公布往年试题，客观上要"逼迫"我每年出一些新题目应对，是对我个人提出了更高的要求；

（4）经过若干年的积累，同学们面对的试卷信息量已经足够大，把所有试卷刷完，对他们来说也不容易了；

（5）针对挑战 A+ 的同学，每年的附加题和往年有一些重叠，也有一些新题。这样对最优秀的同学，给出了自我拔高的指挥棒。

总之，我们的整个体系构建，给学有余力的同学提供更大的扩展空间；对于学习压力较大的同学，也提供了保底的渠道。同时，也保证了大家可以顺畅地到后续的课程学习。

三、教学中的问题与思考

前述内容介绍了我们的教学理念和实践。下面谈一下在教学过程中遇到的问题。

首先，对于电子系同学来说，他们只有 3 学分的压力。整个体系构建，对于他们来说，是比较友好的。对于钱学森班同学来说，我们还有 1 学分的翻转课堂，他们有大量的阅读要求和自学要求。钱学森班同学承受的压力是相对较大的。

其次，由于大班混班教学的原因。我们的课程更倾向于人数较多的电子系同学。对于钱学森班同学来说，也比较重要的保角映射、拉普拉斯方程求解等内容有所削弱，影响了钱学森班同学后续流体力学的学习。我们打算在翻转课堂的环节中，拿出一部分时间，补充这部分内容。

与上一条相联系，部分教学内容会涉及电子系后续课程"信号与系统"或"电动力学"，这样对于钱学森班同学可能不够友好，但毕竟电子系人数较多。考虑到钱学森班同学具有较强的可塑性而且强调突破学科边界，对不同领域的知识兴趣均很大，因此也不算太大的问题。

除了教学实践方面的问题以外，"数学物理方法"课程的建设，还需要在整个钱学森班培养体系中考虑。既包括学生知识体系的建设，也包括科研创新能力的培养。具体而言，我们需要打通上下游课程，做到授课的无缝连接，明确这门课程在钱学森班跨课程知识图谱构建中的作用。同时，我们还要厘清该课程与后续科研直接的关联，使钱学森班同学能够更流畅地进入 X-idea 和 ORIC 等环节。这都是值得思考的问题。

以上总结了我们关于"数学物理方法"课程的整体教学思路。具体效果如何，还有待时间的检验。相信经过 3～5 年的磨合，我们针对钱学森班同学的教学体系建设将更加深入有效，与后续的学习和科研产生更深的互动。

四、致谢

钱学森班首席郑泉水教授一直非常支持并认可我们的改革理念和实践，并给予我们很多的支持和帮助，这里特别表示感谢。钱学森班工作组徐芦平副教授为我们的改革和实践工作提供了大量的咨询建议，钱学森班班主任任建勋副教授及时向我们反馈了学生的意见和建议，为我们工作的顺利推进起到了重要作用，我们非常感谢两位老师提供的帮助。

附录一：翻转课堂选题

在小班翻转课堂上，我们为同学们准备的备选课题如下：（1）留数定理的应用；（2）共形映射；（3）含复参数函数的积分；（4）采样定理和混叠效应；（5）快速傅里叶变换；（6）谱方法初步；（7）变分原理初步；（8）一阶拟线性偏微分方程初步；（9）不适定问题初步；（10）分数阶微分方程简介；（11）积分方程简介；（12）热传导方程的理论性质：极值原理、最大模估计和能量模估计；（13）积分变换法的拓展应用；（14）位势方程的理论性质：极值原理、最大模估计和能量模估计；（15）球域上的格林函数；（16）贝塞尔函数的各种拓展性质；（17）勒让德函数的后续讨论。

第四章
钱学森班师生随笔感言

我和钱学森班的故事

清华大学能源与动力工程系教授，清华大学教务处原处长　段远源

2008 年，我正在教务处工作的时候，收到了一份航院郑泉水教授牵头起草的关于力学人才培养的建议报告，很为郑老师对人才培养的深刻思考和情怀所感染。在分管本科教学工作的袁驷副校长召集下，进行了几轮较为深入的交流，感觉非常投缘，郑老师所思所想与学校当时非常关注、力求破局的关于拔尖创新人才培养的想法有很多共鸣。当时的大背景是，2007 年秋清华刚刚接受了教育部主持的本科教学工作水平评估，由多位校长、院士、高等教育专家组成的专家组对于学校的人才培养工作给予了高度评价，但是也对作为中国高等教育排头兵的清华在拔尖创新人才培养方面提出了更高的期许。2009 年，以郑泉水教授为首席教授、朱克勤教授为项目主任的钱学森力学班正式开始招生了，成为清华在工程科学领域探索拔尖创新人才培养新举措的先行者。其后钱学森班也成为清华学堂人才培养计划以及国家"拔尖计划"的重要项目之一。由于并没有任何先例可循，在这段探索的历程中以郑老师为首的老师们付出了巨大的努力，当然也收获了宝贵的经验，在人才培养方面也取得了丰硕的成果。

值得一提的与钱学森班的第二段小故事就是关于"热力学与统计物理"课程。既然是无先例可循的探索，那么以力学为重要基础的工程科学人才培养，究竟应该如何组织教学工作、人才培养目标和知识结构设计也成为摆在眼前的一个重要课题。考虑到知识与能力的完整性和未来能适应更多领域工程科学研究的需求，钱学森班的学生应该掌握统计力学以及与能量转换和利用密切相关的热力学知识，尽管借用了常规物理课程"热力学与统计物理"的名字，但是教学目标和思路却不尽相同。任课教师也曾有过多种考虑和推荐，最终还是落在了陈民老师和我的身上，由我来承担热力学部分的教学、陈民老师主讲统计物理部分。尽管我那时已经有 10 年为博士和硕士研究生们主讲"高等热力学"课程的经验，也主讲过多个不同专业、不同学时要求的本科热工系列课程，但是给钱学森班的学生们讲什么？与相近工科专业的课程有什么相同又有什么不同？这些还是让我颇费了一番心思。最终的做法是，考虑到钱学森班作为工程科学实验班的属性，教学内容上不能过于理论化、仍然要以"工程热力学"体系为主线，即在"大学物理"课程热学部分学习的基础上，深化对热力学思想方法、基本概念、基本理论的理解，同时也要掌握最重要、最典型的动力与制冷空调装置的工作原理、热力循环及其分析方法，但是又舍弃了"工程热力学"讲授中较多的关于装置和设备技术层面的分析，同时考虑到同学们绝大多数未来会继续攻读研究生、从事与工程科学研究相关的工作，在教学中特别强调和深化了常规本科的热力学课程中不涉及或者要求不高的关于物质的热力学面及其描述、相变与临界理论、热力平衡判

据及热力学微分关系式等方面的内容。现在从第一届的力 9 到上个学期刚刚讲完的力 6，已经经历了 8 年实践，总体来讲效果还不错。由于每一年的课程都是小班授课，可以与同学有比较深入的交流和讨论，钱学森班同学思维活跃、基础扎实，也常有出乎意料的奇思妙想，对我也很有启发，这也是所谓"教学相长"吧。当然也经历过个别年级的同学特别的"静"，上课提问、研讨的问题，放在往年早已七嘴八舌热烈讨论了，但是这一届的同学虽然可能已经心里有数，但就是没有人愿意打破这种安静氛围主动回答，一度也让我非常惊讶，甚至专门向郑老师吐槽过。不过最终期末考核时候的成绩和表现还是让我深感欣慰，或许"静"就是这一届的班级风格吧，做老师也要能适应多样性的学生啊。

第三段值得一提的小故事就是第二届钱学森班——力 0 的杨富方同学，本科毕业时选择我作为导师继续攻读博士学位，在我课题组里已经工作了 5 年，马上就要博士毕业了。我也一直在细心观察与思考，钱学森班的学生后劲儿如何？在研究上的潜质如何？尽管富方并不是我们系、我们组博士生中论文产出数量最突出的，但是他所挑战的课题却令人印象深刻，无论是应用广泛的立方型状态方程温度相关性的一般规律发现及严格理论证明，还是多参数状态方程与重整化群理论耦合的一般方法，都是非常有难度和挑战性的。所以我也鼓励他说，能多发几篇 SCI 论文固然好，但是出精品恐怕更重要，能在博士阶段拿出几篇未来无论何时都可以选为代表作的论文不也是一种重要的成功吗？

钱学森班 10 年，很有幸作为一名见证者、亲历者和参与者，一路上点点滴滴留下了诸多故事和美好的回忆，也希望在未来能继续陪伴和见证一届又一届的钱学森班同学们从懵懂少年走向自己的成功之路。

为什么支持成立"钱学森力学班"

清华大学航天航空学院教授，航院原常务副院长（2004—2016 年） 梁新刚

工程力学系成立于 1958 年，它的成立与钱学森有着密切的关系。根据我国"十二年科学技术发展远景规划"，在著名科学家钱学森教授等倡导下，经国务院决定由高教部与中国科学院在清华大学建立工程力学研究班，学员是来自全国工科学校最优秀的毕业生和青年教师，钱学森、郭永怀、钱伟长等老一辈科学家亲自给学员上课。工程力学研究班一共招收了 3 届共计 325 名学员，大部分学员成为中国力学学科重要的科研和教学力量，为国家的科学技术的发展配演了一大批人才。工程力学系成立以后，一直秉承了钱老对人才培养的重视，教授上讲台、亲自带学生，成为力学系和航天航空学院的光荣传统。

2005 年，温家宝总理在看望钱学森的时候，钱老感慨说："这么多年培养的学生，还没有哪一个的学术成就，能够跟民国时期培养的大师相比。"钱老又发问："为什么我们的学校总是培养不出杰出的人才？"钱老这一问，给人才培养工作提出了一个巨大的疑问，使我们学院的老师们陷入了反思。钱老之问报道后，作为学术委员会的主任，郑泉水教授从 2007 年 4 月开始，组织学院学术委员会进行了 3 个多月的密集教学研讨。郑泉水教授之所以这么关心本科生创新人才的培养与 2001 年发生的一件事情有关。那年他招收了一个清华本科生跟着他读硕士，用了两个星期就解决了一个博士后一年多没有解决的问题。这名学生告诉他"我们本科班只有我一个人做学术"，这让郑泉水教授十分震惊，由此引起了他对本科生创新培养的重视。在郑泉水教授的推动下，经过与院内、学校有关领导的多方交流，形成了建设"钱学森力学班"的想法。2008 年 8 月 8 日郑泉水教授向院务会提交了"关于成立'钱学森力学班'的建议"，院务会也反复与郑泉水教授交流，认为非常有必要建设一个人才培养的特区以推动人才培养的改革。我们的老师在人才培养上不是不努力，但是却没有培养出世界级的著名大师，其根本原因可能在于培养的体制。新中国成立以后的教学体系基本上是按照前苏联的模式，体现出强烈的计划经济模式，人才的培养按照国民经济的计划发展安排，着重于为工程技术建设培养工程师。教学方面则强调应当怎样做这样封闭性的思维训练，鲜有开放性、挑战性的思维培养。所以，对于新问题的关注度不够，对于老知识体系的挑战性不够。作为人才的"人"的个性难以得到充分的发掘和培养，创新的个性和好奇心被培养计划的共性给磨掉了。而科学家的培养是要充分挖掘和放大个性，更加关注新的问题和挑战性的问题。院务会高度认可配备最优秀的、国际化的师资队伍，重视数学和力学基础及创新性思维，建设国际化的培养体系和个性化的培养方案，专题研究课程和导师制等设想；以及实现"以学习者为中心"，尊重学生的兴趣和选择等理念。希

望通过这些举措为培养具有国际视野的创新型拔尖人才探索一条新路，努力寻找解答"钱学森之问"的钥匙。

在 2008 年 10 月 12 日，学院向学校教务处、主管教学的袁驷副校长正式提交了关于成立"钱学森力学班"的申请。2009 年初，清华大学决定设立"清华学堂创新人才培养计划"，将"钱学森力学班"纳入该计划进行管理和支持。如今十年已经过去了，我们看到了"钱学森力学班"的建设已经取得了可喜的成果，希望"钱学森班"越办越好，能够给"钱学森之问"一个满意的答案。

清华大学钱学森力学班 10 年启示录

清华大学航天航空学院教授，航院原党委书记（2005—2012 年） 庄茁

今年是清华大学钱学森力学班（简称钱学森班）创办 10 周年，斗转星移，通过首席教授和全体师生的共同努力，人才培养成绩斐然。我作为创办钱学森班的倡导者之一，见证了这段历史，感慨万千，希望以此文诠释创办钱学森班的初衷，思考钱学森班 10 年历程的精神和价值。

1. 初衷和背景

创办钱学森班的初衷是推动力学人才培养和学科发展，也是基于以下四个大的背景。一是 2004 年 5 月，清华大学在原工程力学系的基础上成立了航天航空学院，在教育部直属高校泛起了力学专业院系更名的一波涟漪，引领了力学人才培养的新模式。多数学校的力学专业院系更名为航空航天工程，如西安交大、浙大、复旦、重大等，或者以学术大师冠名力学专业班级，如大工等。问题之一是在一个院系中既有需求明确的航空航天工程，也有侧重技术基础的力学，同作为一级学科的力学专业如何发展。二是美国的大学基本取消了力学专业，将其并入机械、土木和航空院系，这种变局直接影响了我国力学专业的国际量化比较，也酝酿出力学专业发展前途的争议。问题之二是如何办出具有中国特色的力学专业，既能适应基础科学研究，又能满足工程技术需求。三是当时清华力学毕业生的就业率总体很高，但是重点率和专业契合度相对偏低，导致力学专业的本科生招生数量不断削减。问题之三是这些重点单位不需要力学人才，还是我们没有把毕业生选送到应该去的岗位。四是钱学森先生晚年提出："为什么我们的学校总是培养不出杰出人才？"钱老之问振聋发聩，尽管这是我国教育界、科技界人才培养的战略问题，但与钱老同为力学专业的师生们心绪难平。问题之四是为什么大师们走过的成才之路难以寻觅，我国高校的人才培养体制和机制出现了什么问题。

对清华力学优势学科的担忧不但来自本专业的教师，也引起清华老领导的高度重视。教育部前部长、清华大学前副校长何东昌教授在纪念张维先生的文章中指出：固体力学学科点是清华在国际上的相对强项之一[1]。他也多次与黄克智先生谈起清华力学的优势不能削弱，要加强。2005—2008 年期间，黄克智、余寿文、郑泉水等教授多次面见前校党委书记陈希和前校长顾秉林，呼吁学校支持力学学科的发展。

力学是一门基础学科，也是一门技术学科，它架起科学与工程之间的桥梁，重要性毋庸置疑。美国可以没有力学专业，但是培养了大批的力学人才。在中国的现代化建设中，在具有中国特色的高等教育学科布局中，力学人才培养需要紧密结合科学创新与工程技术的

进步，这样的力学专业不可或缺。更为重要的是中国有钱学森先生，而美国永远没有。钱老高度重视力学人才的培养，把爱国奉献、科技创新的精神和心血倾注于人才培养实践。

钱老 1955 年回国，1957 年创办了清华大学工程力学研究班，并亲自为学生授课，前后三期培养了 309 名新中国急需的力学人才，他们陆续成为我国力学和航天航空领域的科研、教学和工程技术骨干，产生了十几位中国科学院和中国工程院院士。工程力学研究班为 1958 年成立的清华大学工程力学数学系（后更名为工程力学系）准备了师资队伍，并积累了办学经验，为"两弹一星"、"载人航天"、大型军用和民用飞机等重大工程准备了技术人才。在钱学森、郭永怀、钱伟长、张维等前辈的关怀、支持和亲身参与下，裨益于杜庆华、黄克智、过增元、杨卫等著名学者半个多世纪的精心创建，工程力学系已成为中国力学界、工程热物理界的栋梁，在国际上颇具影响。

学习继承钱老精神，回应钱老之问，创新型力学人才培养的载体是什么？在清华力学人中，创办钱学森力学班的共识应运而生。高龄的钱老不能像当年那样在讲台上亲力亲为，能不能为力学班级冠名，用其爱国奉献，科技创新的精神鼓舞后人。这一想法得到老校友、力学大师、国家最高科学技术奖获得者郑哲敏先生的高度赞同，他亲自去面见钱学森先生。2009 年，钱老以其 98 岁高龄在病榻中仍在关注我国的教育事业和创新型人才的培养，并对清华大学钱学森力学班的成立给予支持，同意冠名"钱学森力学班"。

钱学森班成立的时机也适逢学校提出创新型人才培养的新模式。2009 年，清华大学决定设立"清华学堂人才培养计划"（学堂计划），分设六个专业班：数学班、物理班、化学班、生命科学班、钱学森力学班、计算机科学实验班。钱学森班被纳入学堂计划，使得力学人才培养新模式的构想变成现实。2010 年 4 月，在清华学堂人才培养计划开班典礼上，中组部人才局领导讲话："希望清华大学培养更多的'钱学森'式的人才，为国家建设和国防安全做出贡献。"

2. 宗旨和实践

钱学森力学班的宗旨是以提高人才培养质量为核心，建立高质量、高水平的国际化创新培养模式，培养具有扎实力学、数学基础、全面综合素质和突出创新能力的力学潜在顶尖人才。2009 年至今，钱学森班已招收了 10 届共 300 余名本科生。钱学森班的定位是工科基础、精英教育；目标是培养领跑者，精耕力学基础，与其他学科深度交叉，培养具有分析问题和思辨能力，以及敢于挑战权威的学生，后者是在中国教育体制下凤毛麟角的人才。

清华大学有优秀的师资、优异的生源、优质的条件、国家的投入和社会的支持，反而使我们产生更强烈的忧患意识。我们检讨可能存在的问题和原因：如急功近利的社会大环境影响，一是使得部分学生对学位的追求多于对学问的追求，对未来生活的追求多于对事业和使命的追求，对自我设计的追求多于对服务祖国的追求。是为了进清华而进清华，还是为了求知进清华，前者的人生高峰在毕业时就结束了，失去了学习动力；后者的人生在离开清华时才刚刚开始，学会了热爱学习，杰出的科学家在大学里受到的教育对其成才具有奠基性作用。二是使得部分教师对自身发展的追求多于对人才培养的追求，对物质利益的追求多于对科学问题的追求，对评比奖项的追求多于对学术成果、科学积累的追求。三是教育环境对短期指标的追求多于对立身之本的追求。由此产生浮躁情绪、功利主义，甚至学术不端行为，因此，难以产生世界级的学术大师，难以形成真正高水平的国际交流与合作，难以培养出一流的创新型人才。

面对这些问题，努力办好钱学森班，以点带面，实践人才培养的理念。钱学森班的创办体现了钱学森先生高度关心我国科技创新型人才的培养，体现了郑哲敏、黄克智、余寿文等老一代力学家对未来力学人才的守护，也体现了钱学森班首席教授郑泉水、首届项目主任朱克勤及各位老师们呕心沥血的育人实践[3]，让学生通过在钱学森班的求学生涯能够改变他/她的一生，体现一流大学人才培养的标准。

我有幸承担了"力学与工程科学前沿"的少量课程，有了与钱学森班学生接触的机会。我们鼓励学生与教师互动：没有愚蠢的问题，没有不能问的问题，没有不能质疑的回答；让学生体会到教师重视学生的个体，而不仅是群体。流水线作业注定培养不出"博极今古，学贯中西"的通才，而只会扼杀"神骛八极，心游万仞"的天才。科学不是知识，科学是用来验证知识。教师要学会教育，教是让人具备知识，育是让人成为真正的人。学生要学会学习，学可以获得知识，习可以让人得到智慧。

在钱学森班的创建过程中，钱老多次委派其子钱永刚教授亲临清华指导工作，讲述钱老的科学精神和思想，把握钱学森力学班的办学方向和人才培养宗旨。我没有机会聆听钱老的教诲，由永刚先生安排我们带领首届钱学森班学生拜见钱老的计划因其身体状况未能成行，令我抱憾终生[2]。永刚先生非常关心钱学森班的教育，亲自带我们去西安交大调研"钱学森实验班"培养模式，带钱学森班师生到上海交大参观"钱学森纪念馆"。2011 年 4 月 15 日，航院召开钱学森班教育研讨会，永刚先生的请假条："庄书记、克澄老友（张维先生之子）：非常遗憾地告之，本人腰于今日扭了一下，十分痛苦，正卧床静养，故今、明日活动不能成行，转告之，抱歉！抱歉！永刚"。这短短的假条，足可见证永刚先生对钱学森班办学的重视。

3. 精神和价值

钱老是中国人民景仰的、举世公认的杰出科学家，为我们留下了爱国奉献、科技创新的宝贵精神财富。我们要学习钱老的科学观、方法论和学术思想，将其融会于科技创新和人才培养的实践中。科学精神作为人类文明的崇高精神，它表达的是一种敢于坚持科学思想的勇气和不断探索真理的意识。我们所处的任何时代、任何国度，科学精神都是社会发展的动力。**精神推动着思想的发展，思想支撑着精神的光照。**钱老正是具备了这种崇高的科学精神。他的科学精神和思想是沿着他的科研学术轨迹形成的，学贯中西，深邃理工，通晓哲艺，汇集大成。

今年是"五四运动"一百周年，爱国、进步、民主、科学的"五四精神"鼓舞中国人民追逐中华民族全面复兴之梦；也是尊敬的人民科学家钱学森学长 108 岁寿辰，处在中华民族伟大复兴的时代，**时代呼唤钱学森精神**；科教兴国和民族复兴的伟大事业需要钱学森精神和思想来指引。科学技术的创新和发展，需要千千万万的知识分子"衣带渐宽终不悔，为伊消得人憔悴"。大学的教师和领导要切实把培养学生成才作为学校一切工作的出发点和落脚点，把学科优势、师资优势和资源优势转化为人才培养的优势。为拔尖学生的脱颖而出提供充分的发展空间和良好的环境。

在钱学森班办学过程中，我一直在思考两个问题。一是教育资源利用的公平性，如小班教学，精英中的精英教育，如何让更多的学生受益；二是培养的领跑者未必是冲刺者，但领跑者展示的是激情、速度和动力。"成功不一定在我，但努力一定有我"，这就是能让大多数人获得成功。钱学森班是特殊的办学载体，在清华大类招生目录中的"工程力学"本科专业，从形式到内容体现了力学专业的薪火相传。不忘初心，回应著名的钱学森之问，实践钱老爱国奉献、科技创新的精神，探索力学人才培养新路。

钱学森班是力学人才培养的**摇篮**，产生了清华特等奖学金获得者，全国周培源大学生力学竞赛特等奖获得者等一批优秀学生；**钱学森班是宣言书**，昭示钱学森精神后继有人；**钱学森班是播种机**，培养的优秀人才在国家重要行业和领域生根开花，枝繁叶茂。钱学森班是清华力学的**名片**。

创新是大学的灵魂，基础研究是创新的动力。清华大学追求卓越，以创新型的科技成果跻身世界一流。我们正在实现世界级力学大师和"中国航天之父"——钱学森先生对人才培养的夙愿，"中兴业，须人杰"，为国家培养新一代创新型人才，为中华民族的伟大复兴做出贡献。

左起：朱克勤，庄茁，张克澄，袁驷，钱永刚，黄克智，郑泉水，李俊峰，杨春
清华学堂前合影，2012 年 6 月 6 日

参考文献

[1] 何东昌. 怀念张维院士[A]//薛明德，任文敏. 张维教授百年诞辰纪念文集[C]. 北京：清华大学出版社，2013：159-160.

[2] 庄茁. 以钱老的精神和思想指导我们前行[A]//魏弘森，庄茁. 钱学森与清华大学之情缘[C]. 北京：清华大学出版社，2011：206-208.

[3] 郑泉水. 简记钱学森力学班之成立[A]//魏弘森，庄茁. 钱学森与清华大学之情缘[C]. 北京：清华大学出版社，2011：209-213.

全力支持推动创新人才培养的探索

清华大学航天航空学院教授，航天航空学院院长　李路明

　　今年是清华大学钱学森力学班（简称"钱学森班"）创办 10 周年，在学校的关心支持下，经过首席和全体师生的努力，钱学森班在人才的培养方面成绩斐然，如何培养创新型人才的探索也有一些经验和感悟。钱学森班首席郑泉水教授希望我作为航院的院长，为钱学森班 10 周年写一点东西。接到任务，很是惶恐：一是我没有参与钱学森班的创建，对其历史渊源不是很清楚；二是具体的工作参与时间不完整，教学方面也只是承担了"力学与工程科学前沿"的几个学时的教学工作。2016 年下半年，担任学院行政主要领导后，因为钱学森班的工作主要依托航院，参与钱学森班的事情多了一些，加上承担对学院学科建设和人才培养的岗位职责，开始从学校、学院的办学目标看钱学森班的建设，看学院学科建设和人才培养，思考学院的工作。接到任务后，就再一次重温钱学森班创办历史，自然也会再一次看清华的整个学堂计划的设计，回顾最初创建基础科学班的初衷，再一次深刻体会到清华在创新人才培养方面的不懈探索，体会到清华的担当意识。在当前中美贸易冲突的国际形势下，更深刻地认识到清华在人才培养方面承担的国家责任。

　　航院高度重视、坚定支持钱学森班的工作。航院前党委书记庄茁教授撰文详细回顾了钱学森班的创建过程，从清华的力学学科建设、人才培养、"钱学森之问"到创新人才培养机制多个角度阐述了创建钱学森班的初衷与启示，很受教育。再一次重温创建钱学森班的人和事，也再一次被感动：学院黄克智先生等一班人的努力和清华历任校领导陈希、顾秉林等关心支持、病榻上钱老的关心与支持。航院历届党政班子、全体教师都高度重视钱学森班的建设，认为这是传承钱老的科学精神，培养创新人才的一个壮举，是新时期航院建设的一个支点，齐心协力办好钱学森班，在全院的教师中形成高度共识，探索推动创新人才的培养成为航院义不容辞的责任。

　　钱学森班是工科基础创新人才的试验田。清华的工科教育与人才培养，一直是学校的优势和特色，清华也被誉为"红色工程师的摇篮"，培育了几代清华人，他们为中华民族的伟大复兴中奋力拼搏，谱写了可歌可泣的伟大篇章，为学校赢得了巨大的声誉和国际影响力。随着新技术革命的到来，国民经济经过几十年的高速增长后，面临转变增长方式的挑战，创新成为社会发展的共识。清华的工科教育也面临从原先专业人才培养向更加通识、更具创新意识的拔尖人才培养转移，钱学森班就是其中一个探索。今天，我们回顾总结钱学森班 10 年来的育人实践，力求发现探索创新人才培养的规律，恰逢中美贸易摩擦愈演愈烈，更深刻感受到钱学森之问的时代价值，以及黄克智先生等一班人和学校的高瞻远瞩。钱老是全国人民景仰的、享誉海内外的杰出科学家，以钱学森的名字命名的钱学森班，

既体现了清华人对钱老的敬重，又是回答"钱学森之问"的一个实际行动。

向钱学森学习什么？钱学森班的设立，一个主要的初衷是力求回答创新人才培养的"钱学森之问"，这个问题，其实也是学院学科建设和人才培养的一个关键问题。去年，恰逢清华力学系建系60周年，也是清华大学在烽烟战火中创建航空系80周年，学院举行了各种形式的纪念活动，我也和同事们再一次梳理这段历史，力求找到新时代学院建设的门径，收获很多，得到一个结论就是一定要将学院的建设和祖国人民的命运紧紧连在一起，在为国家的独立、富强和伟大复兴的贡献中寻求学院的价值。钱老在清华航空、力学学科都留下了深深的足迹，清华大学工程力学系的前身是钱老在1957年创办的清华大学工程力学研究班，向钱学森学习什么？我想首先是学习他将自己的命运和祖国人民的命运紧密联系在一起的爱国主义精神，其次要学习钱老的科学精神，他的科学观、方法论和学术思想。

创新人才的培养探索永远在路上。如何培养有创新能力的拔尖人才是全世界高等教育面对的一个共同挑战。"十年育树、百年育人"，在钱学森班创办十周年的时刻，回顾展望、探讨交流创新人才的培养，可以总结的东西很多；在人类历史文明的长河中，十年又是一瞬，如果能够启发更多思考，对于钱学森班、对于创新人才培养可能更有价值。钱学森1955年回国，1957年就在清华创办工程力学研究班，紧抓人才培养，他亲自为学生授课，前后培养了300多名新中国急需的力学人才，工程力学研究班的成员成为我国力学界的骨干，支撑了几乎整个力学学科的建设发展，薪火相传，我们能够从中学习到什么？新的时期，经济快速发展带来的浮躁、功利主义，一些学生成为"精致的利己主义者"，如何通过教育加深对人类文明的深刻理解，在对民族文化发自内心的认同基础上培养一个有家国情怀的厚重的、高尚的人？过去30年知识爆炸，如何平衡通、专矛盾，培养基础扎实，又有一定专业素养的人才？钱学森班有非常好的教学资源，如何平衡好教育的公平性，以点带面，推动工科创新拔尖人才的培养？这一个个问题，都需要我们在后续的实践中一个个回答，不仅仅是钱学森班，也是学院人才培养要回答的问题。

挑战与机遇并存，钱学森班的工作任重而道远。

钱学森班，工程科学教育改革的特区

清华大学航天航空学院教授，航天航空学院教学副院长 刘　彬

　　力学是一门古老但是对众多工程都十分重要的基础学科，力学的教育模式在这几十年也过于稳定。随着时代发展，科技进步的脚步越来越快，如何与时俱进改进力学教育让同学在未来若干年依然发挥重要作用，是当代力学教育工作者应不断思考的问题。清华大学钱学森力学班在这方面做了大胆而有益的探索，在传统力学的"定量基因"之外，特别强调"创新基因"，大幅优化调整课程和培养环节。钱学森力学班正如中国改革开放的特区、实验区，好的经验可以在大范围的清华大学的工程力学教育中推广，有不足的可以进一步总结改进。这些年，钱学森班同学在学习和研究方面已成为清华航院同学的标杆。而在一些同台竞技中，钱学森班内外的同学相互促进，共同进步。在航院大家经常会对比钱学森班同学和普通班同学的优点和缺点，我欣喜地看到，钱学森班同学整体上最初的一些缺点（如有骄气、集体意识差等）在被指出后已在之后若干届慢慢克服了，而优点越来越突出。希望钱学森班不断探索出成功经验，在全国乃至世界的力学教育中产生更大的影响。

钱学森力学班引领了航院学生集体建设

清华大学航天航空学院副教授，航院党委副书记　王　兵

2009 年首届钱学森力学班开始招生，如今已经经历了 10 年的建设和培养周期，无论在学风还是在学生班集体建设上都取得了卓有成效的效果，起到了领跑者的作用。

从培养理念的最初确立——面向工科培养数理基础知识扎实、工程系统思维缜密的拔尖创新人才，到不断丰富、改进和完善课程体系和培养环节，培养项目经历了若干次的调整和优化，钱学森力学班工作组的师生们，在项目首席郑泉水和两任项目主任朱克勤和何枫等教授的带领下倾注了大量心血，取得了一系列的育人效果。

"十年树木，百年树人"。在清华大学培养拔尖创新人才更加不容易，不同的观点，不同的维度，甚至毕业的校友，都会影响培养过程中多个环节的建立和实施。10 年时间虽然短暂，但我们感受到了钱学森班级的学生们"小荷才露尖尖角"，这种蒸蒸日上的劲头，更让所有关注、关心钱学森力学班的师生们鼓足勇气，百尺竿头、更进一步。我仅从班集体建设的引领这一视角对钱学森力学班的发展做一简要的回顾。虽然不全面，但我想这一视角也足以能够反映钱学森力学班给本科生集体建设带来的积极能量，我也希望这些引领能够不断地保持下去，不断发扬光大，成为钱学森力学班的"标签"。

（1）人民科学家钱学森先生的精神在钱学森力学班得以传承和传载。为了更好地传承钱学森精神，力学班的学生骨干带领全体同学采取了一系列的措施，包括读书分享会、钱学森经典著作解读、大师座谈、观看影视作品、钱学森图书馆学习等。如今，到位于上海交通大学的钱学森图书馆参观学习已经成为班级的重要活动，历届班主任都亲自组织或带队参加。正是上述一系列的活动措施，使得钱学森精神在历届班级中得以传载。

（2）挑战课程难度，形成浓厚的学习氛围。从 2009 年至今，钱学森班几乎获得了航院历年的"优良学风班"称号，多名同学获得了学业优秀奖学金。钱学森班具有良好的学习氛围，不仅取得了师生们的共识，也带动了航院学风建设，起到了引领作用。

（3）特等奖学金和北京市先进班集体展现了集体建设成效。力 3 的李逸良获得 2017 年度清华大学特等奖学金，力 3 班集体也囊括了包括北京市和学校的所有的班集体荣誉。更值得指出的是，力 3 的带班辅导员倪彦硕正是首届钱学森力学班的 2009 级的优秀学生。钱学森班辅导员的选拔要有足够的思考和举措，在工作实践性上，钱学森力学班的辅导员从"钱学森毕业班"中选拔，这一做法一直坚持下来，体现了精神传承、培养理念和文化认同。

上述的简要回顾虽然视角单一，但我想很大程度上说明了钱学森力学班培养过程中取得了一些宝贵的经验。我们固然希望美不胜收，但我们也一定不会忘记在取得"美"的路途上，有铺满的荆棘，只有不断开拓、不断进取，才能揽获美景，那美景就是我们培养的一批一批在各个工作岗位上开创佳绩的钱学森力学班毕业的学生们，这也是我们工作的动力！

十年磨一剑
——贺钱学森力学班创办十周年

清华大学航天航空学院教授，钱学森班首任项目主任　朱克勤

　　自从 2009 年钱学森力学班首批新生入学，一晃十年过去了，今年 9 月 5 日将迎来钱学森力学班开班仪式十周年的纪念日。由于身体原因，几年前我已经离开钱学森力学班的管理工作岗位，目前秋季学期还在给钱学森力学班大三的学生上"系统科学概论"的课程。值此钱学森力学班创办十周年之际，作为钱学森力学班的任课教师和初期的项目主任，此时想到了唐代诗人贾岛的著名诗句"十年磨一剑，霜刃未曾试"。一把好剑的磨炼尚需要十年的工夫，育才树人自然就更不是一件易事，真可谓"十年磨一剑，树人需百年"。

　　我是在 2008 年开始参与钱学森力学班工作的。那时按照航天航空学院的规定，作为博士生导师，我离 63 岁的退休年龄只一步之遥，在授课、招收研究生、申请研究课题和行政兼职等各项工作上，已经到了只做减法、不做加法的阶段。所以当钱学森力学班的首席教授郑泉水希望我出任新创建的钱学森力学班的项目主任时，自己思想上没有任何准备。正在犹豫之时，当得知钱学森先生 98 岁高龄在病榻中仍在关注我国的教育事业和创新型人才的培养，并对清华大学钱学森力学班的创办给予全力支持。此情此景，作为钱先生的晚辈，深深感到接受此项工作是义不容辞了。

　　钱学森力学班是清华学堂人才培养计划的六个实验班之一，隶属于教育部的基础学科拔尖学生培养试验计划。中国著名的教育家陶行知先生曾指出"教育是立国之本"。鉴于教育的重要性，它是一个不断需要探索的永恒话题。自从被誉为现代大学之母的柏林洪堡大学 1810 年创办以来，关于拔尖学生的培养，各种观点颇多，争议也很多，在中国教育界也是如此。2009 年 11 月 5 日，钱学森先生去世后的第 5 天，《人民日报》在一篇题为《钱学森最后一次谈话：中国大学缺乏创新精神》的纪念文章中，发表了钱学森先生对中国高等教育思考的谈话纪要。钱老指出："今天找你们来，想和你们说说我近来思考的一个问题，即人才培养问题。我想说的不是一般人才的培养问题，而是科技创新人才的培养问题。我认为这是我们国家长远发展的一个大问题。"

　　钱老强调高等教育需要重视科技创新人才的培养是非常有远见的。在中国现阶段的国情下，中学如果说为了提高高考成绩，而不得已实施应试教育（其实这也是一件需要商榷的事情），学生们埋头于题海之中，花费了大量时间来应付考试，那么到了大学，特别是在实验班中，就绝对不能再以考试成绩排名来论英雄了。关于这一点，钱老明确指出："所谓优秀学生就是要有创新。没有创新，死记硬背，考试成绩再好也不是优秀学生。"这一观点也是我们参与钱学森力学班工作的全体教师的共识。

在清华学堂人才培养计划中，项目主任的工作是"配合首席教授全面负责实验班学生的培养和项目管理"。自己作为在高校教学和科研一线工作多年的教师，缺乏培养拔尖人才管理工作的经验，好在作为学生，我曾在钱学森先生所创办的中国科学技术大学近代力学系攻读本科和博士研究生学位，毕业后又作为教师在近代力学系工作过多年，并担任过一段主管教学的系副主任，对钱学森先生为近代力学系所制定的教学计划和培养学生的理念有较为深刻的切身体会[1,2]。钱老曾经指出："今天我们办学，一定要有加州理工学院的那种科技创新精神，培养会动脑筋、具有非凡创造能力的人才。"严格地说，衡量拔尖人才培养计划成功与否的最重要的标准，不应该是学生的考试成绩，而是他们的科技创新能力。这一思想在我们钱学森力学班的培养理念和教学计划中得到了充分的贯彻和体现。

回首过去的十年，似乎一晃就过去了，可谓"光阴似箭，日月如梭"。实际上，过去的每一步走过来都并不容易。十年里令我印象深刻的事情很多，特别是钱学森力学班的创建初期，在任务繁重，经费又十分紧缺的情况下，没有设立专职的秘书和助理。当时核心组和工作组的成员都能以极大的热情投入到钱学森班的工作之中。俗话说"万事开头难"，我们核心组的老师，在本职工作都非常繁忙的情况下，参加每周定期召开的例会，在首席教授郑泉水老师的带领下，大家畅所欲言，群策群力，一起讨论各项工作的计划、进展、困难和解决办法。例会研究的议题涉及：招生和迎新、教学计划的制定、任课教师的遴选和聘任、导师制的实施细则和学生的分流等具体工作，也包括对钱学森班学生培养目标和培养理念的思考和讨论。

这里不能不提到的另一个令人感动并印象深刻的事情，钱学森力学班的任课老师们对所授课程的全心投入和对拔尖人才培养的大力支持。作为拔尖人才培养的实验班，钱学森力学班学生的课程不但要关注知识的传授，更强调创新能力的培养和研究方法的掌握，从而课程更具有挑战性，对任课老师也提出了更高的要求。以钱学森班的新生课"力学与现代工程"为例，为使学生尽快了解力学与现代工程的密切关系，我们力图邀请国内有工程经验的知名专家来给学生授课。在我负责这门课程的七年期间（2009—2016 年），在清华邀请到了蒋洪德院士和段远源教授讲授"燃气轮机中的力学问题"、雒建斌院士讲授"摩擦学中的力学问题"、曾攀教授讲授"力学与机械工程"、石永久教授讲授"力学和土木工程"、金峰教授讲授"力学与水利工程"、周青教授讲授"力学与汽车工程"。从校外，我们邀请到了曾经师从钱学森先生学习工作多年的航天 5 院的李颐黎研究员和中国空间技术研究院载人航天总体部、载人空间站工程空间站系统总指挥王翔研究员来讲授"力学与航天工程"，中航工业沈阳飞机设计研究所首席专家李天院士来讲授"力学与航天工程"。这些老师尽管自身的工作都很繁忙，对于钱学森力学班的课程都是大力给予支持，精心备课，取得了很好的效果。这里我们特别要怀念的是 2018 年因病不幸去世的飞机空气动力学专家李天院士，他多年坚持从沈阳来清华给钱学森班的学生授课（见图 1）。我深深感到，钱学森力学班十年来所有取得的成绩离不开每一位任课老师的辛勤付出。

在我担任钱学森力学班项目主任的这些年中，当时主管清华学堂人才培养计划的袁驷副校长多次强调，学校对于培养拔尖人才的六个学堂实验班，大家在一个共同的目标下，

图1　中科院院士李天（紧靠日晷左站立）给力4班学生授课后的合影

可以集思广益，百花齐放，不搞统一的培养模式。学校领导和各职能部门在招生、班级的建制、教学计划、教师的遴选和经费等方面给予了宽松的政策和强有力的支持。令人高兴的是，这一传统至今一直得到了很好的延续。在六个学堂实验班中，钱学森力学班采用的是单独招生、新生成班、适当分流的模式。应该说，这种模式与其他学科的实验班相比，有它的许多优势，也有一定的困难。比如，钱学森班一、二年级学生分流实施的困难之大给我留下了深刻的印象，如何设立相关配套的政策，看来仍是一个需要认真研讨的问题。总体来说，在钱学森力学班的培养计划中，由于强化了学生科研实践的环节和创新能力的提高，许多学生通过各种途径参与到学科前沿的科研项目之中，获得了国内外同行高度认可的可喜成果。比如：钱学森力学班2013级学生胡脊梁在本科生阶段跨学科参与并完成了多个科研项目，先后在国际知名SCI学术期刊上发表了5篇论文，获得了科技创新奖学金等多项奖项。清华大学钱学森力学班的学生培养已多次获得力学学科国际评估组专家的高度认可。

我们高兴地看到，在钱学森班创办和成长的过程中，聚集起了一批富有经验又热心于拔尖人才培养工作的教师和管理人员。经过十年的努力和探索，钱学森力学班具有特色的培养理念、教学计划和管理功能已经逐步完善起来。但是，要解决钱学森之问还有很长的路要走，十年树木，百年树人，为此需要持续的努力和足够的耐心。在力1班毕业前，学生们要我在纪念册上留言，当时写下了一首七律藏头诗，这里以此作为这篇短文的结尾："清风明月伴书楼，华彩论文欲尽收。钱老领衔究奥秘，学生效法续春秋。森林慧木拔千尺，力学精英誉九州。学海滔滔勤是岸，班师再聚展宏猷。"

参考文献

[1] 朱克勤. 点滴往事的追忆[A]//魏弘森，庄茁. 钱学森与清华大学之情缘[C]. 北京：清华大学出版社，2011：214-217.

[2] 朱克勤. 钱学森之问给我们的启示[A]//中国科学院院士工作局. 钱学森先生诞辰100周年纪念文集[C]. 北京：科学出版社，2012：590-596.

十年树木　百年树人

清华大学航天航空学院教授，钱学森班项目主任　何　枫

2009 年清华大学在航院设立钱学森力学班，吸引了一批优秀的高中生报考加入，在钱学森班这个特殊的平台上，以首席郑泉水教授为首的一批老师，对现有的大学教育进行不懈的改革，为培养创新型综合能力强的领军人才，尝试施展一些与现有模式有着明显不同的新的培养方案。

2012 年我自报家门申请成为 2012 级钱学森班（力 2）的班主任，加入了这个团队。和力 2 班学生接触，让我感受到"90 后"钱学森班学生独特的思维，他们这一代是直接享受改革开放成果的 90 年代，已经和我们所处的物质生活匮乏的久远的学生时代的思维完全不同，他们有着独立的思考，有着敢想敢干的激情，作为刚从中学校门出来的学生，读过的书和见过的世面，已经很了不起了。如何让他们把中学的优秀延续下去，如何在钱学森班这个强者如云的集体中做好定位，对他们是个考验，尤其他们各个都有着很强的自尊心。

力 2 班，遇上了很多钱学森班初次尝试的改革新举措，例如第一次首席在他们入校不久就在全班强调专业分流调整机制，同学们有了很大的心理压力，钱学森班工作组在力 2 班入学一个学期后对他们进行了全面评估，甚至进行了一下午的面试评估，这在钱学森班也是第一次，记得那天下午，我一直忐忑不安焦急地等待结果，还好没让我失望，同学们在赋有挑战的高负荷学习中努力前行，即使偶尔的失败也没有阻止他们前行的脚步；钱学森班第一次要求大一学生入学后的第一个期末考试结束后暂不回家，要求力 2 班同学参加"跨学科极限挑战"项目，我看着他们组成小组策划、研讨、制作，每天早上做进展报告，苦战三天三夜后在蒙明伟音乐厅做精彩答辩，然后疲惫地回家过上大学后的第一个春节；他们也是第一批在大三全体开始进行开放性创新挑战研究（ORIC）的，在最终结题汇报的那天，他们身着正装在庄严的会场，一个个上台进行学术答辩，那气场不亚于一场学术大会；力 2 也是赶上第一批由清华大学专门举办学堂班毕业典礼，第一批领到学校颁发的学堂班毕业证书。在这个 4 年中，力 2 经历了很多事情，喜怒哀乐都有，我这个班主任关注着每个同学的动态，随时给他们建议和支持，特别尊重学生们的选择，维护他们的自尊，包容他们的个性差异。在我看来，他们都是成年了，有自己的思想和判断，做他们符合这个年纪做的事情，即使错了也不为过，这是他们的一种经历，因为他们年轻有试错的资格，做班主任的只要帮助他们不要偏离太多。我经常被他们身上那些有着青春特色的激情和友谊所感动，当我看到他们在讲台上侃侃而谈他们的 ORIC 研究，为他们为钱学森班开创了一个新的研究实践方式并取得的成绩而骄傲，我用惊喜的眼光观看他们才华横溢的钢琴、小提琴演奏，男生女生多次在晚会上表演舞蹈，我喜欢全班同学其乐融融的团结并相互呵护

的气氛，我可以娓娓道来每个人各自的才华和个性。大学四年毕业时，他们已经从大一入学时的青涩面孔，蜕变为洋溢着自信的美女帅哥，走向他们选择的未来。力2因为首次开展ORIC研究，第一次在校内老师们指导下经历了一个将近一个学年的深度研究，展示了他们的素质能力，由于师生相互了解匹配度很高，这成为当中一些同学放弃出国留学的一个原因，也许这是暂时的遗憾，但是后面的路如何走，我相信他们心中自有安排。

钱学森班力2班已经成为这些同学共同的符号，我会一直祝福他们未来有着精彩的人生！

有了作为班主任带力2班的经历，2016年受首席郑泉水老师的邀请，我接替朱克勤老师的项目主任工作，朱老师是我非常敬仰尊重的优秀老师，他是钱学森班的第一任项目主任，为钱学森班做出了很多贡献，钱学森班项目主任的工作还是很繁重的，朱老师因年纪和身体原因请求退居到二线，但他一直在关注和支持钱学森班。

我参加到钱学森班的项目管理和教学改革之中，从参与选拔各种优秀中学生的招生工作，日常教学管理，安排学生各种实践研究答辩，各种活动会议组织安排，到最终送走毕业的学生这一系列的环节，才深知其中工作之重责任之大，为此自己也奉献了很多业余时间、倾注了很多精力，为钱学森班学生骄傲，为他们的成长操心。

首先令我感动的是，有这么多老师以极大的热情投身于钱学森班的教学和改革工作。特别是首席郑泉水教授为钱学森班的教育培养花费了很大的心血，他学习和研究国外一流大学教学和培养方式，阅读了大量的教育方面的书籍，大脑经常处于高负荷思考之中，如何让学生在开放和跨学科的氛围中学习技术创新，具有国际视野，高素质的人格魅力，他和相关老师反复研讨和制定适合钱学森班的因材施教的教学方案，使钱学森班的基础课程、力学课程和实践课程设置都有自己的特色，并且根据实践、学生反馈、资源的扩大以及认知的提高，做出适当的修订。

作为大学老师并不是仅限于具备某方面的专业知识和教授一门专业知识，优秀的老师的创新思想会体现在他们课堂上的课程讲授和指导学生中，体现在和学生的各种互动中，这样的方式可能对学生产生很大的影响，甚至影响他们的一生。钱学森班今日与未来系列讲座《与大师名家对话》，为他们请来了许多院士重量级的知名老师，更是为学生们建立了一个和大师名家面对面对话，了解他们的胸怀、格局和视野的最佳平台，相信学生们会受益匪浅。

清华大学提倡价值塑造、能力培养和知识传授三位一体的教学理念，知识本身是个载体，具体的知识如果不去使用随着时间也许会被忘记，但在学习知识的过程中，要唤起学生们活跃的批判性思维，唤起他们生活中的智慧和对美的东西的鉴赏能力，该是多么的重要。钱学森班提倡的通识文化素质修养教育，重点是要引导学生去思考，从而引领学生达到哲学思维的一定深度和艺术境界的一定高度。

在具有挑战的课程与实践面前，如何缓解钱学森班学生的心理压力，让学生做出合理时间分配，痛苦并快乐地学习，也是钱学森班老师们顾及和考量的问题，为此有清华大学心理系的老师也加入了我们的团队。可以说钱学森班的学生有着非常好的资源和生态环境，但年轻的学生们现有的格局和视野，有时并不能完全理解老师们的用心，希望他们将来会有所体会吧。

钱学森班十年已经有十个班的学生了，多么希望能有机会大家都相聚在一起，聊聊当初学生进入钱学森班的初心，聊聊学生们现在的心境，为钱学森班陆续付出了十年心血的老师们看看这短短十年间学生们的足迹。十年树木百年树人，学生们的路还很长，钱学森班的印记会伴随他们一生。

祝贺钱学森力学班创立十周年！

祝钱学森力学班越办越好！

祝力 2 的同学们脚踏实地有着精彩的人生！

钱学森班十周年

清华大学航天航空学院教授，固体力学研究所所长，
钱学森班力 8 班班主任　陈常青

俗话说，十年树木，百年树人。在清华大学钱学森力学班成立十周年之际来总结办学经验或许为时尚早，但这十年间的点滴未尝不会给关心钱学森班的朋友们些许启示。

我是 2009 年 4 月到清华报到的，因当时办公室比较紧张，就临时借用了郑泉水老师隔壁的高访学者办公室，从而有机会从一开始就近距离参与以郑老师力主的创新力学人才培养的讨论。十年后的今天，我国发展的国际环境变得十分复杂，创新已成为刻不容缓，这尤其显得当时讨论的前瞻性。工科是清华最具优势的学科群，而力学又兼有基础和技术的双重特质，将创新人才培养定位于工科基础班很快就成为大家的共识。但如何培养创新人才，甚至如何制定培养方案则有许多不同意见。由于钱学森先生对加州理工学院推崇备至，我们详细调研了加州理工学院以及后来加上的英国剑桥大学等名校。郑泉水老师则亲自负责调研加州理工，他后来还多次前往该校，与校方领导讨论人才培养，并专门邀请该校知名教授担任钱学森班顾问委员会委员。在钱学森班发展的过程中，由国内外权威学者组成的钱学森力学班顾问委员会起到了重要的作用。首届顾问委员会主席为黄克智先生和麻省理工学院机械系主任 Abeyaratne 教授，委员会共有国外委员 7 人和国内委员 11 人（国外委员中两人曾获得应用力学最高奖——Timoshenko 奖），国内委员包括钱学森先生之子钱永刚和热心于教育的院士和校领导），我则担任秘书。我记得在一次顾问会上，杨卫委员对部分课程内容提出了修改建议，这些建议很快就得到了任课老师的响应。新的专业基础课"动力学与控制基础"和"固体力学基础"就是在这背景下建立起来的。在第二届顾问会上，钱学森班学生素质和能力给委员们带来深刻的印象，但同时来自加州理工学院的委员强烈建议钱学森班学生不仅要掌握精深的自然科学知识，还要加强人文素养的培养。基于她的建议，在后续修订的培养方案中就专门补充了人文素质课的选课指南。

钱学森班成立之初就成立了以首席教授郑泉水老师为负责人、先后由朱克勤和何枫教授担任项目主任的工作组。早期，我主要负责国际交流组的工作，同时参与冯西桥教授负责的教学组。工作组成员的一大特点就是由一批志同道合、热心于教学的同事组成。多年来，有的成员因工作原因离开了工作组，但他们仍然一如既往地关心钱学森班的发展。密切的国际交流和出国研学已成为钱学森班的一大特色，但刚启动时却是困难重重。一个客观事实是，国外学者对全新的钱学森班和她的学生们不了解，不乐意接受钱学森班学生去外方开展出国研学。为此，我们不得不发动学校老师，借助他们在国外期间建立的关系来推动该项目。因此，第一期出国研学的同学的外方教授往往是工作组成员在国外时的导师

或朋友。同学们在国外的良好表现给了外方教授以信心，后来他们开始主动联系我们表示愿意接受钱学森班同学去研学。从第二期起，绝大部分同学的出国研学均是自己联系，再也无须借助钱学森班工作组老师的关系和推荐。

钱学森班以创新人才培养为目标，制定创新的培养方案自然而然成为工作的重点。方案从 1.0 版、2.0 版到现在执行的版本，反映了大家对钱学森班办班理念的演化，更体现了首席教授的不断思考。我因从一开始就参与教学组的活动，后来又接替冯西桥教授负责钱学森班教学（他当时因忙于负责筹备第一次在中国举行的国际断裂力学大会而无暇参与教学组的事务性活动），因而对培养方案的变动过程有比较深的体会。不可否认，钱学森班的培养方案具有很深的加州理工学院烙印，强调精深学习，有比较高的课外与课内学时比。在培养方案的 2.0 版中，则更加强调研究性学习，徐芦平老师负责的 ORIC 课程则将原来老师提出问题学生参与研究的模式提升到学生自己提出问题解决问题的高度，体现了研究性学习的特点，成为钱学森班培养方案的新特色。在 3.0 版本中，由白峰杉老师牵头设计的荣誉课程强调了少而精的思路，不仅要求自然科学，也要求了在人文素质等社会科学领域的全面发展，学校更是以钱学森班为基础，进行荣誉学位教育项目的试点。

培养方案的制定固然重要，如何在教学过程中成功实现钱学森班提倡的精深学习和研究性学习则在很大程度上依赖于任课教师。也因为此，我们从钱学森班成立之初就寻求兄弟院系的支持，请他们推荐科研和教学兼顾、热心于人才培养的学者来钱学森班授课，如数学系的韩厚德、郑建华、张贺春，物理系的崔砚生、陈泽民、安宇，化学系的李强、崔爱莉，机械系的曾攀，汽车系的周青，热能系的段远源等。在航院，一大批坚持在教学科研第一线的教学名师、长江学者和杰青（如李俊峰、张雄、冯西桥、许春晓）为钱学森班教学尽心尽责，成为钱学森班十年历程中的一道道风景。

在百年树人中，十年虽短，但钱学森班已逐步获得大家的认可，更多兄弟院校参与到创新人才培养的队伍中来，而钱学森班同学也已经开始崭露头角，这是我们最感欣慰的地方。

我参与钱学森班工作的流水账与感想

清华大学航天航空学院副教授，钱学森班力 7 班班主任　任建勋

　　时间过得飞快，学校学堂计划班之一钱学森班转眼就创立 10 周年了。学校要搞一个庆祝活动，年初项目组何老师就下达了任务，让参与钱学森班工作的老师们提起笔来，写点什么感想体会收获之类。钱学森班存在 10 年了，培养目标、培养理念、培养计划等钱学森班最为核心的东西，项目组很多老师都参与了讨论和制定，付出了很多心血，这些核心东西估计很多老师都会在这个文集中讲到。自己作为半路出家人，就晒晒自己和钱学森班交往的流水账吧。

　　老实讲，钱学森班创办之初，我作为航院热物理所的一名再普通不过的老师，对它的确没有什么感觉。隐隐约约听人讲，航院成立五年了，高考报志愿到航院的同学好多是冲着航空航天方向来的，原来的老专业招生不太好，创办钱学森班无非是借钱学森老先生之名望、为咱们老专业争取好一些的高考生源的手段而已。它与时下各中学举办的各类龙班、英才班、火箭班等好像没有太大差别。

　　转眼到了 2011 年，金秋时节的某一天，我的博士班老同学杨老师发来邮件，征集招募钱学森班新生导师，我就随便报了个名，几天后杨老师将力 1 同学的选择结果发了回来。力 1 有一名同学选我做新生导师。这应该是我和钱学森班交集的开始。

　　通过和这名钱学森班同学的交流，发现她是一名非常有想法和主意的同学。她是某省的高考理科状元，当年隔壁招生老师让她任选最为诱人热门专业加盟而被她谢绝，她告诉我特别喜欢工科，一入学就想亲自动手装一辆全新结构自行车，还和我讨论了半天。我觉得有这种奇特想法的女生应该非常少见。她的学习能力很强，学习效果突出，为锻炼自己的亲和力和领导力，加盟了学校女子足球队和国旗护卫队，是学校思源计划 11 期学员，还自己挑头拉起队伍，参加机翼设计大赛，和高年级同学甚至研究生队比试。大学四年，她收获满满，学分绩高居航院年级第一，获得了清华大学优秀毕业论文和优秀本科毕业生称号。我也沾了她的光，被她选为"清华大学优秀毕业生"导师代表，穿上大袍，参加了他们这届本科生的毕业典礼。该同学毕业后加盟斯坦福继续深造。

　　在和该同学四年的交往中，逐步树立了我对钱学森班的全新认识，发现和当初传说的理念有很大不同，钱学森班应该是一种培养本科生的全新尝试。有了新认识，自己也开始主动地为钱学森班的建设和发展做些力所能及的事情。我在学校本科招生山西组做招生咨询工作好多年，借高考招生之际，和所负责的中学老师、学生家长广泛交流，宣传钱学森班。积极物色合适的优秀高中毕业生，向钱学森班项目组推荐。力 3、力 4 和力 7 班上，就有好几位经我物色推荐而被钱学森班项目组老师严格考核评估入选的高考同学。

2014 年秋的一天，我接到学校某一管理部门的电话，让我去领取一笔奖金，说是一个校外单位搞了一个大奖赛，我得了大奖。接到电话有些吃惊，我从来没有参加过这类大奖赛呀。对方问我，你叫任建勋吗？我是任建勋，你是航院的？我说没错。那个老师说，没错呀，单位、名字都对，应该就是你。我告诉他们，我没有参加过这个比赛，一定是搞错了，再核实一下吧。第二天，那个老师来电话，说核实过了，获奖者名字和单位都没有错，是获奖者的身份弄混了。获奖者的确也叫任建勋，是航院钱学森班的一名本科生！天下还有这么巧的事情？任姓可不是大姓，同名同姓还同在清华航院工作学习，这种巧合只能用缘分来解释了。后来这位任建勋同学还真选修了我主讲的传热学，第一节课，大家不约而同地推荐他当课代表，他工作认真负责，学得也不错。现在是航院李路明老师的博士生。这也算我和钱学森班同学一段极其独特的交往吧。

2017 年春季，钱学森班首席教授郑泉水老师找我谈话，让我担任钱学森班 2017 级班的班主任。新生入学前，我拿到力 7 班同学的花名册一看，感到非常吃惊。这是一个按照传统招生标准看，生源质量极其优秀的班级，有若干名高考状元、若干全国物竞金牌得主，有一半以上的同学得过物理竞赛总决赛奖牌。这么多来自祖国五湖四海优秀的同学汇聚到力 7 班，至少说明了两个问题：一是力 7 同学及其家长们、培养过他们的中学老师们对钱学森班培养理念、模式和培养结果是认同的；二是他们对钱学森班项目组老师是信任的，愿意将孩子送到这个特殊团队中来完成大学本科阶段的学习和成长。一想到这些，自己深感责任重大，不敢怠慢。一接手这个工作，就尽自己的力量，在各个环节"帮助同学们成长"。

深感欣慰的是，力 7 同学们不但按照招生标准入学极其优秀，在随后的近两年的大学学习、生活和社会活动中也表现出极其优秀的特质。学习上，他们的学习主动性、自觉性、学习能力等受到各任课老师的高度评价，学习效果也十分突出，大一结束时的奖学金评比中，他们囊获了航院同年级近 50%的学业优秀奖学金。遵循通过研究学习的钱学森班培养理念，同学们的初步科研工作，涉及领域很多，开展得有声有色，同学们自我组织、自我管理的"力 7talk"学术交流活动定期举办，通过钱学森班必修课 SRT 计划的实施，目前还在大二的他们已经撰写投稿了好几篇学术论文，有的已经发表。在社会活动方面，他们在支教、假期社会实践、短期参观学习等方面表现也非常突出。获得校级优良学风班和航院风云人物称号。凑巧的是，适逢钱学森班创立 10 周年之际，由钱学森班同学筹备策划的第十三届国际微纳米科学学生会议也将在今年夏天首次在中国、在清华大学举行，力 7 有十几名同学参加大会筹备，两位会议主席均为力 7 同学，这或许是命运对钱学森班同学的某种考验吧。

谈到力 7 同学的成长，不得不提一下另一位钱学森班同学张梓彤，她是那个任建勋的同班同学、热物理研究所的博士生、力 7 班的辅导员，我的工作搭档。张梓彤同学既是力 7 同学的学姐，又是他们的小老师，工作非常认真负责，深受同学喜爱。力 7 同学取得的进步中，张导可是功不可没。这个学期，她被导师派到国外进行学术交流几个月，她不在的日子里，同学经常发出"想张导了"、"张导和我们一起去深圳吗？"的感慨。我想，这种钱学森班同学间关系应该是首席设想的钱学森班生态组成部分吧。

2018 年，我参与了钱学森班的竞赛招生工作。和项目组其他老师一起，三赴总决赛现场，和广大同学、家长和中学老师广泛交流，宣传钱学森班办学和培养理念。活动中，我还动员钱学森班同学的家长们加入钱学森班宣传队伍。经过努力，2019 年有 14 位总决赛金牌得主同学签约加盟钱学森班，这一招生结果引起校内外竞赛招生相关人士的高度关注，钱学森班在竞赛招生的影响进一步扩大。

2018 年，受项目组老师和郑首席赏识，荣升钱学森班大班主任，其实就是为钱学森班同学的培养和成长，再多出一份力。

通过和钱学森班几年来的交往，我有两点体会和大家分享：

第一，作为一名从事高等教育几十年的教书匠，觉得参与钱学森班同学的培养工作是非常有意义和值得的。期待有更多的志同道合的同仁尤其是青年老师加盟钱学森班培养队伍，帮助这些优秀同学们成长。

第二，优秀同学的培养是要下功夫的。尽管同学入学非常优秀，那也是传统评价标准意义上的优秀，是在家长和中小学老师多年精心呵护（也可以说严厉看护）下的优秀。一位力 7 同学说过，"优秀是一种习惯，而不是一次偶然"。如何将这种优秀转化为同学的自觉行为，是需要方方面面包括咱们老师共同努力的。

借此祝钱学森班越办越好！

钱学森力学班招生模式的变迁与思考

清华大学航天航空学院副教授、特别研究员　张锡文

今年恰逢清华大学钱学森力学班（简称"钱学森班"）创办 10 周年，在首席教授和全体师生的共同努力下，在拔尖创新人才培养的探索中砥砺前行。我有幸作为钱学森班招生的负责老师，从招生逐年变革的侧面见证了钱学森班的成长，也对优秀人才的选拔模式有一些思考。

尽管社会上对著名的"钱学森之问"有不同解读，但都比较认同的说法是我们拔尖人才培养存在很大不足。2009 年，钱老在病榻中仍十分关心我国拔尖创新人才的培养，对清华大学冠名"钱学森力学班"进行招生和培养欣然同意。

钱学森班的成立回应了学校提出创新型人才培养的新模式。2009 年，学校决定设立"清华学堂人才培养计划"（学堂计划），分设数学班、物理班、化学班、生命科学班、钱学森力学班和计算机科学实验班六个专业班。其中的钱学森班定位为工科的基础科学班，使得以力学为基础的工程学科顶尖人才培养新模式的构想变成现实。2010 年 4 月，在清华学堂人才培养计划开班典礼上，中组部领导致辞中讲到，"希望清华大学培养更多的'钱学森'式的人才，为国家建设和国防安全做出贡献"。

钱学森力学班的宗旨是以提高人才培养质量为核心，建立高质量、高水平的国际化创新培养模式，培养具有扎实力学、数学基础，全面综合素质和突出创新能力的力学潜在顶尖人才。钱学森班的定位是工科基础、精英教育。钱学森班虽然行政上挂靠清华航天航空学院，但每位同学都可以自由选择自己志趣所在的发展方向（包括但不限于力学与工程科学、航空与宇航工程、高端制造工程、能源与环境工程、生物医学工程、信息科学与工程等）。

钱学森力学班成立之初，钱学森班首席和工作组的共识是：**好的生源是拔尖创新人才的基石**，生源十分重要。**2009 年第一届钱学森班招生**，我结合多年招生工作经验，在首席的指导下，设计制作了具有吸引力的钱学森班招生宣传册分发给各招生组，同时与各招生组建立起非常紧密的工作关系，多次深入中学及各招生组开展了卓有成效的招生宣传和咨询工作。首届招生采用了**分省统招+二次招生模式**，统招生源质量非常好，可以说一炮打响，表现在以下几方面：

- 全部同学为第一志愿录取，平均分位居学校工科第一、全校第三名（第 1：经管国际班，第 2：建筑）；
- 计划 14 人，实际录取 23 人，扩招 9 人；
- 近一半学生是各省前十名，分别有：

  理科第 1 名：甘肃（实考分第一）、重庆（投档分第一）、天津（投档分第一），第

2 名：广西、河南；第 3 名：四川、宁夏，其他理科前十名的省份有：宁夏（第 6）、吉林（第 7）、河北（第 8）。在北京招了 3 名同学，分别排在清华录取学生的第 5、35 名和 40 名；在上海招的 2 名同学分别排在清华录取学生的第 8 名和第 11 名。其他各省基本均在前 30 名以内。

- 校内二次招生，计划招生 5 人，最后录取 6 名，报名异常火爆，受到广大新生的追捧，竞争激烈程度为全校所有二次招生班级之最。共报名 76 人，其中 9 人为各省前十名，涉及全校信息学院、机械学院、生物、基科等所有院系。通过笔试和面试确定了最终入围学生。第一届钱学森班的最终招生人数为 29 人。

2010 年钱学森班第二届招生，同样延续 2019 年的模式实现统招+二次招生。

计划招生 12 人，由于报名踊跃，实际统招 24 人，均为第一志愿，不完全统计，各省前 10 名约占 1/2。状元 3 人：上海（实考分和投档分均是第一），河南（实考分第一），黑龙江（投档分第一）；各省前 10 名（不包括状元）：8 名，不完全统计，上海第 4 名，北京实考分第 2，湖南第 3 名，江西第 3 名，河北第 7 名，河南第 7 名，第 10 名（2 人）。钱学森班录取平均分全校第 3（第 1：经管国际班，第 2：建筑），工科第 1。

以上统招基本是各省招生组根据招生计划进行招生的，大概基本在各省前 30 名以内。二次招生只有 6 个名额的情况下，有近 60 人报名。

前两届钱学森班招生总体来说是成功的，同时也推动了非热门的传统专业力学/航空航天的招生工作。在前两届统招+二次招生模式摸索的基础上，钱学森班开始了更多的招生模式的思考与实践。

2011 年，钱学森班招生开始加入**自主招生选拔模式**，制定了钱学森班第一次自主招生规则，主要包括以下 4 点：

（1）航院成立以党委书记为面试小组组长，主管教学副院长为笔试组长的自主招生组，专家组随机抽取各 5 人组成面试和笔试小组。

（2）AAA 测试总成绩前 300 名且数学前 100 名或物理前 100 名的学生方有资格参加钱学森班自主招生选拔。

（3）学生面试，从综合素质、人文素养、应变能力、数理功底等方向综合考察，对每个考生进行公平、公正测试。

（4）面试成绩前几名的学生可以获得钱学森班自主招生资格，建议获得 10～30 分不等的加分，有保送资格的学生若是面试成绩前三名，可以申请保送，最后以招办批准为原则。

从这个规则可以看出，钱学森班不再以学习成绩作为唯一维度进行招生，而提倡综合素质、人文素养和应变能力等全方位考察来选拔学生。之后 2012 年加入抗挫折能力考察和心理考察。比如 2012 年自主专业面试中 10 名同学获得钱学森班的自主专业加分，高考前录取了 4 名各省物理、数学奥赛一等奖的保送生，包括冬令营集训队金牌学生。

经过 2009—2012 年四年的招生，项目组对这些同学进行了初步分类梳理，发现总体良好，但统招学生出现学业问题的相对较多，因此开始缩减统招学生成为共识，以后钱学森班统招基本限定在各省理科前十，并且加入钱学森班工作组三人面试环节。

2013 年清华数理化等院系陆续开始搞金秋营，提前选拔锁定一批竞赛优生。钱学森班也开始在招生上寻求更多突破。如 2013 年钱学森班在已保送清华的学生中举行了**首届钱学森班创新挑战赛**，从以下几个方面进行测评：心理测评、创新思维赛、撰写创意项目计划书、创意实验赛——个人与团队实践比赛项目及评审团过程评分；综合面试。这次招生应该说是相当成功的，因为这是在已经保送清华的优生中再次选拔学生，同时利用多维度测试实践选拔，后面获得清华大学特等奖的李逸良就是他们中的代表。可惜这种招生模式只进行了一届。

同时，钱学森班开始注重竞赛学生的选拔，**参与物理、数学决赛现场招生**。首席教授也多次亲自前往决赛现场宣讲，第一次钱学森班物理决赛现场录取了 4 块金牌（含全国第 4 名），采用面试方式（现场 + 远程面试）。2015 年获得全国物理竞赛金牌的 100 名学生中，有近 20 位报名钱学森班，经面试，录取了其中的近十位。

2012—2016 年阶段，钱学森班新生的构成基本是集训队金牌保送+自主选拔+高考统招（前十）+二次招生，每年基本都有高考状元，近一半的各省前十，并招到了物理竞赛国际金牌赵靖宇、亚洲金牌黄轩宇等同学，从招生角度扩大了钱学森班的知名度和影响力。

2017 年，为了更好地推进钱学森班创新人才培养及自主选拔工作，进一步加强高等教育与基础教育的衔接，实现选育结合、全程育人的教育理念。5 月 19 日在清华大学校内还举办了 **2017 钱学森班创新人才培养中学校长论坛**，全国重点中学 10 余位中学校长就钱学森班育人理念、创新人才培养举措及如何与中学教育的衔接等内容进行了交流讨论，但拟定中的钱学森班-中学联盟没有问世。

2017—2018 年，借清华大学举办工科营之际，钱学森班再次举办了两届钱学森班创新挑战赛，多维度测评成为亮点。经过多天测试，首席教授提出五维度（内生动力、开放性、坚毅力、智慧和领导力等）测评的实践，为钱学森班选拔了一批优秀学生，如力 7 的张淞源、力 8 的丘铱可等同学。

2018 年 7 月，钱学森班项目组根据近十年钱学森班同学在科研方向的发展趋势，决定首次在**生物决赛**现场进行招生。现场报名异常火爆，决赛集训队有 10 余人报名，经过遴选了前 30 名的学生进行面试，最后选择了 5 人进入钱学森班。在同年进行的物理决赛现场，钱学森班招生也非常踊跃，在我们限定物理金牌前 60 名的前提下，我们招收了 9 名金牌学生（6 名集训队保送），其中陈俊豪同学入选国家队，钱学森班学生有望再次获得物理国际金牌。

总的来说，钱学森班十年，首席教授和全体招生老师为招到好学生不遗余力，不忘初心，始终充满热情，内生强烈的动力和投入大量的时间用于招生，钱学森班的学生入口在清华各院系中名列前茅，十年 300 余名钱学森班学生各有千秋、亮点频现、精彩纷呈。

站在钱学森班未来的起点上，为钱学森班选才做以下展望：

（1）更好的大一中衔接，建立钱学森班-中学联盟的优生一体化培养选拔体系；

（2）积极开展钱学森班夏令营、金秋营（类似物理数学的金秋营）选拔，深化五维度

（内生动力、开放性、坚毅力、智慧和领导力等）测评的实践，也同时在各竞赛决赛前提前锁定一批优生；

（3）加强竞赛优生选拔，对保送钱学森班的学生，学习物理生物模式，提前一学期将保送生集中到清华进行数理学习，这批学生甚至可以开启提前毕业的先河；

（4）改变二次招生模式，诸如可以提前到 6 月底或 7 月初进行，五维度测试可以在这个时间段开展，而不是以往的开学的一两天匆忙决定；

（5）忽略统招环节，加强培养与淘汰分流协调发展。

钱学森班高数教学十年

清华大学数学科学系教授 郑建华

"燕子去了，有再来的时候；杨柳枯了，有再青的时候；桃花谢了，有再开的时候"。再来的燕子、再青的杨柳、再开的桃花，你们跑到哪里去了，又回来了？钱学森班的学子走了，又再来了，一年又一年，我的在钱学森班教高数的十年岁月却不知道去哪里了，也许在我的眼角里，也许在我的手指间，也许就在我的脑海里。十年虽然匆匆流逝而过，仿佛弹指一挥间，但是在十年班庆之际，情不自禁要掰开十个手指，想细细地把它们找出来。

那年，没有任何征兆，没有任何设想就走进了钱学森班的培育里。与钱学森班首席细致入微的交谈后，理念上的迸发，让我信心满满。好吧，我的岁月投入在这里坚信值得，也就在这里，我逐渐意识到(一般而言)写一篇论文没有教好一堂课对我们的民族更有价值，虽然在论文至上的大学价值体系中是有风险的。

于是，在承载来与去的匆忙岁月里，应该如何面对优秀的钱学森班学子？数学的教学主要在课堂上，45 分钟的时间里，仿佛喊了上课接着就宣布下课。然而，必须在匆忙的时间流上打上我们的思想奔放的烙印。我们传授知识吗？课堂不传授知识，你想干什么？是的，我们讲知识，不过是以知识作为载体来呈现数学的思想和方法，正是通过思维的过程展示思辨，培育思辨的态度与方式。能力比知识更重要，而态度又比能力更重要，它是创新的起点。设想一下，没有前面的 1，哪有后面的 0 的价值。我们要让思想飞跃起来，追寻飞跃的规律。随后而来让逻辑跟进。跟进的逻辑才能让飞跃的思想更有高度、深度和广度，而思想的飞跃决定了逻辑跟进的方向和意义。她们交替而行，相容一体。教育的意义不就是在于激发潜在的智慧，这个智慧不是我们教师给的，但是需要我们来点燃，所以我们教师就是一根火柴而已。

理想的大学似乎是思想迸发、交融、碰撞的场所，是意大利拉斐尔·桑西的雅典学院。我的雅典学院希望有着传统的教育模式，也包容着自主学习的模式。不幸的是前者模式是主流，虽然我们努力设施思辨教学，但在有限的课时里要达到预期的深度，思想的升华，似乎无可奈何就该这样让它坐上主角大的位置！在大范围里，中学的教育模式让学子们缺乏思辨与表达，别否认它们是重"灾区"。破解它任重道远，可也是大学教育不可躲避的首要。然而直面它，又惊喜无限，在钱学森班里。

"我把本学期最后一次课交给你，由你来给我们介绍流形上的微积分。"当把这句话扔给站在我面前的同学时，我不知道他内心是怎样的反应，只是听到回音"我吗？"我得解析一下流形上的微积分，它不是高数所要讲的内容，严重超出了大纲。我们课堂上所讲的微积分是限制在欧几里得空间上的，而流形只是在局部上看是欧氏的，怎么将微积分理论建立在这样的空间里是大智慧。任务交出的时候离高数课结束还有约四周，我没有干预他，他也没有从我这里获得什么帮助，直到快接近该他报告时，才询问他准备的如何，得到不否定的回复，也就由它去吧。当他用两节半课的时间，清楚地把握住要点、重点和关键点介绍了流形上的微积分。结束的那一刻，我情不自禁起身鼓掌，全班经久不息的那个掌声刻在我的时间流里，就在我掰开的手指上。事实上，我什么也没有做，我只是一根火柴而已。这样的设置还有过两次。

沿着我的时间流往下前行，跳跃出钱学森班同学完成的一份《隐函数定理的教案》。向里走进去，一幕幕场景在眼前，我的岁月承载着它们。我将 30 人的班分成六组，每组设置一个专题，要求开展自主学习研究。由组长统筹安排，分工合作，最后要写出研究报告，并在班级演讲成果。《隐函数定理的教案》就是一份在课堂上演讲的报告。它由如下部分组成：

隐函数定理的历史，直观下的隐函数定理；

隐函数定理的应用，包括流行病的研究、工程、经济以及优选法隐函数定理的证明，使用的是多元函数微分中值定理和 Banach 不动点原理（超出大纲）；

隐函数定理的进一步探究，包括隐函数唯一存在定理、多阶偏导；

隐函数定理、隐函数不存在的一个判别定理。

我不得不佩服这份报告的条理性、全面性和开放性。你得知道，它是由钱学森班一年级的同学完成。点开承载在我的时间流中这份文件夹，仿佛如生气勃勃的春风拂面而来，一份份个体或团队完成的研究报告，上面的标题、上面的名字、上面的班级。可是事实上，我什么也没有做，我只是一根火柴而已。

为了介绍我的思辨教学法，我已经走了约三十所大学了。常常在与大学老师交谈时，听到有关及格率的事，几乎算是高校的头等大事了。这个内容不敢讲，那个深度不能有，唯恐学生接受不了，由此老师的教学会被否定。于是，教学的事唯唯诺诺权衡利弊，为了讨好及格率而降低要求，而忽略了对优秀学生的不公平，将他们平庸化。清华大学这样的学校如果也关注及格率的话，估计中国的教育没有希望了。作为钱学森班的老师，我自认为很幸福，我的教学我作主，这也是钱学森班首席的睿智。我教的课程叫高等微积分，这是基础科学班沿用下来的课程，但事实上我教授的是数学分析。微积分与数学分析有什么区别？微积分主要说的是可以这样做，而且是可行的，数学分析还要说清楚为什么这样做是可行的。这个为什么就难了，它必须是个完整的逻辑思想体系。起先我们使用的教材是中国科学技术大学的《数学分析教程》，学时只有两个学期每周 5 节课，然而大家知道，这个课程通常是 985 学校数学系三个学期的教学任务。后来，根据多年的教学总结，遵循我的思辨教学法，编写了数学分析教程讲义，内容更丰富，难度也有所提升。把钱学森班的同学打趴下了吗？我倒看到了他们在艰难的学业中展现出来的智慧。当批改作业的时候，我常常拍案叫绝，当讲解习题的时候，我欣喜若狂眉飞色舞。我记录了差不多快一本笔记本他们叫绝的解题方法。我的快乐，我的成就不就在这里吗！他们是我的知音。然而，事实上，我什么也没有做，我只是一根火柴而已。

"这个问题我刚提出来，你还没有细心地想一想，就来问我。我应该奖励你！""这个作业写得太乱了，你可以得到我的奖励！""……我得把奖励送给你。"我的奖励是晚上在宿舍里面壁 5 分钟，10 分钟不等。是否面壁没人监视，不过他们是个可爱的团体，也有同学陪面壁的同学一起面壁，因为自己也认为做得不够尽力。真的是这样，你可以做得更好为什么不做好；你应该学会独立思考，在一个角落里享受你的孤独……，学会面壁，学会静思，学会脚踏实地。殷切期望你们成为思想者。比如说，作业不是任务，而是思考点，带着问题去品所学的，品出味来，然后一气呵成，干净利索写完作业，让老师我拍案叫绝，眉飞色舞。人各有天赋，绝不是数学分析好的就优秀，弱的就劣势。我们要培养全才吗？恐怕是到头来无才。重要的是规划出时间与空间，静下心来，在某个方面达到深度，有了深度思想才有质的飞跃呀！

　　聪明的你告诉我，你已经知道我的钱学森班高数十年的岁月在哪里。就浓缩在下面的照片里，我看见了，你看见了吗？感谢钱学森班的同学老师们，我的岁月里有你们是我的福气。

钱学森班代数课教学杂谈

清华大学数学科学系教授　张贺春

自 2010 年春季至今，我一直承担钱学森班高等代数与几何的教学工作。由于是小班教学，通常开学几周后，我就能叫出每个学生的名字，对比较活跃的学生也会有比较充分的了解。总的来说，钱学森班的学生志存高远，刻苦努力。在课堂上配合教学，积极参与讨论。钱学森班的负责老师对我们任课教师充分信任，从不干预我的教学工作并给予我很多的帮助。没有了各种条条框框的束缚，所教的学生又很优秀，作为教师真是乐事。这几年是我的教书生涯中非常舒心的日子。

钱学森先生（谈行为科学的体系，《哲学研究》，1985，11-15）认为现代科学技术分为六大部分：自然科学、社会科学、数学科学、系统科学、思维科学和人体科学。他认为在人类的知识系统中，数学不应该看成自然科学的一个分支，而应提高到与自然科学和社会科学同等重要的地位。在他看来，数学能改变和提升人们的思维方式。数学对于科学研究起着不可或缺的推动作用，只有受过良好的数学训练的人才可能成为真正的学术大师。

高等代数与几何是一门重要的基础课。通过本课程的教学，我认为应该使学生能够全面系统地掌握线性代数的基本知识，让学生能够深刻领会处理代数问题的思想方法，使学生的抽象思维能力、逻辑推理能力、计算能力能够得到很好的培养和提高。为了实现这个目的，必须在教学中，既要突出重点，抓住关键，解决好难点；又要善于透过知识的表面，深入揭示代数的本质思想方法。除了知识的传授，重要的是要让学生学到正确的数学思想方法，依靠所学的知识与技能，能够用多种方法，从不同的角度来理解和观察所研究的问题，不断创新，找出新方法新途径，解决问题。

与普通工科专业的训练相对照，钱学森班要求数理基础更扎实，希望学生能够尽快地进入科研状态。所以自然地希望任课老师对学生进行适当的科研训练和引导，提升学生的学术品味与美感。对此，我深表赞同。华罗庚先生曾把基础课中的科研训练比作练拳式的研究，将它们放在教学过程中会使学生感到数学的灵活，有趣与有力，但又不是高不可攀的。这就要求我们教师将一个复杂的问题做适当的分解，根据学生的情况，层层设问，引导学生寻求答案。

数学教学中怎样提问才能收到最佳效果呢？要激发学生的好奇心，引趣设疑。爱因斯坦曾把兴趣比喻成最好的老师，多年来的数学教学经验告诉我，在课堂上如果激发不起学生的学习兴趣，就调动不起他们学习的积极性和主动性。所以，激发学生的内部动机，不断引发学生认知和情感上的共鸣，使学生愿意学、能够学、创造性地学，以实现教和学的良性互动与生成，以主动性促进教学的有效性。老师采用提出问题，然后根据学生的回答层层设问，由于提问激发了认知的正误矛盾，学生渴望知道正确的结论，学习热情高涨。启发性是课堂提问的灵魂，缺乏启发性的课堂提问不是成功的提问，富于启发性的提问常常可以一下子打开学生的思维闸门，使他们有所领悟发现。我想谈谈在学习矩阵运算时我们对矩阵代数的生成元的讨论。矩阵运算是线性代数中最基本的代数运算。一个有趣的问题是：最少用几个矩阵，通过矩阵运算（加法、数乘和乘法）可以得到所有的矩阵（即矩阵代数的生成元问题）。由于未经过深入研究，学生开始的回答通常离正确答案相差甚远。这时，我告诉他们正确答案非常有趣，让他们回去研究，下次课告诉我答案。学生的好奇心被激发了，他们就会花时间来研究，有很多学生就会发现正确答案是两个矩阵。而通过对这个问题的研究，很多学生熟练地掌握了矩阵运算。更令人欣喜的是力 3 的何泽远同学进一步提出了所谓的配对问题，即给定一个不是纯量阵的矩阵 A，是否存在一个矩阵 B，使得用 A 和 B 就能得到所有的矩阵？答案是肯定的。我们花了一节课的时间来讨论。学生们给出了几种方案。最终，学生们给出了一个完整的证明。我指定了一个学生将课上的讨论结果整理成文挂在了网络学堂上。通过这种自主性的学习，极大地提升了学生对这门课的兴趣和好奇心，使他们愿意花费更多的时间学习这门课。

在我与丹麦数学家 Jakobsen 合作的一篇论文中，我们需要计算一个映射的像的维数。这个维数由一个很复杂的反对称矩阵的秩来决定。所以这是一个初等问题。但在我们的论文中，我们构造了一个 Azumaya 代数，然后用这个 Azumaya 代数的不可约表示的维数来确定上述的反对称矩阵的秩。很多年过去了，我一直相信一定有一个初等的证法，我自己也曾尝试过，但没有成功。我在给力 6 上课时讲到了此事，但并没有期望一年级的本科生会给出一个完整的证明。一个月后的一个傍晚，我收到了费家骏给我发来的一个文件声称他给出了一个证明。我打开看了一下，其中有一个重要的观察是我以前没有注意到的。还有就是证明这个观察所做的一些非常巧妙而细致的计算。我马上打电话把费家骏叫到我的办公室来，我们对他的计算一步一步仔细检查，最后确认无误。我请他在课上报告了他的证明。他做了非常漂亮的 PPT，并给出了生动而又精彩的讲解。费家骏是我教过的九届钱学森班中唯一的一个拿了 A+ 的学生。后来，力 7 的刘晏铭也给出了另一个漂亮的初等证明。这些学生的出色表现起到了极好的示范作用，带动了其他同学，增强了大家做研究的信心。这些远比我们老师苦口婆心的说教更有效。希望钱学森班的学生给我带来更多的惊喜！

伴你翱翔的大学化学
——小记钱学森班大学化学教学的点滴

清华大学化学系教授　李　强

大学化学与钱学森班之缘应始于力0班。时光荏苒，与钱学森班同学相熟的近十年中，留下的不仅有丰富多彩的回忆，更有大学化学课程自身不断完善与成长的经历。2010年的秋季学期，虽然是第一轮为钱学森班开设"大学化学A"课程，但从六教上课的第一天起，钱学森班同学的学习热情和投入精神，就给我带来了完全不一样的感受。大学化学是理工科基础平台课，它既是中学知识主线的延续，更是大学后续相关专业学习的重要积淀。在以往的教学实践中，同学们对于大学化学的学习兴趣常常会因人而异，学习的投入和在学习过程中的表现也会呈现相似的规律。然而，从力0班开始，钱学森班同学自一踏入大学化学的课堂，就表现出对这门课程的高度关注。

在清华理工科基础平台课中，钱学森班是为数不多的采用小班授课的典型案例。得益于小班的教学模式，钱学森班的"大学化学A"无论是课堂的讲授，还是课后的讨论，都比同期的同类课程有了更多的师生互动与交流的机会。在与大家的每一次接触中，同学们关注的专业内容或角度，分析和思考问题的方法，作业与小论文的反馈等信息，都成为了帮助课程教学内容完善和教学质量提升的有效助推剂。记得在一年的教学反馈中，钱学森班一位同学提出了"老师为什么总爱提问坐在前排的同学？不要误以为我们都是学化学竞赛出来的，我们也需要参与互动。"的质疑。这一问题的呈现，不仅展示了大一同学对知识学习的渴望，更反映了教学过程中教师对课堂互动环节把控的缺失。针对这一反馈，我以钱学森班为试点，为每一位修课同学设置了专属桌签。这样做的初衷，一来是为了更快地熟悉每位同学的姓名，有利于根据每位同学在教学过程中的反应来推动与他们的有效互动；

图1　带有钱学森班大学化学特色的专属桌签

二来是可以帮助我更好地留意到不同同学的学习习惯，在教学过程中更好地做到因人施教。当然，专用桌签能率先在钱学森班的课堂上试用成功，并且能连年沿用，这不仅得益于助教老师的全方位支持，更有赖于钱学森班历任课代表和全体同学的一致配合。时至今日，专属桌签的做法已经被推广到我所承担的所有课程，也多次被其他课程教师借鉴，均获得了不错的反响。这要感谢钱学森班同学对教学方法改进探索工作的理解与支持哟。

化学是一门以实验为基础的科学，这一点从化学学科的形成起就表现得非常充分。对于未来以探索物质世界为主要任务的理工科大学生而言，打好坚实的化学基础，对于建立完整的知识体系，培养多角度思考、分析和解决问题的能力，将会有很好的帮助。多年的教学实践表明，在大学化学的学习过程中，适时引入研究型学习训练，可以更好地帮助提升同学们将所学知识用于解决实际问题的能力。因此，从力0班的第一轮大学化学课开始，同学们就围绕"喀斯特地貌形成机制""可逆过程与最大体积功""氢键与水的三相点""改善原电池效率"等有趣的话题，展开了研究型学习的探索。钱学森班同学的思维之活跃，写作之认真，绘图之用心，完美地体现在这些字里行间中。

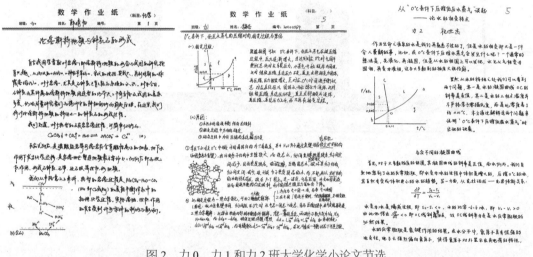

图2 力0、力1和力2班大学化学小论文节选

伴随一年又一年对探讨话题的凝练，同学们在研究型学习中的探究范围在不断扩大，探讨的内容也在不断加深。在研究型学习的行为上，也从开始的个人独立研究学习，发展到最新的团队研究、集体学习的模式。有效地提高了同学们参与研究型学习的训练效率，丰富和升华了同学们在学习过程中的收获。通过氢键与地球生命进化关系的探讨，同学们了解了化学对生命科学、天文学和社会学等学科热点研究的支撑作用；通过对半透膜和反渗透技术的剖析，同学们弄通了浓度差对体系势能变化的影响机制，加深了对生活常识与能量守恒基本原理关系的理解；通过对空气动力电池的现状与未来的分析，锻炼了同学们对科技发展新动向的把控和辨识能力。

从力0到力8班，我们共同探索着大学化学的教与学之路，同时也一起享受着化学带给大家的喜悦与收获。

图3　力8班部分团队学习成果展示

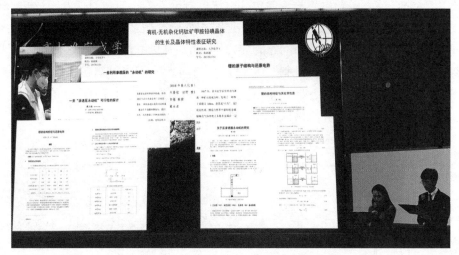

图4　力7班大学化学学习部分成果展示

　　钱学森班是一个非常有魄力的学习群体。与同期的其他班级相比，钱学森班同学大多在中学就有了很好的化学基础，因而他们的学习热情更高，对新知识的渴求更强，同时可能在大学化学的学习中遇到问题的机会也就越多。虽然大学化学与中学化学在知识结构上会有千丝万缕的联系，但也更有许多显著的不同。当同学们在大学化学参考书的目录中发现自己早已熟悉的内容时，往往会因为觉得很多内容似乎在中学都已经掌握了，例如：物质的聚集状态、物质结构、原子核外电子排布等知识，因而会觉得缺乏新鲜感和吸引力。但真正在课堂上听到老师讲授时，许多同学又会觉得以往已经清晰的概念开始变得捉摸不透，例如：自然界常见的物质聚集状态并非仅有气、固、液三种，而是五种；物质种类的不同不仅取决于其成分，还需考察相的组成与晶体结构的不同；核外电子的运行状态与核外电子数密切相关，电子云的分布与原子轨道的空间取向的相似与不同等。导致这些问题出现的根源是，大学化学所强调的知识结构层面与中学化学有明显差异，而这些不同又常会使初入大学化学课堂的同学感到茫然。和大多数其他同期班不同的是，钱学森班同学在遇到这些困惑时，往往会充分利用课上和课下的机会，与老师探讨或分享他们的见解，有时这种探讨甚至到了"废寝忘食"的地步。也许正是由于讨论问题时的专心致志，大家会一起忘记了时间，将三节课"延长到了"四节课。据了解，这样的情况在钱学森班的许多课堂上都会出现，但无论讨论的时间有多久，只要能帮有问题的同学找寻到所需的答案，相信所有的任课老师都会非常乐意和同学们一起享受这一过程。

图 5 与力 3 班同学的讨论交流

机缘巧合时，课堂上的讨论有时也会延伸到课外。元素周期表的发明过程曲折而又富有传奇，当中除了门捷列夫的突出贡献外，课上还介绍了一位英年殉国的英国青年化学家 Moseley，通过对金属特征 X 射线的解析，用最高效的证据揭示了元素周期律的故事。课后，当同学们访学来到牛津时，他们惊喜地发现这位青年化学家的实验器材和短短 28 年中的非凡经历，已经被收进牛津科学史博物馆。他们不仅将这一发现及时与我分享，而且还邀请我和他们一起，与这些以往仅出现在教科书中的经典传奇来了个零距离接触，共同感受这位科学先驱的睿智与执着。

图 6 在 Moseley 的校园里邂逅力 7 班部分同学

"对认知不能仅仅停留在参考书和作业中！"这种愿望在学习热情高涨，求知欲极强的大一同学身上表现得尤为充分。因此，"大学化学 A"课程在钱学森班的教学中，率先引入了化学兴趣小组的教学模式。开展这一活动的目的，是吸引学有余力，对化学有浓厚兴趣的同学，积极参加在教师指导下实验研究。通过亲自参与对典型化学问题的探索，培养同学们利用基本化学原理开展实际科学研究的能力。自力 3 班开始，化学兴趣小组先后组织了"溶液的结晶行为与排杂现象"和"铁电单晶的溶液生长机制"等多项实验室研究工作。每学期伊始，参加小组活动的同学，首先在教师指导下，根据所选研究内容，进行必要的课外基础知识的拓展性学习。在此基础上，遵循边学习、边实践的模式，循序渐进地开展针对所选问题的探索研究。通过固定的每周一次与教师的互动和对研究工作的总结，不断修正研究方案和拓宽研究思路。虽然每一轮的化学兴趣小组活动中都会有同学因为各种原因而中途退出，但凡是能坚持完成一个学期十六周训练的同学，都会经历一个从收集资料、提出问题，制定方案、开展研究，到阶段分析、技术调整、评估总结的完整科学研究的闭环训练，为他们更好地开展后续的专业和专业基础研究打下了重要基础。

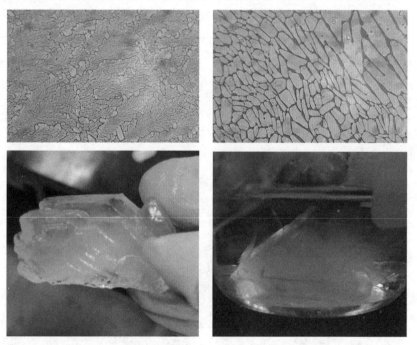

图 7　力 4 和力 5 班化学兴趣小组部分成果展示

历经三年的不断改进与完善，化学兴趣小组的工作，受到包括钱学森班同学在内的参与该活动的同学们的普遍欢迎。李逸良同学在回顾他进入大学后的研究历程时谈道：参与大学化学兴趣小组活动，是他在进入大学后的第一次实验室研究经历。

2016 年秋季，"大学化学 H"被列入清华大学首批本科荣誉学位课程，该课程是为学有余力，并且对化学有浓厚兴趣的同学所专门开设的。为突出荣誉学位课程的"研究与课堂教学"并重的特点，在总结以往化学兴趣小组活动经验的基础上，以学科研究热点为导向的挑战性课程设计，被成功地引入到"大学化学 H"课程的建设中。参与该课程的同学，在参加课堂基础理论学习的同时，可以根据自己的研究兴趣，以小组形式选择："物质微观结构""界面与宏观性能""结晶与物质形态""能量转化方式"这四个专题中的一项，在教师指导下开展有针对性的化学学科热点探索研究。除课堂教学外，每周定期开展教师、助教与修课同学的专题研讨。研讨兼顾前期研究的阶段性总结和后续研究内容和条件的落实。选修"大学化学 H"课程的钱学森班同学，表现出更为高涨的参与化学学习和研究的热情。

图8　力6班同学制备的硬脂酸超疏水过滤膜

在荣誉学位课程的三年教学实践中，同学们先后开展了材料的超疏水表面改性与油水分离膜制备；氧化还原电池的化学能与电能转化机制分析和有机无机杂化半导体单晶生长、结构分析与应用器件探索等专题团队研究。

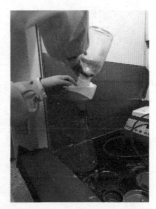

图9　力6和力7班 $MAPbI_3$ 半导体单晶生长

在实践中，同学们先后自主学习了七大晶系、空间群、倒易点阵、布拉格方程和晶体生长模型等基础知识；动手参与了表面润湿性测定、PL 荧光分析、XRD、X 射线单晶定向、SEM 和 TEM 等物质结构与特性表征。

作为系统性的化学学科热点跟踪研究，同学们先后完成了对高效油水分离技术，$MAPbI_3$ 半导体单晶生长工艺优化和光电转换原型器件的设计等前沿探索工作。参与上述工作，不仅实现了提升挑战度的课程设计目标，而且同学们在不设研究目标前提下的自主学习和自由探索，为他们更好地训练用所学化学知识解决实际问题的技能，为未来参与更多的挑战性学习，把握更多的成功机会打下了良好的基础。

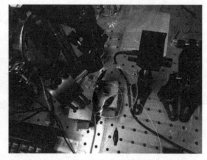
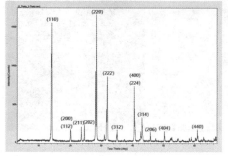
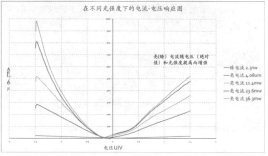

图 10　MAPbI₃ 单晶结构与原型器件研究

钱学森班的十年，是探索的十年，更是每一个参与钱学森班项目的老师和同学厚积薄发，继往开来的十年。愿大学化学课程在钱学森班氛围中所探索出的教与学之路，能助每一位钱学森班同学在未来的学习和工作中飞得更高，走得更远。

2019 年 5 月 30 日

和钱学森班一起在教学探索与实践的道路上前行

清华大学航天航空学院教授 郑钢铁

自从指导钱学森班力 0 学生到现在指导力 7 学生，我参加钱学森班学生的科研教学活动已经八年了。在这八年中，指导的钱学森班学生项目共获得学校大学生科研训练（SRT）四个一等奖，一个二等奖，三项学校大学生挑战杯赛一等奖，还获得日内瓦国际发明展金奖和银奖各一项。当然，如果不是一些项目质量太高而被误认为不是学生做的，或者因为颠覆了其他相关学科的固有技术和思维模式，可能还会获得更多的挑战杯奖。我也因此获得了清华大学第一次颁发给一线教师的"刘冰奖"，可谓和钱学森班一起前行。

同姚朝晖教授一起和参加音乐工厂项目的学生合影

钱学森班学生的科研教学不仅是教学活动，更多的是教学探索与实际活动。清华大学强调"三位一体"的教育，即"价值塑造，能力培养，知识传授"。这其中，如何在教学过程中实践"价值塑造"和"能力培养"这两方面的教育，不仅是一个需要探索的过程，对教师本人也是价值观、人格和能力的提升过程。指导钱学森班这些年中，也是努力解决"钱学森之问"的过程。我和钱学森班首席教授郑泉水老师等钱学森班工作组的同事一起坚持不懈地进行探索，试图找到培养本科生的一条更好的途径。钱学森班提出要求学生参加开放式创新挑战项目（ORIC），以 ORIC 项目为平台，开展了研究性学习(study by research)的探索与实践工作。在这个过程中，面临着如何实现宽口径教学的问题。钱学森班的课程以力学为主，但未来的发展要求学生能够胜任其他领域的科研与工程工作，这就使得宽口径教学需要脱离仅仅增加人文社科课程比重的狭义宽口径教学模式，这就提出了"什么是宽口径教学？"和"如何实现宽口径教学？"的问题，如何回答这两个问题成为了在钱学森班教学工作中的一项探索和实践工作。事实上，正因为对宽口径教学的探索，所指导的学生项目横跨航天、机械、自动化、计算机、音乐和汽车等多个学科，而毕业的一些钱学森班学生也在国内外这些学科继续深造。

在实践"三位一体"的教学活动中，培养学生的正确价值观和健全的人格是教学过程中的重中之重。钱学森班学生的选拔条件是"尖子中的尖子"（best of the best），而刚好又是"90 后"的独生子女一代，因此，如何使学生能够关爱他人、欣赏他人、与人合作、不畏艰险等就成为需要解决的问题。为此，在科研项目的设计中，侧重于团队项目，并注意增强项目的挑战性，使学生在科研中体会到他人贡献的重要性和价值，以及体验经过艰苦努力后的成功感。在我所指导的钱学森班科研项目中，都组成了包括不同年级学生的项目组，形成了高年级学生帮助低年级学生和学生之间相互学习的局面。作为指导老师，在项目组会上，和学生们不仅讨论科研工作，更多的是了解学生们在新团队形成的过程中，能否顺利地融入新集体，能否在完成自己本职工作的前提下与团队其他成员共同合作保障科研任务的圆满完成。在组会中，还会和学生们经常讨论到日常的趣事、生活的琐事等，了解他们每天经历的事情，及时发现他们遇到的问题，并帮助他们解决问题。每个月还会与学生进行单独交流，履行钱学森班学生导师的责任，更深入地了解学生的生活、学习等情况；对入学后感到迷茫的学生，为其提供一条发展的可能性，指引一种方向。在日常教学中，同时注意用自己的亲身经历和体会经常提醒学生注意这些，使得学生们学会由衷地欣赏别人和赞美别人。在项目中坚持不设组长，而是让学生自发地进行项目的组织和协调。在日常的科研中，经常会看到感人的一幕，一些学生或席地而坐，共同组装系统，或齐心协力完成一项工作。令人惊奇的是，在一些复杂项目中，学生们自己会开协调会，并利用项目组织协调软件进行项目管理。在钱学森班工作组和学校教务处的支持下，学生们获得了出国开会和参加国际比赛的机会，还从出售卫星地面模拟器获得收益中拿出经费派学生到加拿大进行现场安装调试，这些活动增强了学生之间的友谊和对他人的好感。

感恩和回馈是价值观的重要组成部分。所指导的卫星地面模拟器项目因为设计上的特点，先后出售了六套分别给加拿大 York 大学和上海交通大学等，扣除成本和学生去加拿大现场组装/访学和给没有去加拿大的学生发奖金的花费外，还余下五万元人民币。当时给学生们几个选项，包括学生们分掉和共同捐出。结果是学生们选择了捐给钱学森班，以此感谢钱学森班的培养。五万元并不多，但其意义胜过捐出千万，这是本科生通过自己科研获得的人生第一笔收益，而本科生将科研所得捐献给学校，则在中国乃至世界上都罕见。

学生们一起组装外骨骼

学生在加拿大 York 大学现场安装卫星模拟器的星图

学生在捐款仪式上和郑泉水教授合影

在钱学森班，学生科研教学的目的不仅是培养学生的科研能力，而且是通过科研培养学生自己获取知识的能力，即研究型学习。中国多数大学生的学习带有一定的盲目性，仅限于听课，并且很少关心各门课程之间的关联性，也缺少在科研中的应用实践，当然，更缺少自主学习的动力，这或许是中国学生缺乏创造性的主要原因。研究型学习是钱学森班的一项重要探索实践，通过科研项目让学生建立所学知识之间的关联性，激发学生根据科研需要进行自主学习的热情，并由此获得自主学习的能力。以此为出发点，设置的科研项目要求学生学习钱学森班培养计划之外的大量知识与技能。考虑到信息化时代的特点，在将科研项目设计成系统项目的同时，增加了控制、信息、人工智能等内涵，以此和力学共同构成实现一个工程系统所需要的知识体系。典型的研究项目包括手术机器人和新型自主车。由此产生的效果是学生们自发地选择原来学生们刻意避开的课程，例如信号与系统和人工智能等。因为有了科研实践中的体会和感悟，学生的学习热情更高，选择这些课程的钱学森班学生数量甚至超过航天航空班学生。在技能方面，因为科研中需要单片机，钱学森班学生中很多人自己购置单片机开发系统，相互学习和传授经验，越用越好。同时研究型学习还锻炼了学生们自行拓展资源的能力，在手术机器人、自主车、外骨骼、音乐工厂等项目中，设备采购、零件生产是必不可少的部分，学生们自己开展市场调研，与各厂家进行联系、对比调研，在繁多的商家中选出质量最优、性价比最高的商品；同时依靠学生们自行管理经费，能使其更加合理的运用资金。当然，欧美著名大学早已经重视研究型学习，通过一年的科研项目，帮助学生建立课程知识自己的关系和督促学生进行自主学习。我们的目的是通过钱学森班的科研教学起到示范作用，能够在更大的范围内推广实施。

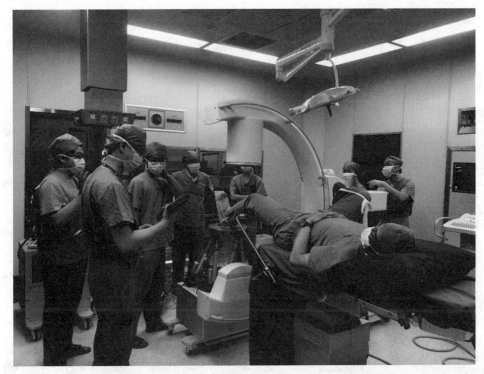

学生在清华长庚医院手术室和医生共同讨论手术机器人设计问题

　　如何通过"研究型学习"实现"宽口径教学"是在钱学森班科研教学中的一项重要探索工作。自主学习的直接后果是学生的知识范围是发散的和不受控的，虽然通过科研使得这些知识形成了体系，但如何做到宽口径则是另一个问题。这需要教师的引导和学生的感悟。无疑，宽口径教学的根本目的是使毕业生能够在飞速发展的科学技术时代不掉队，并能够成为科学技术发展的引领者。如何使学生能够做到这些，简单地为学生增加人文课程是不够的，毕竟钱学森班的培养目标是培养未来科学与技术的引领者。为此，在指导学生的过程中，注重使学生形成完整的知识体系和具备批判性思维（critical thinking）的能力。按照钱学森班教学的特点，提出了建立"三位一体"的知识体系，即力学、自动化和信息，通过系统实现之间的融合，在此基础上，形成批判思维的能力，毕竟批判性思维的基础是多视角的观察能力和超越眼前的洞察能力。由此产生的效果是，学生们可以跨学科和进行交叉学科下的研究工作，并对现有研究热点问题从批判性的视角进行重新审视，特别是能够创新性地提出新的理论或方法。典型的例子是手术机器人和自主车这两个学生项目。其中，自主车项目形成了集中-分散控制的电动车新控制模式，在短时间内成功实现了四轮独立驱动与独立转向驾驶。在进行驾驶控制和智能化研究时，学生们将车辆动力学、车辆运动控制和人工智能相结合，创造性地提出了半透明自主驾驶神经元网络，将人类积累的深层知识嵌入到神经元网络中，实现了在现有人类知识基础上的机器学习，并做到了网络输出结果的可解释和可预测性。而手术机器人则抛弃了导致骨科手术机器人使用注册导航理论和技术，形成了新的设计与控制理论和方法，解决了机器人使用困难和不稳定的问题。遗憾的是，这两个项目在进行学校大学生挑战杯答辩时，都受到传统研究领域专家的质疑，尽管实验结果已经证明学生是对的。诚然这些结果是建立在钱学森班学生乃优中之优的前提条件基础上的，但团队中也吸收了少量航天航空班学生，他们的表现同样出色。这或许能够说明建立一个完备的知识体系和使学生获得自主学习能力是培养学生创新能力的基础，而批判性思维的能力则是创新的驱动力之一。

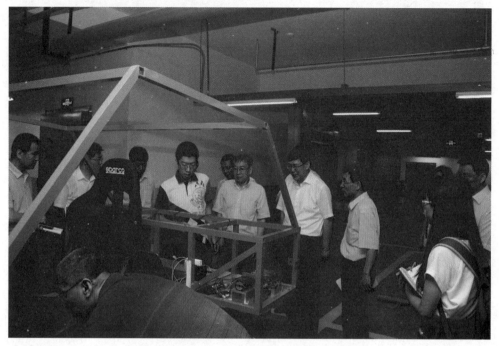

学生在向来考察的北京市副市长和学校副校长介绍自主车

在钱学森班成立十年之际，希望我们在教学探索方面取得的实践经验能够在更大范围推广，以惠及更多学生，这也是钱学森班的使命之一。在钱学森班的第二个十周年时，希望看到本科生教学能够处于国际先进行列。

钱学森班十年之流力

清华大学航天航空学院教授　许春晓

　　钱学森班创立 10 年了，我从最初的力 9 班开始，一直担任钱学森班流体力学的教学工作，到今年的力 7，已经教过 9 届学生了。每一届的钱学森班，似乎一样，也都不一样，每一年流力课以外的教学环境，似乎一样，也都不一样。这 9 年的流力教学，对我来说，也是一个从最初的诚惶诚恐到现在的乐在其中、不断探索、教学相长的宝贵经历。感谢钱学森班工作组的信任，让我有机会担任如此优秀的一个群体的教师，感谢钱学森班所有的同学，感谢你们课堂上专注的目光和会心的微笑，感谢你们课堂下深思熟虑的质疑和坦诚热烈的讨论。

　　力 9 班是我印象最深的一个班，不光因为这是我所教的第一个班，更是因为他们极为活跃的课堂气氛和极为较真的课下讨论给我的教学所带来的挑战，这种挑战启发我对一些想当然的问题从更深的层次思考、从更刁钻的角度分析，受益匪浅。

　　钱学森班同学总体来讲基础好、能力强，但竞赛生比例较高，具有不同的学科特长，在教学方面也尽量多样化要求，例如，从最开始到现在一直保留了作业分为必做和选做两部分。在评价方式上，也在不断探索，寻求更加合理、更能激励同学的考核方式。最初采用的是三次课堂小测加期末考试的方式，课堂小测以概念题为主，目的是让同学更加清楚平时学习的重点在于流体力学的概念和原理，避免陷入公式推导。为了成绩能更全面地反映同学的学习状况，从力 5 开始，对运动学、动力学、理想流、粘流、气体、湍流分别进行 6 次考试，加强同学平时的学习动力、避免只是考前突击，力 6 还增加了期末综合考试，今年力 7 又增加了课程设计项目，让同学试着在实际流动问题中运用课堂所学知识，以起到引导兴趣、扩大视野、创新培养的作用。

　　这些年来，也有不少钱学森班同学选择在流体方向继续深造，我也听到了国内外同行的不少赞誉之词，例如美国布朗大学、明尼苏达大学、澳大利亚墨尔本大学的同行，称赞钱学森班同学 "amazing good" "unexpected excellent" 等。剑桥大学流体力学方向的教授在访问流体所时，曾问我清华的流体课程是怎么教的，他想知道为什么清华学生可以非常快地进入研究状态，当他知道钱学森班学生有在世界著名大学游学的项目时，他说，"你如果觉得剑桥也是世界著名大学，请把剑桥推荐给他们"。每当听到这些话，我心中充满了幸福和自豪的同时，也如同下课时同学自发的掌声，鞭策我更好地投入到教书育人的工作中。

我与力1

清华大学航天航空学院教授，钱学森班 2019 级班主任　张　雄

我 1994 年 6 月加入清华大学，此后因一直兼任研究所行政工作而没有担任过班主任。作为一名教师，我很喜欢教学工作，也很喜欢与学生交流，因此于 2011 年在仍担任研究所所长的情况下，自告奋勇担任本科生班主任，被首席郑泉水教授确定为力 1 班的班主任。

第一次担任班主任，没什么经验可循。经过仔细思考，我把自己作为班主任的角色定位为学生的伴跑者，而不是家长型，主要开展了以下几方面的工作。

1. 帮助学生尽快适应大学生活

大部分学生是第一次远离家乡，入学后第一学期有三个重要节日：中秋节、国庆节和元旦。中秋节时我给每位同学购买了 2 块月饼，并在国庆节前夕请没有回家的同学在巴西烤肉店聚餐。有同学在人人网上留言，"让我们出门在外的孩子感受到家庭的温暖"。圣诞时我又邀请同学们来家里玩，我爱人为同学们烹制了蛋挞、比萨、鸡翅、肉串、鸡块、排骨和麻辣香锅等食品，同学们一起布置圣诞树、擀面皮、包饺子，餐后唱歌玩游戏（图 1）。这些活动增进了同学们之间的友谊和班级凝聚力。

图 1　圣诞节家庭聚会

2. 营造健康向上的班级氛围

班级的班风和学风对学生的发展非常重要，因此我多次创造机会营造宣传积极向上的班级氛围。例如，我邀请了加拿大多伦多大学机械和工业工程系教授、设计中的力学与材料国际杂志主编 Shaker Meguid 教授来力 1 班做学术报告，并和同学们进行交流（图 2）。

图 2 Shaker Meguid 教授和同学们的合影

为了深入了解钱学森的生平、学术成就和学术思想，力 1 班于 2012 年 11 月 16 日赴上海交大参观钱学森图书馆。在火车开车不久，同学们就纷纷拿出了书本，在高铁上自习、做作业（图 3）。我在人人网上及时发布了相关信息进行宣传鼓励，有其他同学留言称赞"不愧是钱学森班！"。

图 3 赴上海交通大学参观钱学森图书馆

马冬晗是精仪系 2008 级本科生，是我"理论力学"课程的学生，于 2011 年获得清华大学本科生特等奖学金。我特意邀请了马冬晗同学参加力 1 班的主题团日活动，请她介绍学习经验，并和同学们座谈。

我和香港大学机械系有多年的良好合作关系，协助力 1 班申办了由教育部资助的香港与内地高等学校师生交流计划项目。力 1 班于 2013 年 8 月 1 日—5 日接待了香港大学机械系 20 名学生和 2 名带队教师，双方一起参观了校内多个实验室、校史馆、早期四大建筑（图书馆、体育馆、科学馆、大礼堂）等，举办了由过增元院士、苏义脑院士和朱克勤教授主讲的学术报告会、钱学森生平讲座和钱学森班学生 SRT 成果介绍交流会等，并举行了钱学森班港大文体联谊竞技活动和市内及长城游览活动。通过这次活动，锻炼了同学们的组织和沟通能力，增进了香港师生对祖国的了解，对清华和钱学森力学班的了解。

3. 协助学生尽快明确长远规划与短期发展目标

学生在上大学以前，一般都还没有形成长远的人生发展规划和目标。在高中时期他们的目标一般都很明确，就是考上名校，因此学习积极性很高。进入清华后，原来的目标已经实现，又没有长远规划和新的目标，很容易出现迷茫，丧失努力方向，放松对自己的要求。为了协助学生尽快明确长远规划与短期发展目标，我在开学班会上明确提出，要大家思考自己的长远发展规划和短期发展目标，并作为第 1 学期和第 3 学期的寒假作业，请同学们对自己学习和生活进行全面总结，进一步思考明确自己的长远发展规划和近期发展目标。

4. 关注异常情况，及时交流

大一时我和学生每周一次定期在学生食堂共餐，了解学生的近期情况并促进同学们之间互相交流。另外通过班委、辅导员、任课教师、走访学生宿舍等多种渠道及时了解学生的动态，发现异常情况时及时约相关学生在食堂共餐，进行讨论交流。期末考试结束后，我会邀请任课教师和同学们一起聚餐，感谢任课教师对学生培养的付出，进一步增进师生间的交流。另外，我定期约谈班委和团支部，交流前期工作情况，商讨下步工作计划和方案，充分发挥班委和团支部在班级建设中的核心作用。

经过班委、团支部和全体同学的共同努力，力 1 班取得了许多优异成绩。例如，在 2013 年举行的第 9 届全国周培源大学生力学竞赛中，力 1 班有 7 名同学获得 1 等奖，占全国一等奖获奖人数的 20%（7/34），占清华一等奖获奖人数的 50%（7/14）；毕业前夕，有 3 名同学以第一作者身份在国际著名期刊上发表了高水平的论文；在航院推荐到学校的 5 篇校优秀毕业论文中，有 3 篇是力 1 班的；1 名同学入选北京市优秀毕业生和清华大学优秀毕业生；所有同学均继续读研，其中 15 名同学就读于哈佛大学、MIT、普林斯顿、UCB、Stanford、JHU、布朗大学、普渡大学、波士顿大学、达特茅斯学院、明尼苏达大学（2 人）、宾夕法尼亚大学、英国帝国理工、墨尔本大学等国外知名高校，6 名同学就读于航院，5 名同学就读于清华土木系（2 人）、热能系（2 人）和机械系，1 名同学就读于北理工。

做力 1 班主任的四年，是我大学教师生涯中非常难忘的四年。我为能够陪伴这批优秀学子并能为他们的发展尽一份力而自豪，也很高兴获得了钱学森力学班特别贡献奖。力 1 班毕业后，首席郑泉水教授多次邀请我再次担任钱学森班的班主任，但我从 2016 年开始担任航空系主任，时间上难以保证，因此一直没有同意。近期在郑老师的再次邀请下，我接受了 2019 级钱学森班班主任的任务。

图 4　力 1 班毕业照

钱学森班班主任有感

清华大学航天航空学院副教授，钱学森班 2015 级班主任　柳占立

担任钱学森班力 5 班班主任是我第一次做班主任工作，也是我在清华工作近七年来所承担的个人感觉收获很大、很受锻炼的一个工作。并且随着时间的推移，越来越感受到这份工作的价值，越来越感受到其中的乐趣。

刚当班主任时，看着这些来自全国各地的青年才俊朝气蓬勃的面孔，感到肩上的担子很重，担心自己能力、视野及精力有限不能给他们足够的帮助和引导，怕他们经过清华钱学森班几年的培养，没有达到个人的成长预期怎么办。回想近四年来的班主任工作，感觉自己有很多做得不到位的地方，成功的经验不多，但需要总结的教训还不少。

钱学森班学生思维活跃，主动积极，普遍比较关心钱学森班毕业后自己能干什么这个问题。针对钱学森班同学的特点，我感觉要及早引导他们建立远大的科学理想和抱负，尽早进入实验室，寻找自己感兴趣的科学和工程问题，培养科学品味，发挥自己的主动性去进行创造。这方面我感觉自己下手晚了，刚入学时给学生讲得不够，更多地关注了学生的课程学习和生活。这就造成有些学生入学后比较迷茫，缺少动力，一时难以从高中的知识型学习转入到大学的创新型学习。

另外，钱学森班同学个个都有自己的特长，我们教育的作用就是要把这些同学的特长无限放大，因势利导，最终让他们能够成为某方面的专家甚至领军人物。多样性应该成为钱学森班学生培养的一个标签，考试成绩不是唯一的评价标准。在挖掘学生特长方面我也没有下够功夫。

钱学森班学习压力大，课程挑战性强，作为班主任要重视班级文化的建设，让大家在这个家庭里能感受到集体的温暖和力量，培养同学间的同窗情谊，营造团结合作的班级氛围。在这四年来我也组织了一些班级聚餐和游园活动，但感觉工作做得还不够，一些同学还都是过着宿舍—教室—实验室的生活，集体的活跃性和参与度还不够。

通过担任钱学森班班主任，我自己在科研育人认识方面也有了很大提高。通过多次参加钱学森班工作组组织的交流活动，让我对如何发现及培养拔尖型人才有了更深的认识，郑泉水老师、朱克勤老师、李俊峰老师等分享的对大学教育及对人才培养的认识，让我受益匪浅，我也开始思考钱学森班及清华优秀的学生最终要成为兴业安邦之才，他们该如何度过清华这四年，我们作为老师又该给他们提供哪些帮助和引导。

另外，几年的班主任工作让我自己也得到了很多锻炼，组织学生活动，与学生交流，参加学生评比，这些都是在普通的科研教学工作中体会不到的。多与学生在一起，才知道他们在想什么，他们最想要什么，才能更好地开展课堂授课，才能更好地指导学生开展科

研工作。

　　经过近四年的时间，我与同学们也结下了深厚的情谊，看着这帮才华横溢的学子，我为他们某项评比失利感到过伤心，同时，也为他们取得好成绩时感到无比自豪；当知道某位同学遇到困难时，自己感觉比他们还着急，想尽一切办法帮助他们。有次在某个场合听同事说"×××同学很棒，获得了多项奖励"，我自豪地说："我是他的班主任"。我想这就是当钱学森班班主任的魅力吧！

　　力5班同学转眼就要本科毕业，开启另一阶段的求学生涯了，我希望他们厚德载物，志存高远，早日学成本领为国家的复兴大业做出钱学森班人的贡献！

我参与钱学森班班主任工作的感想

清华大学航天航空学院副教授，钱学森班 2016 级班主任　龚胜平

为探索培养创新型人才，回答钱老 2005 年提出的"钱学森之问"，全国已有多所高校开设了"钱学森试验班"。清华大学钱学森力学班自 2009 年开班以来，在首席郑泉水教授的领导下，工作组历经 7 年努力，到力 6 班学生入学时，已经建构起相对比较完善的课程体系，创新模式也日渐清晰。担任钱学森力学班班主任是我第二次担任本科生班主任。我最早曾担任过航 14 班（国防班）班主任，班上的学生都是准军人，各种制度和纪律相对比较严，班级凝聚力很好，四年间和同学们建立了深厚的友谊。当得知我将担任 2016 级钱学森班班主任时，一方面我觉得特别荣幸和幸运，首先工作组能将这么重要的学生培养工作交给我，是对我的信任，其次是借此机会我能和最优秀的同学一起学习和成长。另一方面我又很忐忑，担心不能引导他们充分挖掘自己的潜力。时至今日，我已伴随力 6 班走过了近三年时间，值此钱学森班创办十周年之际，我将结合自身班级管理实践，就钱学森班的创新培养模式谈谈自己的理解，正好也是对担任班主任期间的工作感受、经验和教训做个简单总结。

1. 入学挑选

钱学森班的最终目标是培养人，基于这一目标，学生的本身条件和特质是非常重要的选拔考量因素。智力水平是一方面，也就是我们常说的"聪明"。钱学森班每年招收的学生一部分来自各种竞赛金牌获得者，一部分是各省市高考成绩优秀的学生。力 6 班有 5 名竞赛金牌获得者，有 1 名新疆高考状元。放眼整个清华，绝大部分同学都很聪明，具备成为潜在创新人才的先天基础。而另一更为关键的特质我认为是对新事物的好奇心和对创新的原始动力，这一特质很难通过学生的平时成绩来认定。因此，增加面试环节是出于对学生进一步了解的考虑，但短短几分钟的面试互动也是片面的，所以钱学森班进一步设置了退出和进入机制。学生在经过更长时间（一到两年）的尝试后，如果真的不适合这种培养模式，可以选择退出钱学森班转去普通班，同时另外一些同学在普通班学习一段时间后，如果觉得自己更喜欢钱学森班的培养模式，也可以选择进入钱学森班。力 6 班有两名同学选择退出去了普通班，有两名同学在大一结束后从普通班转入钱学森班。目前，这两名转专业进来的学生各方面表现都很优秀。除此之外，勤奋和毅力是很重要的特质。有些学生很聪明，也对很多事情感兴趣，但不愿花时间去研究琢磨，遇到问题不够坚持。这种特质单纯依靠平时成绩和面试也难以判断，因为倘若学生足够聪明，高中时期他不需要特别勤奋就可以获得非常优秀的成绩，同时，由于他对事物也保持着好奇心，面试的时候对他了解的方向也能抓住主要矛盾。力 6 班就有两个这样的学生，所有接触过的老师和同学，包括我自己，都觉得他们非常聪明，探讨问题也能很快抓住问题核心、提出自己的想法，但最大的问题就是宁愿花时间睡觉、玩游戏，也不愿去学习和钻研，甚至连最基本的上课都难保证，最终的结果是挂科退出钱学森班。目前，进入钱学森班的学生主要有三种来源，一是竞赛生，

二是高考生，三是二招生。就力 6 的情况而言，很难判断哪种生源更好，三种生源中都有发展"好"和"不好"的。挑选合适的人选是一项非常重要而又艰难的工作，钱学森班招生组的老师付出很大心血，积累了大量的经验，但这个工作非常复杂，很难形成一个固定的标准。

2. 课程体系

钱学森班的课程体系有很多特点：第一，绝大部分课程是单独授课；第二，课程难度较普通班更大；第三，增加了高要求的人文艺术类课程；第四，数理化生基础课的比重大；第五，开设了讲座类课程。

由于我没有参与课程体系的建设，我在这里只简单地谈谈自己对力 6 班学生在钱学森班课程体系培养下知识结构的初步认识。首先，同学都有较好的数理基础，很容易进入某一个特定领域开展自己感兴趣的研究，整个力 6 班同学的研究领域分布很广，包括力学、材料、生物、计算机、控制、电子、热学、信息等。其次，同学们的知识面很广，从马克思主义到历史到文化再到艺术，同学们能不停地讲上一两个小时，很多科技领域的话题他们更能说得"天花乱坠"。

3. 科研培养体系

钱学森班的科研培养体系涵盖多个学生研究训练（SRT）、创新挑战开放性研究（ORIC）、出国研学项目，以及邀请系列报告等。邀请系列报告让同学们接触和初步了解到各个领域最前沿的研究，感兴趣的同学会挑自己潜在感兴趣的方向做 SRT，通过多个 SRT 的尝试最终找到自己真正感兴趣的方向。在此基础上，ORIC 让学生进一步提出自己的想法，开展深入研究，做出一定成果，进而提升自信心，为长期从事一个超难的课题提供基础。出国研学为学生提供了与国际上领域内最权威的科学家接触和讨论的机会，帮助学生拓宽眼界和提高研究水平。整套体系让学生能够找到自己真正有原动力的科研方向，为培养"卓越"铺平道路。最近，我与力 6 班每位同学单独聊了很长时间，发现钱学森班培养体系下的绝大部分同学都有志从事科学研究，而且有非常明确的方向。我将钱学森班与普通班的同学做了一个比较，从跟我做 SRT、小学期和找我读博的普通班同学了解到，他们对自己想从事的方向并不明确，这与钱学森班形成比较鲜明的对比。其次，从科研能力看，我接触了几个普通班大三同学，最基本的问题他们往往都需要较长时间来解决，但据我所知，力 6 班绝大部分同学都有可发表的成果（虽然不一定发表）。这说明钱学森班在培养学生的科研素养和科研原动力方面是非常有成效的。

4. 感受与反省

（1）大一期间与同学建立信任关系非常重要，这种信任关系可以让我们更好地去了解学生的优点和可能存在的问题。对力 6 班同学，我觉得我们建立信任关系的时间有点晚。

（2）我在大一强调不要只注重成绩，导致一部分同学成绩出现问题。绝大部分同学大一并不清楚自己真正感兴趣的方向，一些同学没有把时间花在课程学习上，也没有发挥自己的天赋去做有意义的事情，所以我认为大一有必要强调基础课程学习的重要性。

（3）钱学森班每位同学特点不同，个体差异性比普通班要大，用统一的标准和模式来管理可能会存在一些问题，需要单独与每位同学沟通交流来了解他们的需求，从而更好地利用现有资源来协助他们实现自己的目标。

钱学森班十年

钱学森班 2009 级学生　金　鹏

2009—2019 年，十年浓缩成了简历上的寥寥几行。十分有幸，在此写写误入首届钱学森班的一只小弱渣的感慨。十年惶恐，每逢被问到学校专业的时候，生怕自己名不副实，给钱学森班、给清华丢脸。十年时光，自有它的棱角与温柔。

在钱学森班的四年

2009 年该报志愿的时候，受当年载人航天的鼓舞，毫无人生规划的我惦记着清华航院。尔时偶然从广播里听到"钱学森力学班"，于是就报它了。五分努力，三分缘分，两分幸运，化作十分荣幸，我通过高考统招进入钱学森班学习。

"厚基础，宽口径"，胸中满溢着少年人特有的热诚与迷茫，懵懵懂懂地听着水哥讲钱学森班的教育理念与实践；再落实到现实的学习生活，就是"上了高四"。大一的时候尤其艰辛。但是同时也是超级幸运，彼时，有张贤科老师给上高等代数，郑建华老师上微积分，还都是小班课。大学物理在三教的大教室里，也只有班里不到 30 人在上课。到现在也觉得神奇，张老师可以把那么抽象的数学概念讲得那么生动有趣。还有 SRT，暑期实验、海外研学。大四时三个月的海外经历，确实开阔了视野。钱学森班提供了很多的机会，给我们提供选择，得以接触研究、实践研究，感受研究的乐趣，现在想来也确实影响了我们看事物、做选择的方式。

额外提一句，清华一大特点就是不缺"大神"，班上就更加如是了。总是被各种碾压之后，也就慢慢习惯了接纳自己与别人的差距。努力成长的过程里，光是昂扬上进会让人疲惫不堪，对于优秀的群体中的普通人如我，在努力的同时也学会了正视和善待自己。

钱学森班之后的五年

这五年依然待在园子里，跟本科 SRT 导师李老师上直博。跟着李老师的特点就是两耳不闻工程项目，一心放在课题研究。说来惭愧，喟然拿到超导线带材中的力学问题这个课题，可是找出来的研究的问题总是落在了边边角角。好在乐在其中，当自己天马行空的点子得到导师的肯定付诸实践，而实验结果又如预期时，会有单纯的高兴。这成果无须是"学科里的重大突破"，也无须"能发篇 Science / Nature"，不一定要有多少工程意义，也不一定要多少商业价值，只是自由地实践自己的想法，单纯的结果符合预期，或者只是单纯地"It can work somehow"（以某种方法解决它），就足够了。

走出校园的不到一年

在找工作的时候，不由自主地想找一个氛围宽松、能尊重每个人的创意，能让自己的技能点产生价值的工作。于是在走出校园之后选定了符合这一特点的岗位。如今工作中有时不由感慨，上课学习的时候感觉不到，但是工作遇到的时候，有时自然而然就能用上当年课上的知识，当下来说尤其是代数、张量；还有的是虽然不能直接用上，但是分析手段能借鉴得上，比如有限元，当然了还有英语。当年想上天，如今却找了份入地的工作（现单位主要业务是石油钻探服务）。另外开个玩笑，现在满世界都热火朝天地讲人工智能、机器学习，是不是钱学森班也能搞点更多的计算机、算法相关的课？

钱学森班的光环已没有在校时那么生动。身上背着更大的一个标签，是清华。说起来挺好玩的，现在组里是北大的抛下了当年的专业做纯管理，管着清华的和北航的干活。清华人在组里，是解决方案的提出者，谦逊真诚的聆听者，也是脚踏实地的执行者，感谢钱学森班，为我们搭建了平台，提供丰富的资源，夯实基础，让我认识了那么多优秀的同学，还给了我们广阔的选择机会。长路漫漫，我们也要抓住机会自我发展，不仅仅是继续知识与理性思维，还需要沟通表达等软技能，时刻准备应对接下来的挑战。

纪念钱学森班十周年

钱学森班 2009 级学生　杨　锦

　　从 2009 年首届钱学森班建立到 2019 年的今天，十载光阴，弹指一挥间。我有幸能成为首届钱学森班力 9 的一分子，倍感荣耀的同时也肩负责任。十年过去，谨以此文回忆我和钱学森班的点点滴滴，庆祝钱学森班十周年，并祝今后越来越好！

　　我在高三寒假时提前保送到清华工业工程系，后来发现工业工程并不是自己喜欢的方向，我更喜欢学习基础学科。于是在刚入学二招时，我就积极报名参加钱学森班的二招考试，但是这次考试我没有通过，心想可能与钱学森班就此错过。在大一下学期时，我打听到钱学森班可以再次申请转系进入，就再次鼓起勇气报名。虽然钱学森班作为清华"姚钱数（谐音摇钱树）"的组成之一声誉在外，但是由于力 9 是首届钱学森班，班级人数较少，再加上和其他外系同学交集较小（因为力 9 较多小班课独立授课），所以钱学森班在我心中充满了崇高感和神秘感。经过对大一课程成绩的审核和组委会老师们的面试，我怀着期待与一些担心（担心自己跟不上力 9 同学们的进步，因为钱学森班大一的基础课课程比工业工程系要难），终于圆梦进入首届钱学森力学班——力 9。

　　从大一暑假算起，我在力 9 一共度过三年。三年来，我特别感谢钱学森班精心设计的培养计划，可谓称得上"羡煞旁人"。所有专业课都是由知名教授亲自授课，而且绝大部分专业课是小班单独上课，帮我们打下了扎实的基础。例如李俊峰、高云峰老师的理论力学，郑泉水老师的材料力学，冯西桥老师的弹性力学，许春晓老师的流体力学，张雄老师的有限元理论等，名师授课深入浅出，鞭辟入里，不少课程还设置小组大作业极富挑战。不仅如此，钱学森班还有来自七个兄弟院系主任或其他知名教授的讲座，在本科时期就已经在帮我们开阔眼界，了解到很多实验组一线科研成果。

　　除了上课，大家本科时期每年每位同学都有自己独立的辅导导师，可以帮我们解惑答疑。比如陈常青老师曾担任我的辅导导师，在我大二时对我提出选课指导帮助和学术规划上的建议。而且不单单是自己的辅导导师，透过同学们之间的日常课外闲谈，也或多或少地熟悉其他教授的研究领域和间接地获得很多来自其他教授的指点迷津。在力 9，我就有一种对于很多航院和兄弟院系教授虽未谋面，却又很熟悉的感觉。力 9 很多同学在大三就加入实验组开始做科研项目，比如我自己跟随郑泉水老师做关于"不破的泡泡"的研究（水泡表面有紧密排列微米颗粒时，产生的毛细张力可以维持水泡持续一个多月不破），使得我在做研究的观察、实验、理论等方方面面取得很大进步。最重要的是，这段小小的科研经历让我体验到做科研的美妙，让我第一次领悟到用自己所学和推导可以去解释分析、定量描述一个物理现象的成就感。虽然说，"路漫漫其修远兮，吾将上下而求索"，人生拼搏奋斗的路途可能还会遍布荆棘坎坷，但是能够首先找到哪一条是自己想走的路，找到人生的方向也是一种只属于自己的幸福。力 9 在大四上期间进行海外研修的项目，可以更好地帮我们了解到国外知名高校实验组的情况，对于想本科毕业后海外深造的同学更是一次难得的机会。比如我自己就是大四上学期在钱学森班的海外研修项目中来到加州理工学院跟随 Kaushik Bhattacharya 教授进行对记忆形状合金最大可恢复形变理论的研究，并同年拿到加州理工学院 PhD 的 offer（录取通知）。如果我没有转入钱学森班，以上种种平台和资源是我之前很难想象的。

出国读博到现在，钱学森班对我的影响依旧无处不在。在力 9 本科阶段打下的数学和力学等专业课基础让我对博士期间的课程充满信心。在研究方面，力 9 阶段锻炼的科研能力也让我受益匪浅，能够让我坚定信念执着地去做我喜欢的研究。博士期间我经常出差开会，之前力 9 阶段听过的很多讲座也能够帮助我保持一种更加开放的心态去倾听和学习他人的研究成果，积极与其他教授和科研工作者们去交流经验。

对于钱学森班的优点和我从钱学森班的受益之多，短短一篇文章难以道尽。今天，我仍然在自己逐梦的路上，虽然前方依旧充满了未知定数，但是我感谢钱学森班这个极具多元创新活力的平台，感恩钱学森班所有耕耘付出的老师们，感激钱学森班和我并肩同行的同学们，助我找到了这条我喜欢的路，让我在这条路上继续勇敢前行。

2019 年 4 月 2 日

十年，又是新的起点

钱学森班 2009 级学生　张博戎

动笔写这篇文稿的时候，正回想着十年前的自己在做些什么？依稀记得 2009 年那个四月，一边准备高三一模考试，一边思索着拿到模考成绩后应当如何填报志愿（注：笔者所在考区当年政策为考前填报志愿）。在某个周末上完补习班回家的车上，从广播里听到了"清华大学今年开始招收首届'钱学森力学班'的消息"。未曾料到，自己和这个名字从那时起就结下了不解的情缘。

十年后的今天，从"钱学森班"毕业已久，来到中国运载火箭技术研究院继续攻读博士学位。坐在公寓窗前写下十年里的点滴回忆，听着窗外南大红门路上过往车辆发出的阵阵回响，依稀感觉时光又穿梭回这十年里每一个做下决定的时刻，或是短暂，或是漫长，或是转瞬即逝，或是深切难忘。

一度在思索，这十年的时间于我来讲意味着什么？成长？改变？抑或只是个人能力在不同维度上的膨胀？好像很难给出一个简短的结论。但无可否认的是，这十年里曾经受过的每一次磨炼、曾跋涉过的每一段旅程，都在现在的自己身上留下了深深的烙印。想要感谢在清华上过的课程和体育锻炼，正是拥有了这些扎实的功底，才让现在的我能够自信而笃定地生活；想要感谢钱学森班的出国交流和学校里的各种实习实践，正是拥有了这些走进陌生世界的体验，才让现在的我能够接纳世界的多样与不完美。想要感谢在力 9 班担任团支书一直到辅导员的经历，正是拥有了"双肩挑"能力的锻炼，才让现在的我能够勇于迎接生命中的每一次挑战。

很喜欢去年上映一部讲述清华和西南联大故事的电影——《无问西东》。感触最深的地方在于，电影通过时代的动荡变迁和若干人物的前后关联演绎出了一种时光交错中的真实，让观众不仅感受到了一个人、一代人的成长，同时也体会到了一种精神的传递。

十年难论长短。对于一个学科、一个品牌来讲，"清华钱学森班"还很年轻，但是对于一代人来讲，"清华钱学森班人"已经拥有了长足的成长。笔者近两年曾接待多批 2016—2018 级钱学森班本科生来访中国运载火箭技术研究院，这些准"00 后"同学们所关注的问题，已经和当年的我们大相径庭。航天强国、军民融合、商业航天……这些关键词既是我所面对的当下工作主旋律，也是学弟学妹们所踏足的时代起点。衷心地希望每一个在钱学森班集体中成长起来的同学都能够把握住这个时代的契机，追寻到属于自己内心的"真实"。

十年，既是钱学森班的新起点，也是我们的新征程！

因材施教，多元发展

——为每一个钱学森班同学提供一个发展的平台

钱学森班 2011 级钱学森班毕业生，2015 级钱学森班辅导员　于　强

从 2011 年进入钱学森力学班，到担任 2015 级钱学森力学班辅导员至今，我的清华生活始终有着钱学森班的烙印。借着纪念钱学森班十周年的机会，我也想谈谈作为一名"普通"的钱学森班学生对于钱学森班的一些浅显认识。

每一届的钱学森班都可以说是精英荟萃，高手云集，高考状元、奥赛金牌得主等，每一位学生都可以说是高中学习的成功者，也往往有着自己的特性。而来到钱学森班这样一个大环境，除了那些想法活跃、能力出众、见识超前、在大学生活中如鱼得水的同学，还有相当一部分的学生会受到前所未有的冲击，尤其是那些从小城市来，高中三年始终朝着高考努力的同学。基础的差异，课程的难度，目标的缺失使得一部分原本意气风发的学生逐渐丧失掉了自己的朝气和自信，没有正反馈的学习生活往往会让这部分同学渐渐失去前行的动力，从某种程度上讲，上述客观现象其实是不可能完全避免的，毕竟把一群尖子生放到一起，总会有个比较，有个前后，而这个时候"普通"学生的心理建设就显得至关重要了。

每一个能够来到钱学森班的学生都有着一些过于常人的地方，也都有着自己的特点和优势。很多老师都说过，本科是打基础，逐渐找到自己今后前进方向的四年。我觉得本科四年更是逐渐认识自我的一个过程，弄清楚自己喜欢的，擅长的，不喜欢的，不擅长的，然后去发挥自己的优势，弥补自己的短板，进而找到自己前进的方向。每一个"普通"的钱学森班学生乃至清华学生都是特别的、独一无二的，以认真严谨的态度去对待学习，以积极向上的心态去面对困难，以平和客观的角度去看待差距，利用好钱学森班提供的资源和平台，挖掘自己的潜力，与自身比较，挑战自己，培养自信心，踏实地向前迈步，总有一天会有所成就的，而这也未尝不是一条我们所推崇的道路。

事实上，不论是我的本科班级还是我所带的钱学森班，都有一些成绩可能并不出众，但在某门课或者某一方面有着不俗表现的同学，如同学 A，大部分课程成绩都不算高，甚至是公认的"代码黑洞"，但在流体实验方面却有着十分杰出的表现，同时还是我们班的摄影师。钱学森班的每一位同学都不容小觑，都有着能够让人高看一眼的闪光点。即便是各方面都没有突出表现的同学，也会有着他独特的思考方式和性格特点，只要适当地加以引导，鼓励他培养自信，他就可以积极规划自己的发展路线，进而走出一条自己能够为之努力且不后悔的道路，其未来的成就也是不可预期的。

钱学森班作为清华的工科基础实验班，依托于广阔的工科背景，对于学生们的培养其

实一直都在倡导多元发展，同时也为学生们寻找了很多资源，提供了一个很好的发展平台。但在之前的培养过程中，搂底和拔尖不可避免地占据了绝大多数精力，而对于大部分处在中间的，棱角已经被磨平的同学，其实也应该分出一部分精力去做一下心理建设，鼓励他们积极思考，尽可能地保持自信和朝气。最后愿每一名钱学森班同学都能够找到自己发展的道路，秉钱老之遗志，为祖国的社会主义现代化建设贡献自己的一份力量。

写在钱学森班十周年

钱学森班 2012 级学生　林　景

时间如白驹过隙，转眼钱学森班已成立 10 周年。钱学森班的 4 年时间给我的人生带来了深刻的影响和变化。一篇短文回顾我在钱学森班的学习、科研和生活，祝钱学森班生日快乐！

一、立身以立学为先，立学以读书为本

2011 年夏天和 2012 年冬天，我先后两次来到清华园，参加暑期学校和自主招生，被"自强不息，厚德载物"的校训深深感染，也被园子的蓬勃朝气深深吸引，倾慕于园子里聚集的一群学术大师、兴业之士、治国之才。在听郑泉水老师对钱学森力学班的介绍中，钱学森班的定位和目标深深打动了我，也下定决心备战高考，向钱学森班冲刺奋斗。

"所谓大学者，非有大楼之谓也，有大师之谓也"，进入到钱学森班，最震撼的就是为我们授课的"大师"们。"我们学的是数学系的数学，物理系的物理"，我们经常对外系的同学这么介绍钱学森班，语气中满是对钱学森班的骄傲。来自各院系乃至全球最顶尖的老师成为钱学森班的授课团队，小班授课讨论的方式让师生充分交流，每堂课都成为思维碰撞交融的平台，在讨论中知识点传授掌握得更牢固。"师者，传道授业解惑也"，老师们不仅仅向我们传授知识，同时密切关注我们的状态，经常约我们聊聊近况、人生与理想。"授人以鱼不如授人以渔"，数学分析、线性代数、偏微分方程等基础课奠定了牢固的数理基础，理论力学、流体力学、工程热力学等巩固了深厚的力学知识，学术之道、大学之道等扩展了广阔的通识背景，力学工程应用等讲座课引导我们的产学研结合与创新意识，正是钱学森班的课程体系为我们未来发展奠定牢固的基础。"天将降大任于斯人也，必先苦其心志，劳其筋骨，饿其体肤，空乏其身，行拂乱其所为"，钱学森班四年，虽然课程压力不小，每位老师也都对我们提出了很高的要求，但现在回头看去，这四年的学习培养了我们严谨、勤奋、求实、创新的治学态度。

二、衣带渐宽终不悔，为伊消得人憔悴

钱学森班以培养学术大师为目标，为我们提供了自由的学术交流环境和肥沃的培养土壤。当时我们组建了学术交流沙龙，记得有杨柳、马明、潘哲鑫、章雨思好几个同学，每周五晚上在紫荆 7 号楼 506 中厅，一块小白板、几杯饮料、若干同学，围绕这一周看到有趣的学术问题展开讨论。"吾爱吾师，吾更爱真理"，追求真理的我们在讨论中不会顾忌同学情面，经常吹胡子瞪眼睛，吵得面红耳赤，然后各自找文献论证或推翻自己的原先观点。

记得当时我对李强老师在化学课上提出的溜冰问题很感兴趣，研究为什么冰刀能在冰面上滑动，我当时提了一个假想，没想到遭到猛烈的抨击和质疑，经过一番争论，回去后我查阅了很多文献，拿着有道词典逐字逐句地看，发现这个问题看似简单，实际上蕴含着非常多学科的内容和深层次的原因，最后虽然和李强老师给的答案不同，但这次经历让我第一次体会到科研的艰辛，也感受到有所突破时的快乐和成就感，就像从"衣带渐宽终不悔，为伊消得人憔悴"到"蓦然回首，那人却在灯火阑珊处"。

大三时候，钱学森班开设 ORIC 项目，让我们自主选定科研课题、自主寻找合适的老师做导师、开题答辩、争取资金支持、记录实验及课题进展、中期答辩和最终结题。当时有一次早上起来洗脸，无意间看到水滴碰撞，突然很想研究两个水滴碰撞后，融合和分离的临界条件，以及如何旋转的水滴是否有利于融合。正好赶上 ORIC 申请，我就把这个课题申请交上去了，心里并不知道未来会发生什么事情，只觉得很有趣值得研究。后来找到王兵老师，王老师课题组曾经研究过类似的问题，在钱学森班工作组的支持和王老师的指导下，我开始了这个课题的研究，中间暑期也奔赴德国慕尼黑工业大学找胡教授指导相关内容。经过文献调研，这个课题有着非常广阔的工程应用，化工产业中涉及很多化学反应，其中液滴碰撞后融合或分离会显著影响化学反应效率。"至柔至刚"的水让我吃了不少苦头，无数次想换研究课题，最后咬咬牙坚持下来了。功夫不负有心人，最终不仅成功模拟出液滴碰撞的场景，还得到旋转可以显著促进液滴融合的趋势结论，形成了相关论文。这是我第一次完整地走了一遍科研的流程，受益匪浅。

三、同舟共济扬帆起，乘风破浪万里航

入学军训的时候很荣幸担任了我们排的副排长，协助教官排长开展军训的相关活动，军训结束后担任力2班的第一任班长。在何老师带领下，力2是个特别温暖有爱的集体，直到现在我们每2～3个月就会聚一次，男生节女生节也都会在一起 happy。我们一起在颐和园打过狼人杀，在王府井吃过关东煮，在水库一起打水枪，在火锅店把店里肉吃光……虽然日常课业压力很大，但玩起来我们一点也不含糊。

四年来我们沉淀了深厚的感情，记得毕业两年后的一次聚餐上女生们说了一句话让我们非常感慨，"只有和你们吃饭才能放开吃，和其他人吃饭都还要注意形象"。这就是力2，像家人一样的力2人。犹记得当时篮球赛，我们班从大一输到大二，一场没赢，但每一次比赛女生们都会为我们呐喊助威，直到大三终于扬眉吐气，连续三场以 30+的大比分优势以小组第一出线，这就是团结的力2，赢了一起狂，输了一起扛。"同舟共济扬帆起，乘风破浪万里航"，力2人的征途是星辰大海。

今天我以钱学森班为荣，明日钱学森班以我为傲。祝钱学森班生日快乐！祝我们都有一个光明的未来！

钱学森班四年的学业与科研

钱学森班 2012 级学生 　李润泽

　　我是 2012 年从辽宁省高考进的钱学森力学班,当时钱学森班在辽宁还没有招生名额,也没有相应的宣传,所以我也完全是在高考结束后到填报志愿的那一段时间才了解到的,说起来也就是几天的时间就做了决定。那一年我考了一个不错的成绩,加上父母很尊重我并鼓励我自己进行选择,因此在学校和专业的选择上可以完全凭自己的兴趣,这是我十分幸运和幸福的一点。但是优秀的成绩也带来了另一个限制(这是至少我认识的好几个同学都遇到的情况)——不想浪费自己的成绩,更不想听亲属好友的唠叨,于是只能在那两所学校中的几个大家都很认可的高分专业中选择,反而不能完全选择自己最喜欢的专业了。幸亏有钱学森班在,给了我和像我一样愿意投身于工科专业的同学们一个面子上过的去的选择,让我们少了很多口舌和心理上的负担。那时选择钱学森班还有一个比较重要的原因或者说机缘,是我高考备考阶段看的电视节目《五星红旗迎风飘扬》,一个讲"两弹一星"阶段历史的电视剧,再加之我一向对飞机火箭很喜欢,所以当招生老师向我介绍钱学森班时,我听到有"钱学森"三个字,差不多也就决定了。

　　虽然看起来选择钱学森班的决定比较有戏剧性,但某种程度上也是唯一选择。一个刚刚从高考机械化学习解放出来的、对未来无尽选择一无所知的小朋友,仅仅知道自己一定是要在工科中发展,又能如何选择呢? 力学作为基础学科,面向几乎所有机械类工科专业,使得钱学森班可以提供多种专业方向的选择;同时钱学森班还鼓励进入实验室,对不同专业加深了解,利于自己进行判断;而且还有出国交流机会能够增长眼界,钱学森班实在是一个很好的选择。现在,在钱学森班结束了四年的学习,又将继续在清华完成博士学业。回过头看,对在钱学森班的学习和生活有了更多理解和感触。

　　学业方面,钱学森班的课程比较倾向于数学和力学基础,其他学科基础和工程应用方面处于兼顾地位,还有一些实验性的课程穿插其中。现在看来,数学和力学基础的训练是重要的,虽然对于现在的科研看不出有什么直接的作用(比如说绝大多数公式和证明我是用不到的),但是这些课程训练了一种思维方式和思考能力,至少可以使我对前沿研究论文中的公式推导和证明不会存在理解困难和抵触心理(相应的则是经常会见到不想看公式和证明,不想做理论相关工作的现象)。但有一点也是希望老师们能够进一步考虑的:毕竟很多同学们更倾向于进行应用理论研究,因此对于概念的理解和灵活运用可能也是十分重要的。这一点我们在流体力学和空气动力学课程中得到了很好的训练,老师们强调我们应该理解透概念,能够从复杂的现象中抽象出相应的概念并进行解释和判断,相应的那些超简化算例的极其复杂的证明则不是那么重要了。毕竟在现在的科学研究中那些理想模型几乎不会出现，而需要处理的复杂问题更加需要抓住问题本质，而这些往往是依赖于对概念和规律的理解和融会贯通了。至于其他学科的课程，虽然有些同学不十分喜欢，觉得是在强迫他们学不喜欢的课程（常见的说法是他们以后用到了会自己去学），但是我还是比较认同应该了解这些常识，因为说实话本科之后真的没有那么充足的精力来学习各方面的基础知识，而且应用常识的很多场景也没必要或者来不及去现学，往往就是当场出错出丑罢了。当然，除了生物、化学等大家都认为比较重要的通识课程外，其他的非专业课、文化素质课，还是让同学们凭兴趣选择会更好一些，毕竟人各不同，不能拿模子造标准化产品。我和身边的很多同学，对于我那一届这些课程的安排上都是觉得是十分成功的。至于实验类课程，每届都有自己的坑，只希望老师和同学们能够充分沟通，互相尊重吧。

科研方面，钱学森班一向鼓励同学们早进实验室，这是十分好的。我那一届是 ORIC 项目的第一届，强调自主立项，实际上就是逼着大家动脑子，我觉得效果很好。从大二开始的 SRT、ORIC、出国研学、毕业设计，贯穿了几乎整个大学生活，使我们能够很快地找到自己喜欢的方向，并对该领域有所了解。对于此，我是十分感激的。由于我一直以来就对飞机很感兴趣，所以很幸运地找到了自己喜欢的实验室和老师，后来也就继续在那里攻读博士。由于在实验室中待的时间比较长也比较连续，因此能较快地在该领域内进行学习，少走了不少弯路。比如说提前上飞行动力学与飞行控制、飞行器空气动力设计、计算流体力学、高等计算流体力学等课程，使得我在大三大四阶段的学业压力减小很多，也就可以更好地进行科研训练了。实验室老师对我十分认真，加上自己的努力和老师的认可，我获得了出国参加国际会议进行口头报告的机会，在当时对我而言是一件十分骄傲的事情。于是投入、回报、认可之间形成了良性循环，从此一发不可收拾，我想这就是我在钱学森班平台下进实验室科研的最大感触：找到兴趣、找到合适的老师、动手科研、整理成果、获得认可和鼓励，从而更加积极地投入下一步的工作中。

本科四年转眼就过去了，在钱学森班的生活给我留下了许多回忆，幸运的是大部分都是快乐的。现在看来，选择钱学森班的确是我当年最好的选择，对此我很感激。

我与钱学森力学班

钱学森班 2012 级学生，钱学森班 2016 级辅导员　辛　昉

　　转眼间，在清华园已经度过了七个年头，至今犹记得最初进入钱学森力学班时的激动与忐忑。我是在 2012 年初参加了清华大学自主招生考试，之后通过高考考入钱学森班。最初关注钱学森班是源自于清华招生老师的推荐，当时的我对于本科专业方向的选择还很迷茫，不过一直十分憧憬航空航天，于是招生老师向我介绍了清华航院的钱学森力学班。钱学森班扎实的基础教育，雄厚的师资力量，开放的交流环境，优质的生源等都让我开始对这个成立不久的实验班感兴趣。对于我个人而言，钱学森班最吸引我的还是"钱学森"这个名字，对钱老的了解令我也意识到，这个名字同样意味着责任和担当。因此，尽管了解到钱学森班的课业挑战性较高、压力较大，在参加自主招生时我依然在专业面试环节选择了钱学森班。

　　本科四年，我在钱学森班收获和成长了很多。更高的课程难度以及培养目标时时刻刻让我感受着无形的压力，而周围优秀的同学也激励着我不断前行。在钱学森班，我们既能更加容易地与优秀的老师、前辈和同辈交流，拥有更加开阔的视野，也切身体会着为了自己的目标和理想所需做出的抉择和承担的重量。"仰望星空，脚踏实地"成为我在本科期间时常想起的一句话。

　　随着在钱学森班的学习，我对于钱老的了解也越来越深刻。钱老在学术上的伟大与治学的严谨令人钦佩；他历尽艰辛回到祖国的怀抱，艰苦奋斗投身于新中国的建设之中更是令人敬仰。这些无不在激励着我们更加勤奋求学，努力奋斗。步入大学后，面对着形形色色的诱惑以及各种各样的选择时，钱老的事迹与精神都给予了我极大的影响。

　　本科毕业之后我有幸担任一个钱学森班的辅导员，帮助学弟学妹们更好地融入钱学森班。以另一个视角看待钱学森班，我有了更多的认识和思考。随着与老师们交流的增多，我愈发明白了钱学森班的良好环境以及优质资源的来之不易，也愈发体会到各位老师为了教学改革付出的辛劳。面对着朝气蓬勃的同学们，我不由得又想起了我当时的选择。来到钱学森班是对教育模式的探索与尝试，同样也意味着责任和担当。尽管钱学森班的培养目标是希望同学们能够多元化发展，但不管从事什么方向，钱老心怀祖国、勇于担当、严谨治学的精神是我们每一位钱学森班同学应该铭记并践行的，而这些也是我作为辅导员一直希望能够传达给同学们的。

　　钱学森力学班即将迎来第十个生日，作为钱学森班的一分子，我真心希望钱学森班能够越办越好，在探索"钱学森之问"的道路上不断突破；也希望我们每一位钱学森班人都能够不负期待，在当今社会主义社会的建设中都能贡献出属于自己的力量，将钱老的精神代代传承！

回忆钱学森班的老师们

钱学森班 2012 级学生　杨　柳

尽管我已经不再从事力学的研究而投奔了应用数学，但是钱学森班的教育给了我不算差的数学基础，能让我顺利地适应应用数学的研究生课程，而这归根结底，得益于钱学森班对数学教学的重视，以及众多优秀的任课老师对我的数学素养的培养。除此之外，钱学森班的经历也教我什么是学术，给了我自主探索的勇气和习惯，这从更高的层面上让我能在力学之外的领域快速成长。

说到任课老师，最先想起的就是大一的时候教我高等微积分的郑建华老师。那已经是六年前的事情了，六年之后的此刻，我依然能清晰地记得那些遥远的日子，记得阳光透过清华学堂的窗户，郑老师在第一堂课问我们"什么是数"，记得郑老师教导我们的各种学习的方法：

"飞翔的时候，不能在意细节。"

"要学会非线性地学习数学，不能按部就班地往前，而应该跳跃着，接触更高的知识，然后再回头理解前面的知识。"

记得郑老师跟我们分享学术给他带来的快乐："今天天气真好，非常适合学习数学。""冬天在暖气屋子里，要卷起袖子做数学。"

记得郑老师对我们未来学术道路的建议："要学更高的数学，才能帮助你们做出更好的学术。""你们可以学习随机过程与伊藤积分，学习分数阶导数。"

郑老师，这些我都还记得。我就是按照您的教导在不断努力学习新的数学，我也体会到了您试图让我们体会到的做学术的快乐。我真的一直坚信着，要用更高更好的数学指导我的研究。而我刚刚意识到，我现在就在冬日的暖气屋子里卷起了袖子，试图借助随机过程与分数阶导数的理论，开辟我的学术之路。虽然前路漫漫，而我现在的水平还很低——但是至少我找到了我喜欢的路，而这一切都是起源于六年前您在我心中播下的种子。

除了郑老师，还有高等代数的张贺春老师。让我印象非常深刻的是他给我们"悬赏"他多年前花了好几个月做出来的代数问题。我水平太低了，当然做不出来。但是我现在面对数学难题能有的勇气，便有一大部分来自他对我们的鼓舞。还有期末大作业：写一篇英文的研究小论文。研究小论文在文科课程中也许很常见，但是在类似高等代数这种数学课上却很少见，而且还必须是英文的，显得非常另类，让当时的我很不适应（所以印象深刻）。现在想来，却暗自佩服和感激张老师的远见卓识与良苦用心。这种作业，能真正培养我们自主学习新知识的能力，也迫使我们阅读英文教材，给了我们未来阅读最新的文献、在国外接受教育的接口。其实类似这样的作业，在张老师的课上，以及其他老师的课上（比如陈常青老师的固体力学课，最后也有一个自主探索学习更高知识的大作业），还有很多很多。我想也只有在钱学森班这种小而精的项目，才能有这样的体验吧。

此外，还有我的本科毕业设计的指导老师陈民老师。在加入陈老师的课题组一开始，陈老师给了我一个小的问题，冰为什么这样滑，仅仅是因为压力融化吗？他并没有给我具体的任务，而是鼓励我自己探索，让我学会搜索文献，总结前人的工作，分析，思考。在陈老师的帮助下，我最终找到了一个比较有原创性的切入口，完成了我的本科毕业设计。整个过程下来，我的科研自主能力得到了很大的加强：我不是仅仅完成导师布置的任务，而是沿着一条清晰的研究逻辑，去完成属于自己的工作，这种训练，是我非常珍贵的财富。

想到这里，那么多老师全都浮现眼前，首席教授郑泉水老师，班主任何枫老师，流体力学许春晓老师，固体力学陈常青老师……太多太多，实在不能一一列举。尽管我的研究方向已经跟力学没有关系了，但是在这些课程上学到的那些学术里共通的东西，那种独立思考探索的勇气与能力，正是我现在学术道路的地基。

最后总结一下在钱学森班的总结感悟。我觉得最重要的就是要有自主学习的意识，自己找东西去学，才是合格的钱学森班人。同时对于想从事偏理论工作的同学，一定要打好数学基础，有机会多学一些数学分支，甚至可以考虑数学双学位。

钱学森班四年感悟

钱学森班 2012 级学生　杨权三

　　转眼已毕业两年有余，在毕业的这几年里，我时常回想起我在钱学森班这四年的生活，感激钱学森班教会我做人和做学问的道理，让我每时每刻都在思考着怎样才能不辜负钱学森班，乃至社会对我们的期望。

　　钱学森班创立的意义到底是什么，大二时，谢慧民老师对我说得一番话或许能揭示这个问题的些许答案。谢老师课题组所开发出来的高精度无损检测技术令我特别着迷，可是这种技术还停留在实验室阶段。我在一次和谢老师讨论的时候跟谢老师说道，我想把这种技术做成微型便携检测装置，这样就能更方便地适用于工业应用。谢老师听到我的话后，稍微愣了一下，然后意味深长地说："钱学森班培养出来的同学，不应该去思考如何创立一项新的技术，比如 SEM、TEM，做一些更高端的科学技术出来？"谢老师的这句话深深地印刻在了我的脑海里，之后每当我启动一个新的项目时，我都会追问我自己——这个项目的基础科学和技术科学的点在哪里，能否在这两个方面给科学界以启发？虽然我无法在短时间内完成一些惊人的成就，但是我要保证我的工作都会给科学界带来启发，哪怕只是一点点。

　　在西北大学读博的这几年来，我指导了四五个美国本科学生，涉及很多所不同的本科院校。在指导的过程中，我才逐渐真正意识到了钱学森班带给我们的优越条件。在钱学森班时，我们可以经常和各个教授进行深入的沟通交流，可以在专为钱学森班开设的猫头鹰实验室里实施自己疯狂的想法，可以在跨学科系统集成设计挑战，ORIC 等各种专属课程中提升自己，可以在大三暑假出国长达半年的时间去自己感兴趣的课题组进行研究。钱学森班为我们设定的体系有时不是十分的成熟，经常发生变动，但是整个课程体系和培养方案着实提高了我们的独立思考能力和学术能力。

　　仍记得大一下半学期跟随着郑泉水老师和徐芦平老师前往以色列特拉维夫大学进行访问的那段日子，在那短短的两周内，我充分体会到了犹太人的人格魅力和学术热情。他们走起路来，速度很快，看起来十万火急似的，但是当他们被迷路的游客求助时，他们又会非常热情地带着游客前往目的地，同样走得飞快。热情与激情也被他们应用到了学术研究上，当时的我有幸观察到他们一天的实验生活。我看着他们一次次失败，失败后一次次的改进与尝试以及一次次的小进步。取得任何小的进步后我都能体会到他们看到希望，看到成功可能性后的喜悦。我当时就觉得，如果我以后从事科研，我也不能因为一些小失败而伤心丧气。现在在读博士的我更加意识到了永不言弃，百折不挠这种精神的宝贵。经过我对我所带的学生和组里其他的学生（本科生和硕士生）的熟悉和了解，发现现在的学生在一次实验失败后，往往就会停止实验，回去休息休息调整情绪，第二天可能继续做或者再也不做了。每当这个时候我就告诉他们，每次实验失败，在准备清理实验台，收回样品前，是否可以在心中再问自己一句："在实验结束前，我还有什么能做的，或许就能让实验成功呢？"有很多次，我们都是靠着这种信念，在最后一刻发现了一些补救措施，或大或小，但都加速了整个实验的进度。

现在的我在西北大学 John A. Rogers 课题组从事关于瞬态电子的工作，我一直在思考着如何才算把科学和技术真正的结合在一起，如何不仅仅是在从事技术制造而忽略了科学，或者是另一方面如何让科学真正应用在技术上，这一直是一个难题。Rogers 教授和钱老的想法不谋而合，我们在做的其实是技术科学——结合自然科学和工程技术，产生有科学依据的工程理论。我主要专注于可降解电子器件的研究，除了医生最感兴趣的应用方面外，我还一直在追问自己，我的电子器件，从器件原理，力学理论和材料学知识上，是否能给科学界带来一些启发？如果我的电子器件，只是为了应用而制造，同时我在制造中，只为了达到功效而忽略了其中存在的新的理论框架，那么我的工作就没有达到谢老师对我们钱学森班同学的期望。

在钱学森班待的这四年，钱学森班带给我最宝贵的东西就是钱学森班为每个学生都提供了大量丰厚的资源，我们可以趁着年轻不断地去尝试，去体验，去寻找那些东西我们自己真正感兴趣的东西。然后在钱老的理念下，在钱学森班所有教师以及工作人员的指导下，充满激情且又脚踏实地地向着自己的理想不断前进。

不拘一格降人才
——庆钱学森班十周年

钱学森班 2012 级学生　祝世杰

我是钱学森力学班 2012 级的祝世杰，正是钱学森班十年青春中承前启后的部分。我目睹了老师和前辈们在钱学森班初创时的拓荒、探索；也欣慰地看到学弟学妹们的前赴后继、推陈出新。时值十年纪念之际，我想从一件小事说开去，谈谈我在钱学森班时及毕业后对它的认识。

这件小事，正是去年部分同学中掀起的"钱学森班劝退潮"①。一位同学在朋友圈发表了，学弟来咨询后自己劝他不要选择钱学森班的内容，引起了热烈的讨论。好几位钱学森班同学都有过"劝退"经历，并认为是为学弟学妹的发展做了一件好事；也有同学持反对意见。

这个题材，或许在钱学森班庆生文集中有些格格不入，我却认为老师和同学间，无阶级、无限制的自由讨论，正是钱学森班的特色之一。而且"劝退"此事，追根溯源从首席郑泉水老师钱学森班面试时就做过，同学们不过是上行下效。问题在于，同学们的"劝退"，究竟是出于对钱学森班这个集体的反感、失望，还是另有原因呢？

这就牵涉到另一个问题，钱学森班的教育模式，是否适合所有学生呢？答案是否定的。甚至我认为加上"所有优秀学生"这个限制，答案也是否定的。钱学森班压缩经典的力学课程，设置题材广泛的讲座课，必修出国研学、自主科研等，不仅和清华许多院系的常规培养方案不同，也对学生提出了很高的要求。需要学生时刻保持着强烈的探索兴趣，对个人志趣清晰的认识，以及高度的自律。举个例子来说，钱学森班鼓励大家根据兴趣任意选择专业课，自主选择 ORIC 课题，常常是超出了工作组老师所能指导范围的，因此就可能出现少数同学想偷懒，通过选择评委老师所完全不熟悉的领域的课题来蒙混的现象。钱学森班工作组花费了大量的精力来纠察、遏制此类事件的发生，但即使如此，老师、同学们还是坚持留下此项制度，正是因为弊端的背面，是更多的同学，通过钱学森班的高自由度，找到了毕生钟爱的事业，体会到了研究的乐趣，甚至不断拓展自己的边界。老师们听不懂自己的研究，不是想着浑水摸鱼，而是更努力地理解自己所研究内容的本质，希望向更多人深入浅出地讲解。

---

① 钱学森班培养模式极具亮点，吸引无数考生的关注，为更全面了解钱学森班，许多考生通过高中校友、招生宣传等等途径接触到钱学森班在读学生，打听钱学森班具体情况。基于对钱学森班高挑战度课程、繁重科研压力等个性化培养模式的考虑，钱学森班学生对学弟学妹们的提问非常慎重，对于明显不太合适钱学森班的考生，会直接告知对方不要选择钱学森班。

在我的理解中，钱学森班的设立从来不是为了将所有清华学生都培养成科研人才，而是为了寻找那些，极适合自主探究，有着强烈探索志趣和高度热情的同学，让他们不致被传统教育方式中的某些弊端埋没，可以在本科期间就自由地发展自己的兴趣和设想，发掘他们的才能，成为不仅是科研领域，更可能是商界、工业界的优异人才。

钱学森班十周年随想（1）

钱学森班 2013 级学生，钱学森班 2018 级辅导员　巩浩然

自 2013 年进入清华大学钱学森力学班，至今已快 6 年了，我也从一个懵懂的力 3 新生变成了力 8 的辅导员。刚上大一不久时，和室友们在宿舍夜聊，谈起为什么来了钱学森班。当我还在绞尽脑汁、苦苦组织语言时，一个室友直言不讳道："就是为了那个名头吧，也不知道会学什么、以后干什么，觉得名字挺厉害就来了。"我心中一动，也一阵轻松，因为这其实也是我的心思。六年过去，见过了各式各样的学生，也逐渐对世界有了自己的看法，回望当年，也不必讳言，我并不是一个优秀的钱学森班苗子。那时的我就是一个普通的高中毕业生，对科技创新没有多少认识、对具体学科没有很大兴趣、对未来发展方向一片模糊，各种机遇之下钻进了钱学森班。

这样的一个人初到钱学森班免不了要怀疑人生，事实上，我不止初到钱学森班在怀疑，这个怀疑持续了两三年，直到今天，当我同别人讲起自己的本科生活时，时常用的一个起首句式就是"本科被同学吊着打了四年，现在……"这听起来可怜兮兮的，不少人都追问，让我再选一次还要不要来钱学森班，这其实也是我四年中时时追问自己的一个问题。大一时每次同家里通话，我都非常丧气，几乎没与父母说笑过；大二时看着同学们生活得精彩多样，自己晕头转向不知该做什么。这样的时候多了，说没有质疑过自己是假的，但那时的我却又没有勇气选择离开，更不知道离开钱学森班又该去哪。

那就先坚持坚持吧。课好好听，作业认真做，考试尽量考，日子过得颇为辛苦，但也还过得去。渐渐地，在这样的日复一日中，我也找到了一点生活中的闪光点：虽然成绩一般但我很愿意思考问题，我做展示清晰易懂，我和同学相处得不错。通过这些简单的点，我树立起了一些小小的自信，做事不再畏首畏尾，遇到问题也敢积极表达自己的观点，到大三时 ORIC 做得还不错，大四出国研学感到收获满满……毕业时我骤然发现，不知从什么时候起，我不再是当年那个怯弱懵懂的孩子了。

这段历程听起来是个鸡汤故事，甚至像抄来的，但确是我的真实变化。我为什么思来想去最后决定写这么一段鸡汤呢？因为我知道在钱学森班除了有不少天资聪颖、经历丰富、目标明确的同学之外，还有许多跟我一样平凡的人，在上大学之前生活非常简单，视野谈不上宽广，说起人生的理想与目标常常不着边际，在与他人的交往中会感到害羞和孤独。现在我担任着力 8 的辅导员，这是一个少有的团结阳光的班集体，但我也看得出，班里的每一个学生都有自己的所思所想、所喜所恶，有的同学已经模模糊糊找到了自己未来的方向，有的同学还在一点点感受与摸索。钱学森班追求的是拔尖创新人才的培养，这个

目标很有吸引力，也多少有点让身处其中的学生心生惶恐和畏惧。作为一个已经毕业了的平凡钱学森班学生，我想对所有还在学的学弟学妹们，特别是心中还有些惶惑的同学们说：钱学森班的四年生活学习，对每个人而言都是一段锻炼和成长，这里有最好的资源和机会，千万不要把自己局限在自我的一点小算盘和小情绪中，牢骚太盛防断肠，风物长宜放眼量，敞开自己的胸襟，积极发现并发扬自己的长处，四年之后你也会为自己感到惊喜。

把握所有的可能性

钱学森班 2013 级学生　高政坤

2019 年，已经是我离开清华离开钱学森班的第二年，也是我步入社会成为航天工程师的第二个年头。这两年中，我从一个初入社会的毛头小子，快速成长为了一个能承担重任的航天人，这两年的成长也与钱学森班四年的学习、积累密不可分。

不禁想起 6 年前的夏天，第一次接受钱学森班的面试，郑泉水首席问我是否具备大胆尝试大胆突破的勇气。作为从封闭式高中毕业的我，已经习惯于接受知识的我，面对这样的问题显得有些手足无措。现在回想起来，钱学森班的教育在很大程度上与这段话分不开，这也是努力解决"钱学森之问"所提出问题的表现。

钱学森班对学生的基本素质要求极高，这样的环境让我感到一丝吃力，浓郁的科研氛围让我感到了压力。通过一个多学期的适应，我感到科研也许并不是我最终的方向。然而钱学森班学生的科研教学不仅是理论研究与学习探讨，也包含有技术探索与工程应用。我在大一的二十位学生导师中，选择了郑钢铁老师，这位注重学生综合能力培养的老师。郑老师也是一位富有创造力与行动力的老师，甚至说良师益友，在一次次的定期交流中，除了日常学习、生活的了解，郑老师也会提出很多新奇的想法与主题，大一到大二时期的我对这些都感到新奇与敬畏，仿佛都是我不能染指的领域。然而钢铁老师积极的鼓励、引导我，让我去大胆参与其中，把想法都变成现实，并主动介绍我加入研究生学长的工程项目队伍中，也让我第一次接触到了真正的工程类科研领域。卫星模拟器项目说简单也不简单，说难也不难，简单的是所有的理论基础已经在姚宏翔学长的实践中得到了验证，可以指导后续的设计与优化工作；困难的是要由一群大一大二的学生，实现小型化、批量化的设计与生产任务。实验室已经与约克大学达成协议，不到一年的时间内完成首批产品，这也是对整个团队的挑战。也是依靠这次工程科研经历，我了解了团队的作用，了解了工程项目的所有流程，也结识了很多有志向、能力强的伙伴。

钱学森班提出要求学生参加开放性创新挑战研究（ORIC）项目，以 ORIC 项目为平台，开展了研究型学习（study by research）的探索与实践工作。在钱学森班，学生科研教学的目的不仅是培养学生的科研能力，而且是通过科研培养学生自己获取知识的能力，即研究型学习。大部分大学生的学习带有一定的盲目性，仅限于完成学习任务、积累学分，很少关心各门课程之间的关联性，也缺少在科研中的应用实践，这或许是中国学生缺乏创造性的主要原因。研究型学习是钱学森班的一项重要组成，通过科研项目让学生建立所学知识之间的关联性，激发学生根据科研需要的自主学习热情，并由此获得自主学习的能力。

基于卫星模拟器团队在约克大学讨论出来的主题与想法，自主车项目应运而生。与卫星模拟器不同，自主车是需要我们独立摸索、不断探寻的新方向、新领域，作为 ORIC 项目再适合不过。虽然没有丝毫的基础，所有的想法都是创新且不易实现的，钱学森班却在整个项目上提供了极大的支持，不仅解决了样机的大额资金问题，还定期了解进度积极提供技术指导。遇到无法解决的问题，有老师与学长积极指导；缺乏相关技术，指引你通过最快的方式获得所需。自主车能在初期积累大量的经验、获得长足的进步、创造可能性，和钱学森班的支持是分不开的。

工程项目的科研模式也好，团队科研的方式也好，这些都是钱学森班创造的可能性。并不是所有学生都必须在实验室推导公式、做仿真、做模型，而是可以根据实际的问题来运用所学大胆创新。并不是所有学生都需要独自一人在实验室日日夜夜的鏖战，而是可以有整个团队作为后盾。

卫星模拟器项目，通过向多方出售产品，扣除成本和学生去加拿大现场组装/访学和给没有去加拿大的学生发奖金的花费外，结余五万元人民币。我们选择捐赠给钱学森班，以作为科研经费对学生进行支持。五万元对于钱学森班的捐赠来说可能是九牛一毛，但是这既代表了我们对钱学森班给予的支持的感谢之情，也希望后续的学弟学妹能有更多的可能性。这是钱学森班学生通过自己科研获得的人生第一笔收益，它也绝不会是钱学森班收到的最后一笔收益。

很感谢钱学森班在四年里的付出，钱学森班为迷茫的我指引了最合适的道路，也正是因为它，我才能在现在的工作中得心应手。最后也希望在钱学森班十周年之际，后来者们能创造更多的可能，在钱学森班这片自由的天空能够展现出最真实最完美的自我。

钱学森班十周年随想(2)

钱学森班 2013 级学生　胡眘梁

作为一个从钱学森班毕业的学生，很荣幸也很开心见证钱学森班十周年的生日。我相信在钱学森班学习生活的四年，将让我受益终生。我想在这里简单谈一下个人在钱学森班的经历，体验和感想。

钱学森班对同学们的要求无疑远高于清华的平均水平，最后大家也的确做到了在清华这样优秀的环境中还脱颖而出。首先数门扎实的数学课，以及各种力学专业课程无疑给大家留下深刻印象，也打下坚实基础。黄忠亿老师在数值分析课程中说过的一句话给我留下很深印象，黄老师说对钱学森班同学的要求当然要高一些啦，总不能只用清华研究生的标准来要求大家。虽然只是一句戏言，但是把钱学森班课程的高要求展现得淋漓尽致。钱学森班高等代数、流体力学、弹性力学和有限元等课程的要求，已经明显超出了我在 MIT 上的研究生课程的要求。这些高要求的课程培养了大家的学习能力，为大家打下了坚实基础，让同学们在研究生阶段占得先机。

课程之外的一大板块就是科研了。力3的班主任陈民老师一向高要求，他鼓励我们从大二开始做 SRT。全体同学都从大二开始尝试做科研，这为我们选择合适的方向，培养科研能力起着重要作用。大家的努力工作得到了相应的回报，四年级的时候力3在论文发表，专利申请，以及工程项目等方面已经取得了令全校瞩目的成绩。

除了学业和科研上的成绩，力3也是一个团结的集体。四年来大家一起出游、聚餐、评奖，给每位同学留下很多难忘的回忆。在这样一个优秀的集体，我得以和最优秀的同学交流各种问题，共同进步。例如王博涵和李家其同学就对数学有很深的理解，总是能针对我遇到的数学问题提出宝贵建议。虽然已经从钱学森班毕业，但是同学们还是保持联系，经常交流学业、科研和生活的点点滴滴。

钱学森班走过这十年，已经培养了很多优秀的毕业生。例如力9的周嘉炜学长，在 MIT 陈刚教授组念 PhD，他不仅科研出色，而且经常为学弟学妹们遇到的问题出谋划策，我本人就得到了他很多的帮助。在我毕业之后，也和力4、力5的学弟学妹有很多接触，和他们一起工作和交流让我倍感亲切和开心。我相信钱学森班的校友将会是各行各业的佼佼者，无论走到何处大家都像亲人。

十周年只是一个开始，相信未来的钱学森班还将有更大发展和进步，同学们在这样自由而高水平的平台上将有更多机会接触不同的学科和交叉领域。越来越多的钱学森班学子将在科学技术的不同分支和领域大放异彩。我特别想要感谢首席教授郑泉水教授，在百忙之中还不断为钱学森班的教育推陈出新，并且抽时间指导我们的科研，给予我们关心和帮助。我还要感谢力3班主任陈民教授和辅导员倪彦硕学长，没有你们的监督、关心和教育，就不会有力3这个优秀和团结的集体。最后感谢钱学森班工作组的各位老师，感谢你们为钱学森班这样优秀的平台所付出的努力。

写在钱学森班十周年的随笔

钱学森班 2013 级学生　李逸良

很高兴能够接到钱学森班工作组刘英依老师的邀请，为钱学森班十周年写一篇纪念文章。

作为钱学森班学生让我觉得最幸运的一点，是能够有机会结识到很多优秀的老师和同学。在钱学森班的任何一门小班课上，我都能感受到老师为了因材施教而做出的精心设计。如大学化学课上每周一次的研究小组，李强老师通过安排课题，分组研讨而激发我们自主学习高年级的内容来解释身边的化学现象；张雄老师的有限元基础课程上和小组同学熬夜奋战完成的有限元求解器效率比赛，让我在掌握有限元知识的同时体会到了独立完成大规模程序的成就感和快乐。李焦老师的中国近代史纲要课程则别具一格地以美剧《纸牌屋》作为开场，由此引出了中西方近代史上科技和文化的交流碰撞，让我发现文科课程也能十分生动有趣。此外还有李俊峰老师、邱信明老师等人开设的理论力学课程，史无前例地为我们提供了免修的机会，让我们可以灵活安排时间到自己更加感兴趣的研究中去。这些个性化的课程安排和灵活的培养方案帮助我有机会在更多不同的研究领域进行尝试，从而能够更早地发现自己感兴趣的研究方向，帮助自己更快地从学生向科研工作者进行转变。开放自由的导向给钱学森班学生宽广的科研方向选择，在力学之外，还有生物、计算机等。我个人就选择了能源材料方向，本科毕业后从事电池方向的研究。

能在钱学森班认识一大批优秀的同学也让我觉得十分幸运。钱学森班的同学求知若渴，刻苦学习自不必说，更重要的是有着活泼创新的氛围和多元的特长发展。同学中既有专业的视频拍摄剪辑制作担当，也有长期服务公益的清华大学五星级志愿者，还有打破多项航院体育比赛纪录的运动健将。每一个钱学森班同学身上都有着与众不同的闪光点，汇聚到一起，便是一个全面发展，多面开花的优秀集体。当然，这一切也离不开陪伴了我们四年，亦师亦友的优秀辅导员。借此机会，我也想向这位班级的"隐形守护者"道一声感谢。

衷心祝愿钱学森班能够越办越好，在创新型人才培养的道路上取得成功！

星 辰 大 海
——记力 3 班级

钱学森班 2013 级学生　张梓彤

2005 年，中国航天的奠基者、"中国导弹之父"钱学森先生，发出了令人深思的质问"为什么我们的学校总是培养不出杰出人才？"四年后，钱学森力学班作为清华学堂班的一部分正式成立，就在航天航空学院迎来了第一批学生；又是四年，力 3 班的学生怀着憧憬进入清华校园，我们都曾以钱老为心中的偶像，我们愿意去攀登科学的高峰，去亲身投入工程实践，我们在校的四年，学业科研的足迹从未止步，我们愿以自身的努力，去回答钱学森之问。

一、学习小组

大学课程的学习不是为了在学分绩上一较高下，不是单打独斗，团队学习的概念曾经令同学们倍感不适，某种程度上，这是大家从高中的学习者，到最终将成为的科学工作者、研究者的第一步。学习不再是听讲、练习、考试，而是小组选择课题、阅读文献、探索研究、展现表达的过程。仅在大一，在班集体的组织下，班级就成立了高等微积分学习小组、大学化学学习小组等等，交流的内容从"罗巴切夫斯基几何""利用柯西基本列法实现有理数域的延拓""勒贝格积分与实变函数论"到"隐函数定理与隐映射定理""各类积分的物理应用""傅里叶积分和傅里叶变换""微分形式和外微分运算""n 维空间的结构""场论——梯度、散度、旋度的形式"等。每周一的晚上，都是我们的集会时间，冬日的寝室中厅尤带一丝寒意，笔尖划过纸上，在交谈声与大笑声中，数字与符号仿佛在翩翩起舞，尽管我们并不是数学专业的学生，当年讨论过的问题也不见得铭记于心，但和同学合作，小心翼翼地探入茫然未知的领域，最终将一个问题梳理清晰，这种喜悦却难以忘记。在与高等微积分任课教师郑建华教授的协商下，大一上学期有三节课，由班级同学来上，内容就讲这些课外探讨的内容，这是一份荣誉，绝对不能马虎对待：讲解的同学从自己学习，到制备教案，反复的排演所讲的内容，可能需要近一个月的时间。而下学期，同学自主授课的制度直接推广到全班，三十名同学，以小组为单位，都走上了讲台，与大家分享自己的研究内容。

这只是一个开始，大学化学的课外小组贯穿学期始终，从每周五下午在 306 寝室中厅的热烈讨论，到期末考已经结束，冰天雪地中，10 位同学在课堂聚精会神地观察实验的结果；材料力学上，助教即兴召开了一起产品发布会，天马行空的"立体机动装置""自动叠被机"的蓝图，同学们对自己的设计理念、计算过程、模拟结果侃侃而谈；而在"制作纸桥"的大赛中，全班同学通宵达旦，用 A4 纸和胶水，面线搭出了各种绚丽的结构，最优秀的纸桥承载比达到了三百，而拱桥的设计者捧走了最佳设计的奖杯；在有限元中，同学们通宵达旦地编写调试程序，硬生生将原示例程序的求解效率提高了近 90 倍。

力 3 的小组同学从来没有流于形式，也没有模仿过别的班级开展得如火如荼的集体自习，同学答疑，而是针对课程，由班委和课代表组织，在老师的指导下，开展了一个又一个既与课程紧密关联，又需要自主探究的项目。回到最初，朱克勤老师在第一堂力学与现代工程的讲座上意味深长地说过，"你们会认识到，在现在的科学领域，单打独斗是行不通的。"而今年的诺贝尔奖中，合作获奖的比例也越来越高，而力 3 的同学也在这些项目中，学会了碰撞思想，与人合作。

课程愈发深入专业，道阻且长，这自发的小组学习，却成了力 3 同学骨子的习惯，而不是一个新鲜时髦的词语。

二、免修制度的建立

免修制度，是力 3 在航院历史上写下的浓墨重彩的一笔，是我们永远的骄傲。

回到大一那年的暑假，即将来临的大二上学期课业繁重，需要修习理论力学、大学物理等"硬课"，课上任务重，课下作业多；而同时，大二上学期又是同学们自主课外科研 SRT 项目的开始，要想做得漂亮，就需要大量的时间与精力投入，每个人只恨时间不够用。时间不能只靠挤，靠合理分配，有的时候也要学会"抢"。怎么办？班级里许多同学都具有物理竞赛的基础，对大学物理、理论力学的课程内容早有了解，要这些同学与其他同学一起参与课程，可能反而是一种对时间的浪费。

于是，在龙佳新同学的牵头下，力 3 班向航院教务处主动提出了理论力学课程免修考试的申请，得到了理论力学的任课教师、航院党委书记李俊峰老师的支持。从院系到学校，无数邮件的来往，想法逐渐变得具体、成型，最终得到了时任校长陈吉宁教授的大力支持。借此机会，力 3 许多同学在暑假中展开了对理论力学课程的自学，以参加免修考试，将节省出的时间用于科研等创造研究性活动中。

在力 3 班的努力下，2014 年秋季学期初航院进行了史上第一次正式的理论力学免修考试，共有 8 名力 3 同学参加，其中 2 人通过。对理论课程提前的学习使得同学们在学期中有更多时间投入 SRT 等课外科创活动。同时，力 3 班开创的免修考试先河为以后的同学的个性发展提供更多机会，以后，凡是航院开设的课程，都可以通过免修制度进行免修。

知识的学习是否一定要通过老师的讲授？答案是否定的，有些时候，不靠考勤和考试等外部督促，而是出于自觉自发的学习，反而对知识的掌握更扎实。力 3 的这一举措，实质是希望院里给我们提供一个自我督促的机会，而通过免试的两名同学中，有一名同学在写理论力学小论文的过程中，发表了他的第一篇期刊论文。

三、科研团队

课外学习小组的团队合作精神，推行免修制度的自主学习精神，对课程内容的认真学习，在课外科研中投入的大量时间精力，最终开花结果。不仅仅是一般课外科研的单打独斗，作为工科试验班，力3还诞生出微星宇航、自主车、外骨骼等多个工程团队。

其中微星宇航团队主要由力3同学组成，在大二一年，这支初创的团队有了自上而下的构架，结构组、动量轮组、数据组各司其职，分工合作，从结构设计到组装调试，在一年时间中完成了三自由度卫星气浮模拟器的研制工作。而且，这个项目没有止步于一个漂亮的模型或者概念，暑期的时候，项目同学远赴加拿大，搞定衣食住行，并实地推销自己的卫星模拟器，获得了约克大学教授的大力肯定。约克大学的教授表示，清华同学的动手实践能力令他感到非常的惊讶与佩服，"只会算公式，动手能力差"，这个扣在中国学生身上多年的帽子，在我们这里被摘下了。最终，约克大学购买了两台卫星模拟器，这只是一个开始，上海交通大学、空军航天大学都成了我们后续的顾客，同学们赚到了自主科研的第一桶金。最终，项目指导教授郑钢铁与项目组同学共同决定，将赚得的资金设置为钱学森班科研专项基金，在钱学森班的年会上捐赠给了钱学森班。项目拿到了专利，在国际顶级的会议上发表了论文，也收获了清华大学优秀SRT一等奖的荣誉。

自主车团队完成了全电灵巧自主车的机械结构与控制系统的设计工作，设计了一套全新的转向悬架系统，实现了四轮独立转向独立驱动的车辆物理平台，并初步实现了横向移动、原地转向等传统车辆无法进行的运动模式。该项目还产生了3项专利成果。钱学森班项目组的老师直接鼓励同学们去创业。项目的主创同学毕业后没有选择留在清华大学继续攻读研究生，而是直接去了第一线工程岗位。面试的时候，他也受到了夸奖，认为他能够在本科生期间做出这样的项目，比优异的成绩更有说服力。

四、背后的故事

但这还不是完整的力3班，一台戏，就会有台前，有幕后。同学们自入学以来，就都怀着一颗在学术上有所作为的心，而班级的班委和团委希望能提供给同学们最大的帮助。自大一新生军训，在班主任的主张下，同学们没有自主竞选，而是直接选出了自己认为最能为同学服务的同学，成为班级的主要班级干部。四年来，力3也没有像其他班级一样，每年换届，这几名同学就一直在相应的岗位上为同学服务。最初，我们组织去参观了北航的航天航空博物馆，远赴上海的钱学森图书馆，为今后的学习科研生涯揭开帷幕；后来，我们组织了不止一场的教授交流会、专业宣讲会、海外研修交流会，同学们在不同阶段有不同的问题，我们就要努力去解决，为同学们提供更好的环境。

不仅仅是学习，这是力3最棒的地方，但绝对不是力3的标签，这是一个丰富多彩的集体。大一时篮球小组赛三战皆负出局，大一下学期团支部就组织了以体育为主题的素拓，在足球赛的时候我们拥有场下最豪华的啦啦队，体委尽心尽力组织各种活动，最后，在大三最后一次三系运动会上，力3拿到了航院的第一名。在文艺方面，我们在学生节上屡败屡战，不抛弃不放弃，在大三终于第一次登上了学生节的舞台，值得一提的是，这个节目的创意来源于振动理论基础的课堂，仅用手指与杯子，奏出了动人的乐章。

除了集体建设，力3同样心系社会。大二下学期，班级组织了"筑梦科学课堂"的素

255

拓活动，同学们分成六组，为清河小学的同学们带去了 6 次生动有趣的科学课。振动发声、斜面摩擦、光的折射……力 3 同学不仅仅是上了六次课，而且留存了完备的教案、教具、多媒体资料、实验设计、课程总结反思等资料，供以后的志愿者们持续使用，解决了清河小学支教不系统、课程质量参差不齐的问题。支教不是为自己而做，而是为小朋友而做，不能凭自己开心，而要把自己当成真正的老师一样去组织课堂，管理纪律。这次素拓给每位同学都留下了深刻的印象。

学了这么多，做了这么多，力 3 班的科研是为了能够为祖国的发展做出贡献，就像他的名字一样。力 3 班在入学时，党员人数是全年级最少的，三年间，在辅导员和党员同学的引导下，党课小组组织了许多活动，在抗日纪念博物馆和卢沟桥，我们追忆那段屈辱的历史，更感曾经国弱民贫的悲哀，前辈烈士为中华民族的奉献，我们今天生活的来之不易；而河北廊坊风洞、飞控中心的参观，国家的航空航天事业的发展，时代潮流的澎湃激荡，则极大地增强了同学们的民族自尊心和自豪感与投身科研的热情。中共十八届三中全会、四中全会、五中全会，连续三年，党课小组联系航三党支部，由党课小组的成员进行时政剖析。实地参观直接触动心灵，理论学习使人深刻思考。到现在，力 3 有 6 名正式党员，2 名预备党员，3 名发展对象、13 名入党积极分子，已经位列航三党支部第 1 名，曾经多次获得航院优秀党课小组的荣誉，还拿到过航院求索杯竞赛的第一名。

四年中，力 3 拿到了清华大学甚至是北京市荣誉的大满贯，北京市优秀班集体，优团计划优秀基层团支部，首都先锋杯优秀基层团支部，但荣誉只是结果，而不是奋斗的目标。

心系社会，胸怀天下，这才是完整的力 3。

心如朝圣般追寻险境，我们的征途是星辰破晓，愿力 3 与你同在。

第五章
历史和统计资料

历届学生获奖信息

姓名	学号	奖项名称	获奖时间
周嘉炜	2009011554	美国大学生数学建模竞赛	2011/02
倪彦硕	2009011640	美国大学生数学建模竞赛	2011/02
尹 光	2009011545	美国大学生数学建模竞赛	2011/02
杨 锦	2009010843	周培源力学竞赛一等奖	2013/10
王宇生	2010011628	周培源力学竞赛一等奖	2013/10
钟麟彧	2011011559	周培源力学竞赛一等奖	2013/10
陈梓钧	2011011576	周培源力学竞赛一等奖	2013/10
黄世成	2011011566	周培源力学竞赛一等奖	2013/10
王子宁	2011011569	周培源力学竞赛一等奖	2013/10
李天意	2011011558	周培源力学竞赛一等奖	2013/10
董云飞	2011011573	周培源力学竞赛一等奖	2013/10
王云杰	2010011625	周培源力学竞赛二等奖	2013/10
刘佳鹏	2009011641	周培源力学竞赛二等奖	2013/10
李天奇	2011011561	周培源力学竞赛二等奖	2013/10
刘 爽	2011011572	周培源力学竞赛二等奖	2013/10
孙思劼	2011011560	周培源力学竞赛二等奖	2013/10
舒炫博	2012012197	第三十届全国大学生物理竞赛非物理 A 类一等奖	2013/12
曾克成	2012011617	第三十届全国大学生物理竞赛非物理 A 类三等奖	2013/12
高 叶	2012011618	第十届周培源力学竞赛二等奖	2015/10
何泽远	2013010786	周培源力学竞赛个人一等奖，第六届全国大学生数学竞赛预赛三等奖，2015 年大学生研究训练（SRT）计划优秀项目二等奖	2015/10
袁 李	2013011596	2015 年周培源力学竞赛优秀奖	2015/10
王宇嘉	2013011602	第十届全国周培源大学生力学竞赛优秀奖，优秀 SRT 一等奖	2015/10
包佳立	2013011605	卫星地面模拟器与关键部件研制获学校优秀 SRT 一等奖	2015/12
高政坤	2013011612	微星宇航 SRT 获优秀 SRT 一等奖及校级实践项目二等奖	2016/12
任建勋	2013011614	第一届"航天科工杯"大学生科技竞赛一等奖	2016/08
杨赛超	2013011618	第四届全国大学生工程训练综合能力竞赛，北京市第三届大学生工程训练综合能力竞赛	2016/07

续表

姓名	学号	奖项名称	获奖时间
杨赛超	2013011618	2015 年大学生研究训练（SRT）计划优秀项目二等奖	2015/12
		第八届数学基础大赛趣味组一等奖	2015/10
武　迪	2013011620	第四届全国大学生工程训练综合能力竞赛	2016/07
张梓彤	2013011622	微星宇航 SRT 获优秀 SRT 一等奖及校级实践项目二等奖	2016/12
邵枝淳	2013011623	第三十一届全国大学生物理竞赛一等奖	2014/12
杨伟东	2013011624	周培源力学竞赛全国一等奖，全国大学生物理竞赛全国一等奖	2015/10
朱秉泉	2013011625	第十届周培源全国大学生力学竞赛三等奖，CUPT 清华校内赛小组第二	2015/10
俞嘉晨	2013011626	周培源力学竞赛全国二等奖	2015/10
王博涵	2013011628	数学建模北京市二等奖，周培源力学竞赛三等奖	2015/10
陈百鸣	2013011629	周培源力学竞赛全国二等奖，数学建模大赛北京市二等奖	2015/10
李逸良	2013011630	清华大学本科生特等奖学金	2016/10
		第十届全国周培源大学生力学竞赛个人赛特等奖，"理论设计与操作"团体赛优秀奖	2015/10
张恩瑞	2013011633	理论力学竞赛一等奖	2016/05
李家其	2013012269	第十届全国周培源大学生力学竞赛个人赛一等奖，"理论设计与操作"团体赛优秀奖	2015/10
赵雪轩	2013010267	参加"卫星模拟器及其关键部件研制"SRT，获校级优秀 SRT 一等奖	2016/12
王罗浩	2013011585	大学生物理竞赛一等奖	2016/12
单子毓	2014011626	理论力学竞赛纪念奖	2016/05
		第三十三届全国部分地区大学生物理竞赛非物理 A 类一等奖	2015/12
杜迎霜	2014010128	全国大学生数学建模比赛北京一等奖	2016/11
郝育昆	2014010621	全国大学生数学竞赛决赛（非数学专业）一等奖	2017/12
朱子霖	2014011602	日内瓦国际发明展览会银奖	2017/08
杨昊光	2014011619	清华大学挑战杯三等奖，清华大学挑战杯团体特等奖	2017/04
		第45 届日内瓦国际发明展银奖	2017/08
		清华大学优秀 SRT 一等奖	2015/12

姓名	学号	奖项名称	获奖时间
石循磊	2014012208	全国部分地区大学生物理竞赛一等奖	2015/12
李澍鹏	2015011606	全国周培源大学生力学竞赛优秀奖，清华大学学业奖学金	2017/10
		清华大学学业奖学金二等奖	2016/10
曾治鑫	2015012209	全国周培源大学生力学竞赛三等奖，清华大学学业奖学金	2017/10
		高教杯全国大学生数学建模大赛一等奖	2016/04
		清华大学学业奖学金二等奖	2016/10
许欣童	2015011598	全国部分地区（北京）大学生物理竞赛非物理类 A 组一等奖	2016/11
		清华大学学业奖学金二等奖	2016/10
		清华大学学业奖学金	2017/10
迟 昊	2015010140	全国周培源大学生力学竞赛优秀奖，清华大学学业奖学金	2017/10
王克杰	2015011823	日内瓦国际发明展金奖	2018/08
		全国周培源大学生力学竞赛优秀奖，清华大学学业奖学金	2017/10
		情系母校项目三等奖	2016/09
杨正宇	2015011576	全国周培源大学生力学竞赛优秀奖	2017/10
		新生一等奖学金	2015/10
		清华大学学业奖学金一等奖	2016/10
		清华大学学业奖学金	2017/10
		美国大学生数学建模竞赛 H 奖	2018/02
刘圣铎	2015011542	全国周培源大学生力学竞赛二等奖，清华大学学业奖学金	2017/10
		全国部分地区（北京）大学生物理竞赛非物理类 A 组一等奖	2016/11
		美国大学生数学建模竞赛 S 奖	2017/02
		清华大学学业奖学金一等奖	2016/10
		新生二等奖学金	2015/10
孙嘉玮	2015011544	全国周培源大学生力学竞赛二等奖	2017/10
		清华大学挑战杯三等奖	2017/04

姓名	学号	奖项名称	获奖时间
孙嘉玮	2015011544	美国大学生数学建模竞赛S奖	2017/02
		清华大学学业奖学金一等奖	2016/10
		清华大学学业奖学金，清华大学科创奖学金	2017/10
		新生一等奖学金	2015/10
胡佳音	2015011623	全国周培源大学生力学竞赛一等奖	2017/10
		清华大学学业奖学金二等奖	2016/10
		清华大学学业奖学金，清华大学社工奖学金	2017/10
李维灿	2015012151	美国大学生数学建模竞赛H奖	2016/02
		全国周培源大学生力学竞赛优秀奖，清华大学学业奖学金	2017/10
边正梁	2015011167	全国周培源大学生力学竞赛一等奖	2017/10
		全国部分地区（北京）大学生物理竞赛非物理类A组一等奖	2016/11
		美国大学生数学建模竞赛H奖	2017/02
		清华大学学业奖学金一等奖	2016/10
		清华大学学业奖学金，清华大学科创奖学金	2017/10
崔森	2015010963	全国部分地区（北京）大学生物理竞赛非物理类A组三等奖	2016/11
		美国大学生数学建模竞赛H奖	2017/02
王诗达	2015011611	清华大学学业奖学金二等奖	2016/10
屈颖钢	2015012208	全国周培源大学生力学竞赛三等奖，清华大学学业奖学金	2017/10
		全国部分地区（北京）大学生物理竞赛非物理类A组一等奖	2016/11
赵靖宇	2015011545	全国周培源大学生力学竞赛特等奖	2017/10
		高教杯全国大学生数学建模大赛二等奖	2016/12
		清华大学学业奖学金一等奖	2016/09
		清华大学学业奖学金（蒋南翔奖学金），清华大学科创奖学金	2017/09

续表

姓名	学号	奖项名称	获奖时间
赵靖宇	2015011545	新生一等奖学金	2015/09
邓博元	2015011604	清华大学挑战杯三等奖	2017/04
		清华大学优秀 SRT 二等奖	2017/12
		全国周培源大学生力学竞赛三等奖	2017/10
祝 乐	2015011543	全国周培源大学生力学竞赛三等奖	2017/10
		清华大学学业奖学金二等奖	2016/09
		新生一等奖学金	2015/09
曹睿哲	2015011579	美国大学生数学建模竞赛 H 奖	2018/12
		全国周培源大学生力学竞赛优秀奖	2017/10
		全国部分地区（北京）大学生物理竞赛非物理类 A 组三等奖	2016/11
		新生二等奖学金	2015/09
刘 晨	2015012194	全国周培源大学生力学竞赛三等奖	2017/10
		清华大学学业奖学金	2017/09
钟 源	2015011616	全国周培源大学生力学竞赛三等奖	2017/10
		清华大学学业奖学金二等奖	2016/09
		清华大学学业奖学金	2017/09
管唯宇	2015011547	全国周培源大学生力学竞赛三等奖	2017/10
		高教杯全国大学生数学建模大赛二等奖	2016/12
		清华大学学业奖学金二等奖	2016/10
		清华大学学业奖学金	2017/10
		新生二等奖学金	2015/10
陈一彤	2015011548	清华大学学业奖学金，清华大学科创奖学金	2017/10
		清华大学优秀 SRT 二等奖	2017/12
张 楠	2015010444	全国周培源大学生力学竞赛三等奖	2017/10
		全国部分地区（北京）大学生物理竞赛非物理类 A 组一等奖	2016/11
		清华大学学业奖学金，清华大学科创奖学金	2017/10
马天麒	2015011608	清华大学学业奖学金二等奖	2016/10
		清华大学学业奖学金	2017/10

姓名	学号	奖项名称	获奖时间
马天麒	2015011608	全国部分地区（北京）大学生物理竞赛非物理类 A 组一等奖	2016/11
黄云帆	2015011578	全国周培源大学生力学竞赛优秀奖	2017/10
		全国部分地区（北京）大学生物理竞赛非物理类 A 组三等奖	2016/11
		美国大学生数学建模竞赛 H 奖	2018/02
		国家奖学金	2016/10
		清华大学学业奖学金	2017/10
		新生二等奖学金	2015/10
刘 浩	2015011546	全国周培源大学生力学竞赛一等奖	2017/10
		全国部分地区（北京）大学生物理竞赛非物理类 A 组特等奖	2016/11
		高教杯全国大学生数学建模大赛二等奖	2016/12
		清华大学学业奖学金一等奖	2016/10
		国家奖学金，清华大学科创奖学金	2017/10
		新生二等奖学金	2015/10
费家骏	2016011535	美国大学生数学建模竞赛 M 奖	2018/02
		一二·九奖学金	2017/12
郭沫杉	2016011541	2017—2018 年度清华大学理论力学竞赛三等奖	2018/11
黄立昊	2016011575	第九届超轻复合材料桥梁/机翼学生竞赛纪念奖	2017/06
		日内瓦国际发明展金奖	2018/08
		学业优秀奖学金	2017/10
黄轩宇	2016011542	第十一届全国周培源大学生力学竞赛三等奖，国家励志奖学金	2017/10
吉首瑞	2016011189	数学基础大赛专业组三等奖	2017/11
		第十一届全国周培源大学生力学竞赛优秀奖	2017/10
		美国大学生数学建模竞赛 S 奖	2018/02
		第二届"飞豹杯"航空航天知识竞赛二等奖	2016/10
康金梁	2016011570	美国大学生数学建模竞赛 H 奖	2018/02
		学业优秀奖学金	2017/10
李烜赫	2016011605	清华大学挑战杯三等奖	2018/04
		国家励志奖学金	2017/10

姓名	学号	奖项名称	获奖时间
李烜赫	2016011605	清华大学数学建模竞赛三等奖	2018/10
		全国大学生数学建模竞赛成功参赛奖	2017/12
		国家励志奖学金	2017/10
李钟艺	2016011544	第十一届全国周培源大学生力学竞赛一等奖	2017/10
		学业优秀奖学金	2017/10
		全国大学生数学建模竞赛北京市二等奖	2017/11
		美国大学生数学建模竞赛 M 奖	2018/02
刘向前	2016010662	第十一届全国周培源大学生力学竞赛优秀奖，国家励志奖学金，社工优秀奖学金	2017/10
		美国大学生数学建模竞赛 H 奖	2018/02
		北京市大学生数学竞赛一等奖	2017/11
马宇翔	2016011571	全国大学生数学建模竞赛成功参赛	2017/12
		清华大学华罗庚数学建模竞赛三等奖	2018/11
		国家奖学金	2017/10
司马锲	2016011548	美国大学生数学建模竞赛 M 奖	2018/02
		第十一届全国周培源大学生力学竞赛三等奖，学业优秀奖学金，志愿优秀奖学金	2017/10
		清华大学挑战杯二等奖	2018/04
许朝屹	2016010489	全国大学生数学建模竞赛成功参赛奖	2017/12
		国家励志奖学金	2017/10
杨 帆	2016010807	清华大学挑战杯三等奖	2018/04
		学业优秀奖学金，社会实践优秀奖学金	2017/10
郁斯钦	2016011536	全国大学生物理竞赛特等奖	2017/12
		第十一届全国周培源大学生力学竞赛三等奖，学业优秀奖学金	2017/10
		全国大学生数学建模大赛北京市二等奖	2017/11
张煜洲	2016011547	清华大学挑战杯二等奖	2018/04

姓名	学号	奖项名称	获奖时间
朱静远	2016011533	全国大学生数学建模竞赛北京市二等奖	2017/11
		美国大学生数学建模竞赛 M 奖	2018/02
陆俞朴	2016010450	国家励志奖学金	2017/10
		文艺优秀奖学金	2017/10
胡昌平	2016011546	学业优秀奖学金	2017/10
郑蕴哲	2016011539	学业优秀奖学金	2017/10
张淞源	2017011701	清华大学"商汤杯"第一届人工智能挑战赛二等奖	2018/05
		清华大学第三届校园无动力手掷遥控滑翔机（DLG）大赛一等奖	2018/10
		清华大学芯动计划科技冬令营二等奖，最佳车身设计奖	2018/12
		清华大学第七届创意大赛新生专场一等奖，最佳人气奖	2017/10
肖智文	2017011730	清华大学第三届校园无动力手掷遥控滑翔机（DLG）大赛一等奖	2018/10
		清华大学芯动计划科技冬令营二等奖，最佳车身设计奖	2018/12
		清华大学第七届创意大赛新生专场一等奖，最佳人气奖	2017/10
		美国大学生数学建模大赛评级 H（二等奖）	2018/02
陈世纪	2017011660	清华大学第七届创意大赛新生专场一等奖，最佳人气奖	2017/10
刘晏铭	2017011635	美国大学生数学建模大赛评级 H（二等奖）	2018/02
吴 茜	2017010920	清华大学"商汤杯"第一届人工智能挑战赛三等奖	2018/05
卢佳键	2017012273	清华大学"商汤杯"第一届人工智能挑战赛三等奖	2018/05
赵靖宇	2015011545	国家奖学金，清华大学唐立新奖学金	2018/10
黄云帆	2015011578	清华大学综合优秀奖学金，清华大学学业优秀奖学金，清华大学社工优秀奖学金	2018/10
边正梁	2015011167	清华大学综合优秀奖学金，清华大学学业优秀奖学金，清华大学社工优秀奖学金	2018/10
马天麒	2015011608	清华大学综合优秀奖学金，清华大学学业优秀奖学金，清华大学文艺优秀奖学金	2018/10
刘圣铎	2015011542	清华大学学业优秀奖学金	2018/10

姓名	学号	奖项名称	获奖时间
杨正宇	2015011576	清华大学学业优秀奖学金	2018/10
孙嘉玮	2015011544	清华大学学业优秀奖学金	2018/10
王克杰	2015011823	清华大学学业优秀奖学金	2018/10
李维灿	2015012151	清华大学学业优秀奖学金	2018/10
钟 源	2015011616	清华大学学业优秀奖学金	2018/10
李澍鹏	2015011606	清华大学学业优秀奖学金	2018/10
陈一彤	2015011548	清华大学学业优秀奖学金	2018/10
管唯宇	2015011547	清华大学学业优秀奖学金	2018/10
张 楠	2015010444	清华大学科技创新奖学金	2018/10
许欣童	2015011598	清华大学科技创新奖学金	2018/10
刘 晨	2015012194	清华大学社工优秀奖学金	2018/10
张淞源	2017011701	清华大学第三届航天航空知识竞赛二等奖	2018/11
		清华大学第三十七届挑战杯一等奖	2019/04
胡腾戈	2017011682	中国大学生数学建模竞赛北京市二等奖	2018/09
刘晏铭	2017011635	中国大学生数学建模竞赛国家一等奖	2018/09
李润道	2017010303	中国大学生数学建模竞赛北京市二等奖	2018/09
卢佳键	2017012273	清华大学第三届航天航空知识竞赛优胜奖	2018/11
杨鸿澳	2017011639	中国大学生数学建模竞赛北京市二等奖	2018/09
杨馥玮	2017011665	中国大学生数学建模竞赛国家一等奖	2018/09
桑宛萱	2017010557	中国"互联网＋"大学生创新创业大赛三等奖	2018/09
		2019 年美国大学生数学建模大赛 S 奖	2019/04
肖智文	2017011730	2018 年 CADC 中国国际飞行器设计挑战赛（建德站）分站赛三等奖	2018/08
赖丞韬	2017011719	2019 年美国大学生数学建模大赛 S 奖	2019/04
樊 钰	2017011727	2019 年美国大学生数学建模大赛 S 奖	2019/04
		全国数学建模大赛北京市二等奖	2018/09
蒋 琪	2017011631	2019 年美国大学生数学建模大赛 S 奖	2019/04
朱笑寒	2018011590	清华大学第八届创意大赛·新生专场三等奖	2018/09
		第三届芯动计划·科技冬令营最佳外形设计奖	2019/01

钱学森班历届 ORIC 信息汇总

钱学森班 2012 级 ORIC 汇总

姓名	导师姓名	项目名称
林 景	王 兵	旋转双液滴碰撞行为的分析与行为验证
孙 帆	郑钢铁	
祝世杰	郑钢铁	未来音乐工厂——独舞的竖琴
祝凌霄	郑钢铁	
辛 昉	钟北京	微型液体火箭发动机研究
袁 博	李群仰	微纳米尺度表面水珠接触起跳角度的研究
曾克成	王沫然	软边界条件下的流固耦合问题
刘斌琦	陈常青	强局部变形的高分辨率数字图像相关测量方法
黄维啸	姚朝辉	气动乐器的研发
王 敖	郑泉水	普通植物叶片表面自清洁机理的研究
刘佳俊	王习术	纳米压痕法在小尺寸焊接件残余应力检测上的应用
赵晨佳	阎绍泽	昆虫饮水机制及最优化策略研究
李润泽	陈海昕	跨音速地面效应研究
贝 帅	张莹莹	基于碳纳米管模板的新材料制备与研究
唐家兴	曾 攀	海上维权投水机的设计
潘哲鑫	吴子牛	反马格努斯效应对于球类旋转的影响
杨 柳	陈 民	冰的表面液化现象探究
马 明	黄伟希	鳐形目鱼类游动机理的分析及数值模拟
黄 懿	肖志祥	关于 TBCC 的模态转化的问题研究
李 闯	曹炳阳	功能流体中纳米粒子定向输运机理与外场控制
高 叶	郝鹏飞	尺度效应对微管道内液体流动特性的影响
周宇思	陈 民	有关对防冻蛋白有生物亲和力的多孔微纳米结构表面材料的研究和制备
常艺铧	田 煜	碳纳米管增强的壁虎刚毛放声表明研制与测试
章雨思	陈 民	水滴碰撞固壁的耗散过程研究
舒炫博	郝鹏飞	超疏水表面的冷凝现象探究
杨连昕	赵志华	足对人走路能耗的影响研究

钱学森班 2013 级 ORIC 汇总

姓名	导师	项目
赵雪轩	郑钢铁	灵巧全电自主车
何泽远	赵治华	膝关节炎外长拉支具设计
王罗浩	黄伟希	水波大气耦合数值模拟
袁 李	姚学锋	基于应力阻抗效应的薄膜压力传感器的研制
王宇嘉	刘 静	电控液态金属射流现象研究
包佳立	郑钢铁	可穿戴式放人形外骨骼开发
高政坤	郑钢铁	灵巧全电自主车
刘凡犁	彭 杰	表面活化剂作用下粘弹性液滴动力学特性实验研究
任建勋	陈海昕	TBCC 中单碰撞喷管调节板开启的动态问题研究
阚 镭	陈 民	采用流化床方法强化海水蒸发的研究
巩浩然	李俊峰	引力拖拽于表面气化实现小行星轨道偏移
杨赛超	周 青	可实时调配材料参数的多材料结构优化设计研究
杨 策	李喜德	微观尺度材料高速冲击动态力学性能探究
武 迪	李俊峰	小行星的质量参数估计与优化
张梓彤	曹炳阳	纳米非对称结构的热整流机理与性能研究
邵枝淳	曹艳平	微针刺入软组织过程的失稳研究
杨伟东	曹炳阳	一种基于微米/纳米通道的微量黏度计
朱秉泉	孙 伟	基于细胞 3D 打印和微流体技术的癌症细胞体外培养模型芯片研制与应用的初探
俞嘉晨	郑泉水	水滴在有微结构超疏水表面碰撞弹跳现象的研究
孙传鹏	曹炳阳	石墨烯在基底中的导热性能研究
王博涵	陈常青	非线性声子晶体弹性波的调制行为
陈百鸣	宋 健	基于智能交通系统的混合动力汽车控制策略研究
李逸良	李群仰	Bi_2Se_3 拓扑绝缘体表面纳米摩擦行为研究
张恩瑞	郑泉水	液滴与表面的非接触作用探究
胡脊梁	郑泉水、郭明	拓扑变化的细胞膜力学模型以及曲率对于膜蛋白分布的影响
高 炜	李俊峰	基于迭代学习及自适应方法的位姿控制
李步选	陈 民	过冷度对水滴碰撞动力学行为的影响
王子路	张一慧	屈曲引导的微尺度多层三维结构设计与性能调控研究
龙佳新	陈常青	对纸吸水过程中弯曲现象的研究
李家其	许春晓	科氏力对横向射流影响的数值研究

钱学森班 2014 级 ORIC 汇总

姓名	导师	项目
杜迎霜	张 婷	基于 3D 打印和微流体技术的可降解光导纤维制造技术初探
周昊宸	陈 民	硅初次锂化过程体积膨胀机理研究：分子动力学模拟
郝育昆	冯西桥	软球膜的屈曲形貌演化与形貌控制
倪锐晨	张 雄	畸变网格松弛方法
朱子霖	郑钢铁	四轮独立驱动车的自动驾驶解决方案设计
贺 琪	张一慧	基于曲面基底的屈曲型微尺度三维结构组装研究
刘畅武	张 超	基于磁场的高精度磁定位数据手套的研究
刘思琪	李 博	有限厚度基底上的细胞迁移
杨昊光	郑钢铁	全电驱动四轮独立全向车辆的动力学与控制
卢晟昊	闫绍泽	蜜蜂足部及其力学结构仿生
宋振宇	陈 民	表面粗糙度对水滴破碎的影响规律研究
周子淞	许春晓	悬盘阵列湍流边界层减阻研究
黄伟智	赵治华	具有高静低动特性的薄壁结构的设计
单子毓	李 博	人舌头主动变形控制的力学机理
苑斌杰	李 博	曲面基底上细胞群体迁移行为研究
李腾飞	赵治华	基于人耳听觉系统的语音识别
陈 煜	郑钢铁	骨折复位机器人
黄馨仪	许春晓	毛状覆层对方柱绕流的影响及减阻行为研究
邹 旭	王立伟	The Theoretical Approach of Generalization Ability of Convolutional Neural Network Based on Randomization Experiments（基于随机化实验的卷积神经网络泛化能力的理论研究）
门天立	王 兵	旋转爆震发动机方向控制
肖昌明	张松海	水墨画的物理模拟汇报
肖飞宇	曹炳阳	微纳芯片热输运和优化研究
石循磊	刘 莉	仿人机器人机械结构与步行运动的协同优化方法
杨 奇	张松海	肥皂泡结冰过程的物理模拟方法研究
艾尼亚尔	李 博	从条带形态问题到轮胎工况稳定性的优化近似

钱学森班 2015 级 ORIC 汇总

姓名	导师	项目
崔 森	黄民烈	图片描述生成
钟 源	刘烨斌	布料重建与材质估计
马天麒	马 欧	基于 LSTM 和深度卷积神经网络的人动作意图预测技术研究
边正梁	解国新	强电场对二维材料的摩擦性能调控研究
胡佳音	张剑波	燃料电池电堆单元水热管理层级式建模
孙嘉玮	李群仰	原子尺度多跳摩擦的机制研究
王诗达	李 博	单层细胞拉伸断裂与运动研究
李澍鹏	张一慧	可调控多稳态二维力学超材料的设计与分析
李念霖	刘河生	丘脑底核电刺激对大脑皮层功能连接的调制研究
许欣童	曹炳阳	纳米结构热驱动现象的分子动力学模拟研究
迟 昊	李 博	数值模拟单层细胞流固态转变研究
余伟杰	张锡文	液滴撞击纱网过程的穿透特性研究
祝 乐	张剑波	静电纺丝过程纳米纤维动力学分析
刘 晨	郑钢铁	新型电动 SUV 的力矩分配算法设计
屈颖钢	肖志祥	关于再层流化的转捩模式改进
李维灿	李 博	球壳通过狭窄通道的大变形研究
曾治鑫	李 博	细胞单层碰撞的力学行为模拟
曹睿哲	陈海昕	垂直起降/高效平飞飞机研究
管唯宇	郑钢铁	基于神经网络的骨折复位手术图像处理方法
邓博元	郑钢铁	脊柱手术机器人的安全区划定
王克杰	郑钢铁	心脏冠脉支架手术机器人
刘圣铎	周 青	板状结构的厚度分配和质量分布对碰撞吸能的影响研究
赵靖宇	翁征宇	强关联多体量子系统中的自旋动力学问题
杨正宇	黄伟希	流固耦合特性下的口琴簧片振动特性研究
陈一彤	张一慧	基于蜂窝阵列薄膜的屈曲自组装反问题初探
张 楠	宝音贺西	颗粒物质毛细现象
黄云帆	王沫然	基于电子水动力学的二维材料电子输运机理研究

钱学森班 2016 级 ORIC 汇总

姓名	导师	题目
费家骏	徐 静	基于强化学习融合先验知识的机器人控制方法研究（换题目，分层深度学习）
郭沫杉	郑钢铁	基于可调谐液体吸振器的能量回收研究
胡昌平	张 萍	血管介入手术力-图像耦合安全性识别
黄立昊	张 萍	血管介入手术机器人的自主复合控制
黄轩宇	郑泉水	基于超润滑材料的电容式发电机
吉首瑞	任天令	固体润滑 MEMS 器件
康金梁	王沫然	纳米强化驱油机理研究
李烜赫	郑泉水	石墨超润滑体系中的负摩擦系数现象研究
李钟艺	李 博	活性凝胶的缺陷形成与演化
刘向前	张 兴	拉曼散射法测量微观生物材料热物理性质
陆俞朴	郑钢铁	基于图像识别和力传感下的人机协同演奏
马宇翔	马寅佶	基于脉搏波的动脉僵硬度评估
司马锲	郑钢铁	内窥式柔性手术机器人末端可展开结构研究
徐乐朗	刘烨斌	基于深度神经网络的 RGBD 图像人体三维重建（现在变成人脸重建）
许朝屹	王兆魁	四轮独立驱动月球车的越障研究
杨 帆	张长水	基于强化学习的机器人模仿学习
姚铭泽	陈 民	锂离子在少层硅烯中迁移机理的分子反应力场模拟
易泽吉	陆 耿	多旋翼无人机携带机械臂对物体的抓捕
郁斯钦	王沫然	吸附情况下纳米孔中气体输运机理
张 鹏	曹炳阳	未来纳米芯片功耗抑制与热管理
张逸蔚	王兆魁	基于模型与无模型混合的柔性机械臂运动与力控制
张煜洲	兰旭东	纯电控航空涡扇发动机与超磁性材料研究
郑蕴哲	李群仰	范德华力对石墨烯耐磨损性能调控研究
朱静远	李路明	帕金森病人姿态稳定性的量化评估
吴浩宇	龚胜平	衍射太阳帆航天器的动力学与控制
毕恺峰	龚胜平	基于机器学习方法确定不规则小行星周围引力场的分布

钱学森班历届学生出国研学信息汇总

钱学森班 2009 级出国研学

学号	姓名	研学学校	导师
2009011622	金 鹏	华盛顿大学	王俊兰
2009011623	张 程	布朗大学	Kyung-suk Kim
2009011624	董延涛	伊利诺伊大学香槟分校	Peter Wang
2009011626	张驰宇	瑞典皇家工学院	Shia-Hui Peng
2009011627	钱 亚	密苏里大学	Zhen Chen
2009011628	刘 彧	布朗大学	Kyung-suk Kim
2009011630	刘 洋	普渡大学	Xianfan Xu
2009011631	杨 阳	加州大学伯克利分校	Panayiotis Papadopoulos
2009011632	瞿苍宇	哈佛大学	Katia Bertoldi
2009011634	罗海灵	南安普敦大学	Yeping Xiong
2009011635	王哲夫	科罗拉多州矿业大学	Andre Revil
2009011636	夏 晶	西北大学	Yonggang Huang
2009011638	张婉佳	瑞典皇家工学院	Lars Davidson
2009011639	张博戎	多伦多大学	Shaker A. Meguid
2009011640	倪彦硕	麻省理工学院	Konstantin Turitsyn
2009011641	刘佳鹏	南安普敦大学	Yeping Xiong
2009011642	奚柏立	伊利诺伊大学香槟分校	K. Jimmy Hsia
2009011643	陈镇鹏	加州大学伯克利分校	David Steigmann
2009011644	周文潇	伦敦大学玛丽女王学院	Wen Wang
2009010200	娄 晶	法国高等航空航天学院	Yves Gourinat
2009010232	王西蒙	佐治亚理工学院	Min Zhou
2009011554	周嘉炜	麻省理工学院	Gang Chen
2009011555	陈 翔	瑞士皇家工学院	Johansson
2009011545	尹 光	瑞士皇家工学院	Dan Henningson
2009010843	杨 锦	加州理工学院	Kaushik Bhattacharya

钱学森班 2010 级出国研学

学号	姓名	研学学校	外籍导师
2010011500	柴一占	科罗拉多大学博尔德分校	Ronggui Yang
2010011564	王申	南卡罗来纳大学	Michael A. Sutton
2010011567	张迥	加州理工洛杉矶分校	Jiun-Shyan Chen
2010011613	沈浩	慕尼黑工业大学	Nikolans A.Adms
2010011614	杨富方	科罗拉多大学博尔德分校	Ronggui Yang
2010011615	姚宏翔	伊利诺伊大学香槟分校	Geir Pullerud
2010011616	贺思达	慕尼黑工业大学	Nikolans A.Adms
2010011617	姚泉舟	宾夕法尼亚大学	Robert Carick
2010011619	苏杭	加州大学欧文分校	Lizhi Sun
2010011620	艾力强	休斯敦大学	任志峰
2010011622	危伟	慕尼黑工业大学	Nikolans A.Adms
2010011624	赵振昊	哈佛大学	Katia
2010011625	王云杰	哈佛大学	Katia
2010011626	孟伟鹏	佐治亚理工学院	Shunma Xia
2010011627	孙宇申	哈佛大学	Katia
2010011628	王宇生	华盛顿大学	Junlan Wang
2010011629	郭婧怡	哈佛大学	锁志刚
2010011630	刘幸	佐治亚理工学院	Zhu Ting
2010011631	来旸	哈佛大学	Katia
2010011632	王天宝	休斯敦大学	任志峰
2010011633	左珩	布朗大学	Huajian Gao
2010011634	萧遥	哈佛大学	Katia
2010011635	刘思祎	西北大学	黄永刚
2010011636	厉侃	西北大学	黄永刚
2010011655	马曙光	多伦多大学	Jean Zu
2010012127	唐晓雨	亚琛工业大学	Stanlen van Kempen

钱学森班 2011 级出国研学

学号	姓名	研学学校	导师
2011011547	宋 言	多伦多大学	S. A. Meguid
2011011548	李默耕	纽卡斯尔大学	Lyazid Djenidi
2011011549	宝 鑫	加州大学伯克利分校	Li Shaofan
2011011551	张和涛	密苏里大学	Zhen Chen
2011011552	房文强	布朗大学	Huajian Gao
2011011555	薛 楠	哈佛大学	Shmuel M.Rubinstein
2011011556	方励尘	哈佛大学	Katia Bertoldi
2011011560	孙思劼	哈佛大学	Chu Guo
2011011564	李新浩	加州大学伯克利分校	Liwei Lin
2011011566	黄世成	哈佛大学	Zhigang Suo
2011011568	狄嘉威	佐治亚理工学院	Ting Zhu
2011011569	王子宁	加州大学伯克利分校	Masayoshi Tomizuka
2011011570	张 泽	加州大学圣迭戈分校	Renkun Chen
2011011571	林艺城	布朗大学	Huajian Gao
2011011572	刘 爽	哈佛大学	Katia Bertoldi
2011011573	董云飞	北卡罗来纳州立大学	袁福国
2011011574	黄圣濠	北卡罗来纳州立大学	袁福国
2011011575	李兆函	加州大学戴维斯分校	Ning Pan
2011011576	陈梓均	香港科技大学	徐 昆
2011011588	李天意	加州理工学院	Thomas Y. Hou
2011012071	杜浩东	麻省理工学院	Ming Guo
2011011557	于 强	代尔夫特理工大学	郭 建

钱学森班 2012 级出国研学

学号	姓名	研学学校	导师
2012011615	杨权三	哈佛大学	Zhigang Suo
2012010270	黄维啸	加州大学伯克利分校	David Steigman
2012011777	刘佳俊	哥伦比亚大学	Xi Chen
2012011380	潘哲鑫	巴黎综合理工学院	Christophe Clanet
201211618	高 叶	哈佛大学	David A. Weitz

学号	姓名	学校	导师
2012011621	马 明	明尼苏达大学双城分校	Lian Shen
2012011611	袁 博	约翰霍普金斯大学	Sung Hoon Kang
2012011565	何长耕	宾夕法尼亚大学	David Srolovitz
2012011619	唐家兴	哈佛大学	Katia Bertoldi
2012011564	贝 帅	哈佛大学	Katia Bertoldi
2012011706	王 敖	西北大学	Yonggang Huang
2012011560	黄 懿	查尔姆斯理工大学	Lars Davidson
2012011614	李润泽	圣母大学	Scott.C.Morris
2012011617	曾克成	明尼苏达大学	Lian Shen
2012011629	周宇思	休斯敦大学	Shou Chen
2012011626	杨 柳	布朗大学	高华健
2012011623	杨连昕	布朗大学	高华健
2012011621	辛 昉	波士顿大学	段传华
2012011630	常艺华	布朗大学	高华健
2012011628	孙 帆	普渡大学	Richard Voyles
2012011624	祝萧凌	普渡大学	Richard Voyles
201010407	祝世杰	普渡大学	Richard Voyles
2012011630	章雨思	休斯敦大学	Shou Chen
2012011625	刘斌琦	波士顿大学	段传华
2012011613	赵晨佳	宾夕法尼亚大学	杨 澍
2012011616	李 闯	普渡大学	Xiulin Ruan

钱学森班 2013 级出国研学

学号	姓名	学校	导师
2013011636	李步选	加州大学伯克利分校	Liwei Lin
2013011625	朱秉泉	加州大学伯克利分校	Liwei Lin
2013011634	高 炜	加州大学伯克利分校	Masayoshi Tomizuka
2013011623	邵枝淳	哈佛大学	Katia Bertoldi
2013011629	陈百鸣	密歇根大学	Huei Peng

续表

学号	姓名	学校	导师
2013011618	杨赛超	麻省理工学院	Tian Tian
2013011634	胡脊梁	麻省理工学院	Ming Guo
2013011602	王宇嘉	哈佛大学	Zhigang Suo
2013011633	张恩瑞	哈佛大学	Zhigang Suo
2013011624	杨伟东	普渡大学	Xiulin Ruan
2013011617	巩浩然	普渡大学	Shaoshuai Mou
2013011605	包佳立	普渡大学	Richard Voyles
2013011622	张梓彤	加州大学圣迭戈分校	Chen Renkun
2013011627	孙传鹏	加州大学圣迭戈分校	Chen Renkun
2013011614	任建勋	哈佛大学	Liu Hesheng
2013011613	刘凡犁	哈佛大学	Liu Hesheng
2013011620	武迪	西北大学	黄永刚
2013011619	杨策	西北大学	黄永刚
2013011656	龙佳新	西北大学	黄永刚
2013011630	李逸良	加州理工学院	Nai-Chang Yeh
2013010786	何泽远	剑桥大学	Simon Guest
201301159	袁李	南卡罗来纳大学	赵玉津
2013012269	李家其	明尼苏达大学	Lian Shen
2013011585	王罗浩	明尼苏达大学	Lian Shen
2013011628	王博涵	约翰霍普金斯大学	Sung Hoon Kang
2013011649	王子路	麻省理工学院	Ju Li
2013011615	阚雷	哈佛大学	Katia Bertoldi
2013011626	俞嘉晨	加州大学伯克利分校	Liwei Lin

钱学森班2014级出国研学

学号	姓名	研学学校	导师
2014011619	杨昊光	普渡大学	Richard M. Voyles
2014011064	倪锐晨	加州大学伯克利分校	Liwei Lin
2014011644	邹旭	康奈尔大学	Kilian Weinberger
2014011629	陈煜	普渡大学	Richard Voyles

学号	姓名	研学学校	导师
2014012208	石循磊	约翰霍普金斯大学	Russell Taylor
2014011618	刘思琪	西北大学	Madhav Mani
2014011630	黄馨仪	墨尔本大学	Jimmy Philip
2014011624	周子淞	西班牙理工大学	Javier Jimenez
2014011608	贺琪	哈佛大学	Katia Bertoldi
2014011626	单子毓	佐治亚理工学院	胡立德
2014011611	苑斌杰	斯坦福大学	Stefano Ermon
2014011623	宋振宇	波士顿大学	段传华
2014011612	刘畅武	慕尼黑工业大学	Florian Holzapfel
2014011624	周子淞	西班牙理工大学	Javier Jimenez
2014011656	门天立	布朗大学	高华健
2014010563	周昊宸	加州大学伯克利分校	Liwei Lin
2014011602	朱子霖	普渡大学	Richard Voyles
2014010621	郝育昆	麻省理工学院	Ming Guo

钱学森班 2015 级出国研学

学号	姓名	研学学校	导师
2015011606	李澍鹏	西北大学	黄永刚
2015011547	管唯宇	普渡大学	Richard Voyles
2015012208	屈颖钢	波士顿大学	Chuanhua Duan
2015011578	黄云帆	普渡大学	Steven Wereley
2018011576	杨正宇	明尼苏达大学	Lian Shen
2015012151	李维灿	西北大学	黄永刚
2015011616	钟源	杜克大学	David Brady
2015011611	王诗达	麻省理工学院	Ming Guo
2015010963	崔森	加州大学伯克利分校	Tomizuka
2015012209	曾治鑫	密苏里大学	陈震
2015011167	边正梁	麻省理工学院	Xuanhe Zhao
2015012194	刘晨	加州大学伯克利分校	Masayoshi Tomizuka

学号	姓名	研学学校	导师
2015010444	张 楠	亚利桑那大学	Renu Malhotra
2015011542	刘圣铎	麻省理工学院	Xuanhe Zhao
2015011823	王克杰	加州大学伯克利分校	Tomizuka
2015011600	马天麒	普渡大学	刁修民
2015010140	迟 昊	普渡大学	Richard
2015011548	陈一彤	哈佛大学	Seok-Hyun Yun
2015011544	孙嘉玮	麻省理工学院	Ming Guo
2015011604	邓博元	普渡大学	Richard Voyles
2015011623	胡佳音	滑铁卢大学	李献国
2015011540	李念霖	哈佛大学	刘河生

钱学森班历届毕业生毕业论文信息汇总

姓名	学号	中文论文题目	英文论文题目	本系导师	交叉院系导师
娄 晶	2009010200	圆形钉扎作用下滚动角与迟滞角的关系：理论、模拟和实验	The relationship between sliding angle and hysteresis as the contact line pinned as a circular:theory, simulation and experiment	郑泉水	
杨 锦	2009010843	长久不破的泡泡基础机理研究	Long lasting time bubbles' mechanism	郑泉水	
尹 光	2009011545	湍流场动力模态分析	Dynamic Mode Decomposition analysis of turbulent flow	许春晓	
周嘉炜	2009011554	电场对形核过程影响的实验研究及分子动力学模拟	Experimental studies and Molecular Dynamics simulations of the influence of the electric field on the nucleation process	陈 民	
陈 翔	2009011555	超声速诱导转捩与湍流减阻	Induced transition in supersonic flow and turbulent drag reduction	任玉新	
金 鹏	2009011622	SEM 图像的畸变参数分析与矫正	Distortion parameter analysis and image correction for SEM imaging	李喜德	
张 程	2009011623	柱状张拉整体结构的动力学性能研究	Dynamic performance on prismatic tensegrity structures	冯西桥	
董延涛	2009011624	螺旋电极与迷走神经之间捆绑力的测量	determination of the binding force between the spiral electrode and vagus verve	李路明	
张驰宇	2009011626	翼面吸气混合层流控制的数值研究	The numerical simulation of hybrid laminar flow control on airfoil	肖志祥	
钱 亚	2009011627	密排碳纤维丝间接触应力的计算	Calculation of contacting stress between closely spaced carbon fibers	牛莉莎	林 峰
刘 彧	2009011628	人工髋关节表面的摩擦、磨损与微观机理的探究	Friction and Wear Behavior on Surface of Artificial Hip Replacement and Its Microscopic Mechanism	李群仰	
刘 洋	2009011630	纳米二硫化钼作为润滑油添加剂的摩擦学性能研究	Tribological properties of MoS_2 nanoparticles as additive in oil	牛莉莎	雒建斌
杨 阳	2009011631	带式输送机物料输运的实验研究	Experimental Research of Material Transportation on Belt Conveyer	牛莉莎	曾 攀
瞿苍宇	2009011632	石墨岛自回复运动的有限元模拟	Finite elment simulation of the self-retraction of graphite	郑泉水	

续表

姓名	学号	中文论文题目	英文论文题目	本系导师	交叉院系导师
陈 享	2009011633	二维爆炸问题的有限体积方法研究	A Finite Volume Method for Simulating Explosions of Two-dimension	张 雄	
罗海灵	2009011634	面向综合振动控制的结构多目标拓扑优化	Structural multi-objective topology optimization for comprehensive vibration control	杜建镔	
王哲夫	2009011635	近失速工况下 NACA4412 翼型分离流动的精细数值模拟	Simulation of flow around the NACA 4412 airfoil with separation at near-stall condition	符 松	
夏 晶	2009011636	压电能量收集装置及其能量转换效率	Piezoelectric energy harvest and its energy transform efficiency	冯 雪	
张婉佳	2009011638	植入式 LES（IDDES）方法合成湍流生成研究	Synthetic turbulence inflow boundary conditions for the embedded LES (IDDES) method	肖志祥	
张博戎	2009011639	周期激励对储箱内不同深度液体晃动影响实验研究	Experimental Study of Liquid Sloshing of Different Depth under Periodic Excitation	徐胜金	
倪彦硕	2009011640	不规则小行星附近轨道动力学	Orbit Dynamics in the Vicinity of Irregular Asteriods	李俊峰	
刘佳鹏	2009011641	四边形可折叠铰链式桅杆的多体动力学研究	Research on FAST Mast based on multi-body dynamics	任革学	
奚柏立	2009011642	新型炼钢转炉结构有限元分析	Finite element analysis of new converter structure	牛莉莎	方 刚
陈镇鹏	2009011643	超声焊接过程的动态模拟	Simulation of ultrasonic welding process	邱信明	
周文潇	2009011644	牙齿热冲击的有限元分析	Finite Element Analysis of Thermal Impact on Tooth	赵红平	
柴一占	2010011500	铜纳米线表面接触角的测量	Contact angle measurement on copper nanowire		杨 震
王 申	2010011564	大尺度高精度三维变形测试方法研究	Research on high-precision large-scale three-dimensional deformation test method	姚学锋	
张 迥	2010011567	犬齿矫正中骨骼生长的力学建模及网格更新算法实现	Mechanics modeling and mesh update method of bone remodeling in canine retraction	张 雄	
沈 浩	2010011613	基于多松弛时间格子玻尔兹曼方法的两组分可混溶流体模型	On MRT-LBM for a binary miscible fluid mixture		吴 昊

姓名	学号	中文论文题目	英文论文题目	本系导师	交叉院系导师
杨富方	2010011614	利用反应热的制冷循环设计及工质比热容测量	Refrigeration Cycle Utilizing Reaction Heat Design and Working Fluid Specific Heat Capacity Measurement		段远源
姚宏翔	2010011615	柔性结构异位控制中的阻尼增强结构控制一体化设计	A control-structure integrated design method based on damping enhancement for noncollocated control of flexible space structure	郑钢铁	
贺思达	2010011616	基于气相速度松弛关系模型的一维气-液段塞流数值模拟	Numerical Simulation of One-dimensional Gas-liquid Slug Flow Based on the Relaxation Relationship of the Gas-phase Velocity	王兵	
姚泉舟	2010011617	原子尺度粘滑摩擦的力学研究	Mechanical study of atomic scale stick-slip friction	李群仰	
谢思娴	2010011618	压电材料表面的纳米摩擦行为	The nanometer-scale frictional behavior of a piezoelectrical material	李群仰	
苏杭	2010011619	铁颗粒强化橡胶复合材料弹性响应的纤维化效应	Effect of Fibrillation on Elastic Responses of Fe-Particle Reinforced Rubber Composites	陈常青	
艾立强	2010011620	聚合物复合材料导热性能的分子动力学模拟	Molecular dynamics simulation of the thermal conductivity of polymer composites	陈民	
黄杰	2010011621	蜻蜓翅翼结构研究及其在工程中的应用前景展望	Study of dragonfly wing structure and its application	郑钢铁	
危伟	2010011622	超音速燃烧中激波与火焰面相互作用机制研究	Study on the mechanism of interaction between shock and flame surface in supersonic combustion	王兵	
王梓岩	2010011623	微孔介质内非理想气体输运的介观模拟	Mesoscopic simulation of non-ideal gas transportation in porous media	王沫然	
赵振昊	2010011624	各向同性负泊松比材料的设计研究	Design of isotropy negative Poisson ratio structure	郑钢铁	林峰
王云杰	2010011625	蜻蜓翅膀启发的内部流动对颤振的调控	Internal flow flutter regulation method inspired by dragonfly wings	殷雅俊	
孟伟鹏	2010011626	高孔隙率纤维网络材料的力学特性研究	Ananlysis of the Mechanical Properties of High Porosity Fiber Network	陈常青	
孙宇申	2010011627	二维声子晶体带隙特征与几何不稳定性的研究	Band Gaps for 2D Phononic Crystals and Geometry Frustration		曾攀

续表

姓名	学号	中文论文题目	英文论文题目	本系导师	交叉院系导师
王宇生	2010011628	压杆阵列测力芯片的力学性能分析与检测方案设计	The mechanical property analysis and test scheme design of compression bar array chip	李喜德	
郭婧怡	2010011629	介电高弹聚合物式低频扬声器的研究	Research on low frequency DE loudspeakers	陈常青	
刘幸	2010011630	纳米格栅材料力学行为的理论分析与数值模拟	Theoretical analysis and numerical simulation of the mechanical behavior of nanolattices	冯西桥	
来旸	2010011631	微尺度立体光刻系统的设计及实现	Design and Implementation of Micro-Stereolithography Manufacturing System	曹艳平	
王天宝	2010011632	非平衡凝结过程的分子动力学模拟	Molecular dynamics simulation of non-equilibrium condensation	陈民	
左珩	2010011633	纳米孪晶铜纳米线扭转塑性变形的分子动力学模拟	Atomistic simulations of plastic deformation of nanotwinned copper nanowares under torsion	高华健	
萧遥	2010011636	微型立体投影光刻系统搭建与测试	Construction and Test of the Projection Micro-stereolithography System		曾攀
刘思祎	2010011655	直棱柱梁的过屈曲分析	Post-buckling analysis of straight prismatic beam	冯雪	
厉侃	2010012127	柔性可延展天线的电磁学数值模拟	Electromagnetic Simulation of Stretchable Antenna	冯雪	
马曙光	2010013211	基于屈曲梁的压电能量采集分析与研究	Piezoelectric energy harvesting using post-buckled beam	王天舒	
宋言	2011011547	任意拉格朗日-欧拉方法中的拉格朗日步算法分析	Formulation of the Lagrangian step in arbitrary Lagrangian-Eulerian method	张雄	
李默耕	2011011548	壁面行波对平板湍流边界层摩阻影响的实验研究	The effect of travelling wave on the drag of the turbulent boundary layer	徐胜金	
宝鑫	2011011549	环形水箱动水模拟	Hydrodynamic analysis of annular tank		刘晶波
张和涛	2011011551	任意拉格朗日-欧拉方法中网格重划分技术的算法研究	Research of Algorithms for Rezoning Techniques in Arbitrary Lagrange-Euler Methodology	张雄	
房文强	2011011552	高频脉冲超声空化的实验研究	Experimental study of high-frequency pulse ultrasonic cavitation	陈民	
王晓强	2011011554	石墨烯表面磨损行为的分子动力学研究	Molecular dynamics study on wear behavior of graphene	李群仰	

姓名	学号	中文论文题目	英文论文题目	本系导师	交叉院系导师
薛 楠	2011011555	颗粒固液界面及液滴界面的迟滞与动态过程研究	On interface hysteresis and dynamic process of particles and droplets	郑泉水	
方励尘	2011011556	液滴撞击固体表面过程中的粘性耗散计算	Estimation of viscous dissipation in droplet impact	陈 民	
于 强	2011011557	基于 SPH 方法的燃料晃动分析	Fuel Sloshing Analysis Base on the SPH Method	王天舒	
李天意	2011011558	脑动脉瘤血液流动模拟与分析	Flow Simulation and Analysis of Cerebral Aneurysm Model	杨 春	
钟麟彧	2011011559	表面结构与浸润性对液滴融合及弹跳的影响	Influence of surface structure and wettability on coalescence and self-jumping of droplets	姚朝晖	
孙思劼	2011011560	以三浦折纸为代表的板壳结构声子晶体超材料研究	The investigation of wave propagation property in Miura-Ori as a representative shell phononic crystal	陈常青	
李天奇	2011011561	提高激光诱导击穿光谱（LIBS）气态样品测量精度	Improve the accuracy of measuring gas using LIBS		王 哲
王轶群	2011011562	基于 DPD 方法的血液细胞在微通道中的动力模拟分析	Dynamic simulation of blood cell in micro channel based on DPD method	张锡文	
李新浩	2011011564	纳米水滴在固体表面上的碰撞与冻结	The impact and freezing of nanoscale water droplet on solid surface	陈 民	
黄世成	2011011566	陶瓷基复合材料力学行为及疲劳寿命评估研究综述	A review of the mechanical behavior and fatigue life of ceramic matrix composites	YUAN HUANG	
施炯明	2011011567	并联结构减振问题	Vibration reduction of parallel structures	郑钢铁	
狄嘉威	2011011568	力场、温度场作用下多晶材料力学特性的分子动力学模拟	The Mechanical Performance of Nanocrystalline Metal under the Application of Force Field and Temperature Field		杨 震
王子宁	2011011569	基于混合谱高斯过程回归的柔性机器人动力学控制	Learning control of a flexible robot based on Gaussian process regression with spectral mixture kernel	郑钢铁	
张 泽	2011011570	VCD 尿液处理系统模拟仿真	Simulation of VCD Urine Processing System	任建勋	
林艺城	2011011571	软物质表面形貌的形成与调控	The formation and regulation of surface morphology of soft matter	冯西桥	

姓名	学号	中文论文题目	英文论文题目	本系导师	交叉院系导师
刘 爽	2011011572	可变形太阳能电池板基座的模拟和研发	Simulation and development of deformable solar panel base	张 雄	
董云飞	2011011573	悬臂矩形板弹性变形的框架式模型估算方法	The method of using frame model to estimate elastic deformation of cantilever rectangular plate		吴 丹
黄圣濠	2011011574	橡胶材料的界面变形及接触应力测量	Interfacial deformation and contact stress measurement of rubber materials	姚学锋	
李兆涵	2011011575	枯草芽孢杆菌纤维的多尺度力	Exploring Size Effect in *B. subtilis* Filaments as a Hierarchical Structure	李喜德	
陈梓钧	2011011576	高温流场中的马赫反射	Mach Reflection in High Temperature Flow Field	吴子牛	
杜浩东	2011012071	极压抗磨润滑剂对样品表面磨痕区材料力学性能的影响	The Effect of Extreme Pressure and Anti-wear Lubricants on the Material Mechanics Performance of the Scratch Area of the Test Specimen	李群仰	
黄维啸	2012010270	多储箱航天器动力学耦合特性分析	Dynamic coupling analysis of the spacecraft with multiple tanks	王天舒	
祝世杰	2012010407	考虑关节误差的机器人视觉伺服问题研究	Visual Servoing Considering the Joint Error of the Robot	郑钢铁	
刘佳俊	2012011177	工作状况下 YBCO 超导带材的应力状态分析	Stress analysis of YBCO superconducting tapes under working conditions	李喜德	
黄 懿	2012011560	DNS 和 LES 的入口边界条件的合成扰动生成方法	Synthetic fluctuations generation method for the inlet condition of DNS and LES	符 松	
贝 帅	2012011564	广义物质点法的研究	On the Generalized Interpolation Material Point method	张 雄	
何长耕	2012011565	利用宏观碳纳米管材料制备脑深部阵列电极的研究	Research on the use of macroscopic carbon nanotube film as deep brain stimulation material	李路明	
袁 博	2012011611	液态金属在生理溶液中表面张力行为研究	Research on Surface Tension Behavior of Liquid Metal in Physiological Solution		刘 静
赵晨佳	2012011613	全能干细胞微滴打印技术开发	Development of Microencapsulation Technology for Printing Pluripotent Stem Cells		孙 伟
李润泽	2012011614	机体/动力一体化优化设计方法的初步研究	Study of Airframe/Propulsion Integration Optimization and Design	张宇飞	

续表

姓名	学号	中文论文题目	英文论文题目	本系导师	交叉院系导师
杨权三	2012011615	液滴蒸发与液膜破裂	Droplet Evaporation and Liquid Film Rupture	郝鹏飞	
李闯	2012011616	用于单分子 DNA 测序的微流芯片的设计与优化	The design and optimization of microfluidic chip used for DNA sequencing	徐芦平	
曾克成	2012011617	页岩纳米孔隙及裂缝中甲烷的吸附和流动研究	The research about adsorption and flow of methane in shale's nano-pores and fractures	钟北京	胥蕊娜
高叶	2012011618	微管道内油水驱替现象的研究	The study of oil-water displacement in micro-channel	郝鹏飞	
唐家兴	2012011619	针对大型风机分段叶片的新型分片式接头研究	New fragment joint for multi-piece turbine blade of the extremely large scale wind turbine		曾攀
马明	2012011621	鳐鱼游动数值模拟及机理研究	Thrust producing mechanisms and formation of vortical structures in batoid fin motion	黄伟希	
辛昉	2012011622	正丁烷/空气混合气微通道内催化点火的实验研究	Experiment study on catalytic ignition of n-butane/air mixtures in the micro-channel	钟北京	
杨连昕	2012011623	脚踝对人走路能耗的影响研究	Ankle could reduce human walking energy-cost	赵治华	
祝凌霄	2012011624	电动汽车电池包的动力学建模与前碰撞保护优化仿真	The kinetics modeling of battery pack in the electric vehicle and the simulation of the frontal impact protection		周青
刘斌琦	2012011625	斜轴折叠机翼模型气动性能的实验研究及分析	Experimental research and analysis of the aerodynamics performance of oblique axe folding wing model		雷丽萍
杨柳	2012011626	压力对冰与固体表面间相互作用的影响规律研究	A study on the influence of pressure to the interaction between ice and solid substrate	陈民	
林景	2012011627	边界层附近的激波干扰现象研究	The Study of the Shock Wave Boundary Layer Interaction	吴子牛	
孙帆	2012011628	具有地形匹配功能的直升机起落架系统设计	The design of helicopter landing gear system with terrain matching ability	王浩文	
周宇思	2012011629	分子反应力场方法研究超临界水对金属的腐蚀机理	A molecular dynamics simulation of metal corrosion mechanisms in supercritical water using Reactive Force Field	陈民	

姓名	学号	中文论文题目	英文论文题目	本系导师	交叉院系导师
章雨思	2012011630	非结构网格紧致模板上的四阶精度有限体积方法	4th-order finite volume method with compact stencils on unstructed grids	任玉新	
常艺铧	2012011631	石墨烯断裂性能的优化设计	Optimizing the fracture properties of graphene	高华健	
潘哲鑫	2012011680	中高应变率材料加卸载装置的仿真分析	The Simulation Analysis of Material Loading and Unloading Technologies under Intermediate and High Strain Rate		夏 勇
王 敖	2012011706	非均质柔性基底设计及其在屈曲引导的三维组装结构中的应用	Engineering elastomers of heterogeneous modulus for buckling-guided 3D assembly	张一慧	
舒炫博	2012012197	一种大减速比行星减速器载荷分析及齿轮接触应力计算	Analysis and calculation of loads and gear contact stress in the gear box with large reduction ratio	任革学	
赵雪轩	2013010267	基于 Ontology 的自适应系统智能任务配置机制	Ontology-based intelligent task configuration mechanism for self-adaptive system	郑钢铁	
何泽远	2013010786	膝关节炎外张拉支具原理探究	Research on an External Brace Used for the Treatment of Knee Osteoarthritis	赵治华	
王罗浩	2013011585	波浪作用下的浮体问题数值研究	Numerical method for wave involved floating body problem	黄伟希	
袁 李	2013011596	纳米颗粒填充聚合物导通特性的分子动力学模拟	Molecular dynamics simulations of the conductivity of the nanofilled polymer	姚学锋	
王宇嘉	2013011602	生物梯度材料的动力学研究	Dynamic Study of Biological Gradient Materials	高华健	
包佳立	2013011605	上下楼梯步态分析与柔性外骨骼动力系统设计	Stairs Gaits Analysis and Designation for Power System of Soft Exoskeleton		付成龙
高政坤	2013011612	多级隔振与运动稳定性研究	Multi-stage Vibration Isolation and the Research of Motion Stability	郑钢铁	
刘凡犁	2013011613	微纳孔隙中复杂流体液滴驱替的跨尺度模拟	Cross-scale Simulation of Complex Fluid Droplet Displacement in Micro Channel	王沫然	
任建勋	2013011614	应用功能核磁研究深部脑刺激对人脑功能活动的调控	The research to neuromodulation of human brain under deep brain stimultaion by using functional-MRI	姜长青	

姓名	学号	中文论文题目	英文论文题目	本系导师	交叉院系导师
阚 镭	2013011615	中心型流体拉格朗日格式研究与程序实现	Study and Program Implementation of a Cell-Centered Lagrangian Scheme	张 雄	
巩浩然	2013011617	行星电磁场中的尘埃动力学	Dust dynamics in planet electro-magnetic field	龚胜平	
杨赛超	2013011618	冲击滑动缓冲试验台设计和制作	Design and manufacture of impact sliding device		周 青
杨 策	2013011619	石墨烯材料湿气产电行为研究	Study on moisture generation behavior of graphene		曲良体
武 迪	2013011620	高精度轨道预报模型	High-accuracy Orbit Prediction Model	宝音贺西	
张梓彤	2013011622	纳米颗粒在流体中旋转扩散的分子动力学研究	Investigation of rotational diffusion of nanoparticles in fluid by molecular dynamics	曹炳阳	
邵枝淳	2013011623	高比刚度、比强度三维微纳米结构的力学设计与有限元模拟	Three dimensional nanolattices with high relative stiffness and relative strength	曹艳平	
杨伟东	2013011624	微纳米尺度下液体毛细流动的实验研究	Experimental study of filling kinetics of liquids in nanochannels by capillary force	曹炳阳	
朱秉泉	2013011625	药物难治性癫痫的心率变异性分析	Heart rate variability analysis of refractory epilepsy	李路明	
俞嘉晨	2013011626	飞秒激光加工绝缘体材料的泵浦探测实验研究	Experimental Study of Femto-second Laser Ablation of Dielectric Materials Based on Pump-probe Method		姜 澜
孙传鹏	2013011627	电场调控液晶导热性能研究	Study on the Thermal Conductivity of Nematic Liquid Crystals under Electric Field	曹炳阳	
王博涵	2013011628	压电反置旗在低风速下能量收集性能优化设计	Optimized Design Regarding Energy Harvesting Behavior via an Inverted Piezoelectric Flag at Low Wind Speed	陈常青	
陈百鸣	2013011629	无信号灯路口处智能汽车行驶策略评估	Evaluation of Automated Vehicles Encountering Pedestrians at Unsignalized Crossings		李 亮
李逸良	2013011630	多孔固体材料的宏观静力学等效性能分析	The analysis of the macroscopic effective static property of the cellular materials	邱信明	
张恩瑞	2013011633	软质网状材料的计算力学模型与力学行为研究	Computational Mechanics Model and Mechanical Properties of Soft Lattice Materials	张一慧	

续表

姓名	学号	中文论文题目	英文论文题目	本系导师	交叉院系导师
胡脊梁	2013011634	细胞质的力学行为取决于加载率与加载尺度	Size and speed dependent mechanical behavior in living cytoplasm	郑泉水	
高炜	2013011635	基于轨迹优化的灵巧手控制器设计实现	An optimization based approach towards dexterous manipulation	王天舒	
李步选	2013011636	气体杂质对空化初生影响规律的分子动力学模拟	A Molecular Dynamics Study on the Cavitation Inception of Water with Dissolved Gases	陈民	
王子路	2013011649	含缺陷软质网状材料的力学行为研究	Study on Mechanical Behavior of Soft Lattice Material with Defects	张一慧	
龙佳新	2013011656	纸张吸湿引起的变形和屈曲研究	Bending and wrinkling induced by moisture	陈常青	
李家其	2013012269	展向旋转对边界层横向射流影响的数值研究	Numerical study on transverse jets in a boundary layer under the influence of spanwise rotation	许春晓	
杜迎霜	2014010128	基于单导联 ECG 的呼吸信号提取及运动状态分类	Single-lead ECG based respiratory signal extraction and physical activity classification	李路明	
周昊宸	2014010563	硅的锂化传质过程的分子反应力	Molecular force field simulation of mass transfer in lithiation process of silicon	郑泉水	
郝育昆	2014010621	软膜泡大变形与失稳演化	Wrinkling and morphological transitions in soft membranes	冯西桥	
倪锐晨	2014011064	随体网格物质点法研究	Research of Body-Tracing Mesh in MPM (Material Point Method)	张雄	
朱子霖	2014011602	车辆的路况检测与智能决策	Road information detection and intelligent decision making for vehicle	郑钢铁	
贺琪	2014011608	基于曲面基底的屈曲型微尺度三维结构组装研究	Research on assembly of flexure microscale 3D structures based on curved substrates	张一慧	
苑斌杰	2014011611	生成对抗网络在基于模型的强化学习中的应用	Application of generative adversarial network in model based reinforcement learning		朱军
刘畅武	2014011612	智能自主无人直升机飞行控制方法研究	Research on Intelligent Autonomy Unmanned Helicopter Flight Control Method	王浩文	
刘思琪	2014011618	群体细胞迁移的力-化学耦合机制	Mechanic-Chemical Coupling Mechanism of Collective Cell Migration	李博	

姓名	学号	中文论文题目	英文论文题目	本系导师	交叉院系导师
杨昊光	2014011619	四轮独立驱动和转向电动车设计与无模型控制	Design of Four-Wheel Independent Driving and Steering Electric Vehicle and its Model-Free Control	郑钢铁	
卢晟昊	2014011622	空天飞行器变体头锥结构设计及其运动特性分析	The design and mechanical properties analysis of aerospace vehicles variant head cone structure		阎绍泽
宋振宇	2014011623	微纳尺度气泡溃灭的动力学特性研究	Studies on the Dynamics of Nano-bubbles Collapsing	郑泉水	
周子淞	2014011624	槽道湍流近壁结构与大尺度结构耦合机制研究	Research on interaction between near-wall structures and large-scale structures in turbulent channels	许春晓	
黄伟智	2014011625	生物材料的表面细观力学	Surface micromechanics of biological materials	冯西桥	
单子毓	2014011626	非晶合金纳米薄膜热导率的预测	Prediction of Amorphous Alloy Nano-films` Thermal Conductivity	马维刚	
李腾飞	2014011628	金属基底上石墨烯表面褶皱的表征和拉伸平整技术	A new approach to eliminating graphene wrinkles on metallic substrates through stretching	郑泉水	
陈 煜	2014011629	力位移复合反馈的骨折复位机器人	Fracture reduction robot with force-displacement feedback	郑钢铁	
黄馨仪	2014011630	湍流拉格朗日相干结构研究	Lagrangian Coherent Structures in Turbulence	许春晓	
邹 旭	2014011644	使用外部信息优化文献同名排歧方法探究	Name Disambiguation Using External Information		唐 杰
门天立	2014011656	中国高速铁路动车组非圆化磨损与噪音识别	Polygonal wear and noise identification of Chinese high-speed railway	徐胜金	李彦夫
肖昌明	2014011740	基于 GAN 的小麦病虫害识别	Detection of wheat disease based on Generative Adversarial Networks(GAN)		张长水
肖飞宇	2014011761	锂离子电池主要界面力学特性测试和分子模拟研究	The Testing/Characterization of interfaces and Molecular Simulation in Lithium-ion batteries		夏 勇
石循磊	2014012208	基于线激光三维扫描的飞机表面制孔精度检测技术研究	Research on Detection Technology of Hole Precision in Aircraft Surface Based on Line Laser Three-dimensional Scanning		陈 恳
杨 奇	2014012327	基于 RGB-D 图像的植物种子自动分级方法研究	Research on plant seeds auto-grading based on RGB-D images		张长水

钱学森班历届毕业生信息表

姓名	学号	毕业去向	读研学校	读研专业
娄 晶	2009010200	国内读研	清华大学	力学
杨 锦	2009010843	国外读研	加州理工学院	机械工程
尹 光	2009011545	国内读研	清华大学	力学
周嘉炜	2009011554	国外读研	麻省理工学院	机械工程
陈 翔	2009011555	国内读研	清华大学	力学
金 鹏	2009011622	国内读研	清华大学	力学
张 程	2009011623	国内读研	清华大学	力学
董延涛	2009011624	国内读研	清华大学	航空宇航工程
张驰宇	2009011626	国外读研	普渡大学	航天航空
钱 亚	2009011627	国内读研	清华大学	机械
刘 彧	2009011628	国外读研	布朗大学	未知
刘 洋	2009011630	国内读研	清华大学	机械
杨 阳	2009011631	国内读研	清华大学	机械
瞿苍宇	2009011632	国内读研	清华大学	力学
陈 享	2009011633	国内读研	清华大学	航空宇航工程
罗海灵	2009011634	国内读研	清华大学	汽车工程
王哲夫	2009011635	国内读研	清华大学	力学
夏 晶	2009011636	国外读研	哈佛大学	工程与应用科学
张婉佳	2009011638	国外读研	普渡大学	航天航空
张博戎	2009011639	国内读研	清华大学	力学
倪彦硕	2009011640	国内读研	清华大学	航空宇航工程
刘佳鹏	2009011641	国内读研	清华大学	航空宇航工程
奚柏立	2009011642	国内读研	清华大学	机械
陈镇鹏	2009011643	国内读研	清华大学	航空宇航工程
周文潇	2009011644	国外读研	罗切斯特大学	未知
柴一占	2010011500	国内读研	清华大学	热能工程
王 申	2010011564	国内读研	清华大学	工程力学

姓名	学号	毕业去向	读研学校	读研专业
张 迥	2010011567	国外读研	德州大学奥斯汀分校	ICES 研究所
沈 浩	2010011613	国内读研	清华大学	工业工程
杨富方	2010011614	国内读研	清华大学	热能工程
姚宏翔	2010011615	国内读研	清华大学	航空宇航工程
贺思达	2010011616	国外读研	明尼苏达大学	机械工程
姚泉舟	2010011617	国内读研	清华大学	工程力学
谢思娴	2010011618	国外读研	华威大学	未知
苏 杭	2010011619	国内读研	中科院	力学
艾立强	2010011620	国内读研	清华大学	工程力学
黄 杰	2010011621	工作 （杭州华银教育多媒体科技股份有限公司）		
危 伟	2010011622	国内读研	清华大学	航空宇航工程
王梓岩	2010011623	国内读研	清华大学	工程力学
赵振昊	2010011624	国内读研	清华大学	机械工程
王云杰	2010011625	国内读研	清华大学	工程力学
孟伟鹏	2010011626	国内读研	清华大学	工程力学
孙宇申	2010011627	国内读研	清华大学	机械工程
王宇生	2010011628	国外读研	加州大学欧文分校	Mechanical and Aerospace Engineering
郭婧怡	2010011629	国外读研	康奈尔大学	Theoretical and Applied Mechanics
刘 幸	2010011630	国外读研	布朗大学	School of Engineering
来 旸	2010011631	国外读研	伊利诺伊大学香槟分校	Mechanical Engineering
王天宝	2010011632	国内读研	清华大学	热能工程
左 珩	2010011633	国外读研	麻省理工学院	Aeronautics and Astronautics
萧 遥	2010011636	国内读研	清华大学	机械工程

续表

姓名	学号	毕业去向	读研学校	读研专业
刘思祎	2010011655	国外读研	德州大学奥斯汀分校	工程力学
唐晓雨	2010011998	工作		
厉侃	2010012127	国外读研	西北大学	Mechanical Engineering
马曙光	2010013211	国内读研	清华大学	航空宇航工程
宋言	2011011547	国内读研	清华大学	宇航工程
李默耕	2011011548	国外读研	墨尔本大学	工程学院
宝鑫	2011011549	国内读研	清华大学	土木工程
张和涛	2011011551	国内读研	北京理工大学	机电
房文强	2011011552	国外读研	布朗大学	固体力学
王晓强	2011011554	国内读研	清华大学	土木工程
薛楠	2011011555	国外读研	普林斯顿大学	机械工程
方励尘	2011011556	国外读研	约翰霍普金斯大学	机械工程
于强	2011011557	国内读研	清华大学	宇航工程
李天意	2011011558	国外读研	明尼苏达大学	机械工程
钟麟彧	2011011559	国内读研	清华大学	工程力学
孙思劼	2011011560	国外读研	哈佛大学	力学
李天奇	2011011561	国内读研	清华大学	热能
王轶群	2011011562	国外读研	谢菲尔德大学	土木工程
李新浩	2011011564	国外读研	麻省理工学院	机械工程
黄世成	2011011566	国外读研	达特茅斯学院	工程学院
施炯明	2011011567	国内读研	清华大学	宇航工程
狄嘉威	2011011568	国内读研	清华大学	热能
王子宁	2011011569	国外读研	加州大学伯克利分校	机械工程
张泽	2011011570	国外读研	斯坦福大学	机械工程
林艺城	2011011571	国外读研	宾夕法尼亚大学	机械工程与应用力学
刘爽	2011011572	国外读研	波士顿大学	工程学院
董云飞	2011011573	国内读研	清华大学	机械工程
黄圣濠	2011011574	国内读研	清华大学	工程力学

姓名	学号	毕业去向	读研学校	读研专业
李兆涵	2011011575	国外读研	明尼苏达大学	机械工程
陈梓钧	2011011576	国内读研	清华大学	工程力学
杜浩东	2011012071	国外读研	普渡大学	机械工程
黄维啸	2012010270	工作 （北京旷世科技有限公司）		
舒炫博	2012012197	国内读研	清华大学	动力学与控制
黄懿	2012011560	国内读研	清华大学	流体力学
贝帅	2012011564	国内读研	清华大学	航空宇航科学与技术
何长耕	2012011565	国内读研	清华大学	人机与环境工程
李润泽	2012011614	国内读研	清华大学	航空宇航科学与技术
杨权三	2012011615	国外读研	美国西北大学	力学与材料
曾克成	2012011617	国内读研	清华大学	动力工程及工程热物理
高叶	2012011618	国内读研	清华大学	流体力学
唐家兴	2012011619	国外读研	加州大学伯克利分校	机械工程
马明	2012011621	国内读研	清华大学	流体力学
辛昉	2012011622	国内读研	清华大学	推进与动力技术研究所
祝凌霄	2012011624	国内读研	清华大学	车辆工程
刘斌琦	2012011625	国内读研	清华大学	材料成形制造
杨柳	2012011626	国外读研	布朗大学	固体力学
林景	2012011627	国内读研	清华大学	流体力学
孙帆	2012011628	国内读研	清华大学	航空宇航科学与技术
周宇思	2012011629	国内读研	清华大学	微纳力学
章雨思	2012011630	国内读研	清华大学	流体所
祝世杰	2012010407	国内读研	清华大学	飞行器设计
刘佳俊	2012011177	国外读研	宾夕法尼亚大学	机械工程
潘哲鑫	2012011680	国内读研	清华大学	车辆工程

续表

姓名	学号	毕业去向	读研学校	读研专业
王敖	2012011706	国外读研	美国西北大学	机械工程
袁博	2012011611	国内读研	清华大学	生物医学工程
赵晨佳	2012011613	国内读研	清华大学	生物制造
杨连昕	2012011623	国内读研	清华大学	机械工程学院机电所
常艺铧	2012011631	国内读研	清华大学	机械工程
李闯	2012011616	国内读研	清华大学	力学
赵雪轩	2013010267	国内读研	清华大学	飞行器设计
何泽远	2013010786	国外读研	剑桥大学	General Engineering
王罗浩	2013011585	国内读研	清华大学	流体力学
袁李	2013011596	国内读研	清华大学	固体力学
王宇嘉	2013011602	国内读研	清华大学	纳米与生物力学
包佳立	2013011605	国内读研	清华大学	机械电子工程
高政坤	2013011612	工作（北京航天长征飞行器研究所集成部）		
刘凡犁	2013011613	国内读研	清华大学	动力工程及工程热物理
任建勋	2013011614	国内读研	清华大学	人机工程
阚镭	2013011615	国内读研	清华大学	计算动力学
巩浩然	2013011617	国内读研	清华大学	动力学与控制
杨赛超	2013011618	国内读研	清华大学	汽车碰撞实验室
杨策	2013011619	国内读研	清华大学	机械工程
武迪	2013011620	国内读研	清华大学	航天航空学院航空宇航科学与技术
张梓彤	2013011622	国内读研	清华大学	能源工程与工程热物理
邵枝淳	2013011623	国外读研	加州大学伯克利分校	机械工程
杨伟东	2013011624	国内读研	清华大学	工程热物理
朱秉泉	2013011625	国内读研	清华大学	人机与环境工程
俞嘉晨	2013011626	国内读研	清华大学	机械工程

姓名	学号	毕业去向	读研学校	读研专业
孙传鹏	2013011627	国外读研	宾夕法尼亚大学	机械工程与应用力学
王博涵	2013011628	国外读研	伊利诺伊大学香槟分校	理论与应用力学
陈百鸣	2013011629	国内读研	清华大学	车辆工程
李逸良	2013011630	国外读研	麻省理工学院	材料
张恩瑞	2013011633	国外读研	布朗大学	固体力学
胡脊梁	2013011634	国外读研	麻省理工学院	机械
高炜	2013011635	国外读研	麻省理工学院	计算机科学
李步选	2013011636	国外读研	麻省理工学院	机械
王子路	2013011649	国外读研	卡内基梅隆大学	机械工程
龙佳新	2013011656	国内读研	清华大学	固体力学
李家其	2013012269	国外读研	德州大学奥斯汀分校	计算数学
杜迎霜	2014010128	国内读研	复旦	金融
周昊宸	2014010563	国外读研	伦敦大学学院	Advanced Material Science
郝育昆	2014010621	国外读研	斯坦福大学	生物医学工程
倪锐晨	2014011064	国内读研	清华大学	飞行器设计与控制
艾尼亚尔	2014011129	延期毕业		
朱子霖	2014011602	出国读研	哥伦比亚大学	数据科学
贺琪	2014011608	出国读研	麻省理工学院	Mechanical Engineering
刘畅武	2014011612	国内读研	清华大学	飞行器设计
刘思琪	2014011618	国外读研	美国西北大学	应用数学
杨昊光	2014011619	国外读研	普渡大学	Engineering Technology
卢晟昊	2014011622	国内读研	清华大学	机械工程系设计所
宋振宇	2014011623	国内读研	清华大学	机械系摩擦学研究所
周子淞	2014011624	国内读研	清华大学	流体力学
黄伟智	2014011625	国内读研	清华大学	生物力学

姓名	学号	毕业去向	读研学校	读研专业
单子毓	2014011626	国内读研	清华大学	工程热物理
苑斌杰	2014011611	国内读研	清华大学	人工智能
李腾飞	2014011628	国内读研	清华大学	工程力学
陈 煜	2014011629	国内读研	清华大学	飞行器设计
黄馨仪	2014011630	国外读研	宾州州立大学	机械工程
邹 旭	2014011644	国内读研	清华大学	计算机科学与技术
门天立	2014011656	国内读研	清华大学	管理科学与工程
肖昌明	2014011740	国内读研	清华大学	控制科学与工程
肖飞宇	2014011761	国内读研	清华大学	汽车工程系
石循磊	2014012208	国内读研	清华大学	机器人与先进装备
杨 奇	2014012327	国内读研	清华大学	机器学习
许欣童	2015011598	延期毕业		
李念霖	2015011540	延期毕业		
胡佳音	2015011623	国外直博	达特茅斯学院	计算机
陈一彤	2015011548	国内直博	清华大学	自动化
祝 乐	2015011543	国内直博	清华大学	自动化
钟 源	2015011616	国内直博	清华大学	自动化
赵靖宇	2015011545	国内直博	清华大学	高等研究院
余伟杰	2015010185	国内直博	北京协和医学院	临床医学
杨正宇	2015011576	国外直博	伊利诺伊大学香槟分校	机械
王诗达	2015011611	国外直博	普林斯顿大学	Mechanical and Aerospace Engineering
孙嘉玮	2015011544	国外直博	斯坦福大学	生物工程
屈颖钢	2015012208	国内直博	清华大学	能动系
刘圣铎	2015011542	国外直博	加州理工学院	机械工程
刘 晨	2015012194	国外直博	加州大学伯克利分校	机械工程
李维灿	2015012151	国外直博	布朗大学	固体力学
李澍鹏	2015011606	国外直博	西北大学	土木系
黄云帆	2015011578	国内直博	清华大学	工程热物理

姓名	学号	毕业去向	读研学校	读研专业
管唯宇	2015011547	待定		
邓博元	2015011604	国内直硕	清华大学	计算机系
崔　森	2015010963	国内直博	清华大学	自动化系
迟　昊	2015010140	国内直博	清华大学	机械
曾治鑫	2015012209	国内直博	清华大学	航院航空宇航
曹睿哲	2015011579	国内直硕	清华大学	发动机中心
边正梁	2015011167	国外直博	斯坦福大学	机械
马天麒	2015011608	国内直博	清华大学	自动化
张　楠	2015010444	国内直博	清华大学	航空宇航
王克杰	2015011823	国内直博	清华大学	航空宇航

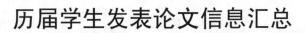

历届学生发表论文信息汇总

姓名	学号	论文名称	发表论文类型	发表论文年份	发表论文所属刊物名称	发表论文所属刊物级别	发表期刊的卷数	发表期刊的页码	是否 EI	是否 SCI	是否 ISTP	第几作者
薛楠	2011011555	Strongly Metastable Assemblies of Particles at Liquid Interfaces	期刊论文	2014	LANGMUIR	国际期刊	30	14712-14716	否	是	否	1
房文强	2011011552	Electro Hydro-dynamic Shooting Phenomenon of Liquid Metal Stream	期刊论文	2014	APPLIED PHYSICS LETTERS	国际期刊	105		否	是	否	1
李新浩	2011011564	Estimation of viscous dissipation in nanodroplet impact and spreading	期刊论文	2015	PHYSICS OF FLUIDS	国际期刊	27		否	是	否	1
黄世成	2011011566	Brownian Motion of Molecular Probes in Supercooled Liquids	期刊论文	2015	PHYSICAL REVIEW LETTERS	国际期刊	114		否	是	否	2
赵晨佳	2012011613	Observations and temporal model of a honeybee's hairy tongue in microfluid transport	期刊论文	2015	JOURNAL OF APPLIED PHYSICS	国际期刊	118		否	是	否	1
赵晨佳	2012011613	Beetle wing folding facilitated by micro-protrusions on the body surface: a case of Allomyrina Dichotoma	期刊论文	2015	SCIENCE BULLETIN	国际期刊	60	1457-1460	否	是	否	2

姓名	学号	论文名称	发表论文类型	发表论文年份	发表论文所属刊物名称	发表论文所属刊物级别	发表期刊的卷数	发表期刊的页码	是否EI	是否SCI	是否ISTP	第几作者
林　景	2012011627	Numerical prediction on deposition of microparticulate matter in turbulent channel flows	期刊论文	2015	INTERNATIONAL JOURNAL OF MODERN PHYSICS	国际期刊	26		否	是	否	2
李逸良	2013011630	恢复系数的不同定义及其适用性分析	期刊论文	2015	力学与实践	国家级期刊	6	773-777	否	否	否	1
李逸良	2013011630	车辆转弯时内轮差的运动学理论模型	期刊论文	2017	力学与实践	国家级期刊	1	94-99	否	否	否	1
李逸良	2013011630	The deformation mechanism analysis of a circular tube under free inversion	期刊论文	2016	Thin-Walled Structures	国际期刊	107	49-56	是	是	否	3
俞嘉晨	2013011626	An AC Sensing Scheme for Minimal Baseline Drift and Fast Recovery on Graphene FET Gas Sensor	会议论文	2017	International Conference on Solid- State Sensors, Actuators and Microsystems, 2017			230-233	是	是	是	2
俞嘉晨	2013011626	Low frequency electronic noises in CVD graphene gas sensors	会议论文	2017	International Conference on Solid- State Sensors, Actuators and Microsystems, 2017			246-249	是	是	是	3

姓名	学号	论文名称	发表论文类型	发表论文年份	发表论文所属刊物名称	发表论文所属刊物级别	发表期刊的卷数	发表期刊的页码	是否EI	是否SCI	是否ISTP	第几作者
俞嘉晨	2013011626	A Phase Sensitive Measurement Technique for Boosted Response Speed of Graphene FET Gas Sensor	会议论文	2017	ECTC (IEEE Electronic Components and Technology Conference), 2017			943-948	是	是	是	6
陈百鸣	2013011629	Evaluation of Automated Vehicles Encountering Pedestrians at Unsignalized Crossings	会议论文	2017	2017 IEEE Intelligent Vehicles Symposium			1679-1685	是	是	是	1
赵雪轩	2013010267	A software architecture supporting self-adaptation of wireless control networks 2017	期刊论文	2017	IEEE CASE	国际期刊			是	是	是	3
邵枝淳	2013011623	Curvature induced hierarchical wrinkling patterns in soft bilayers	期刊论文	2016	Soft Matter	国际期刊	12	7977-7982	是	是	否	1
邵枝淳	2013011623	Edge wrinkling of a soft ridge with gradient thickness	期刊论文	2017	Applied Physics Letters	国际期刊	110		是	是	是	2
邵枝淳	2013011623	FE Analysis of Rock with Hydraulic-Mechanical Coupling Based on Continuum Damage Evolution	期刊论文	2016	Mathematical Problems in Engineering	国际期刊			是	是	否	4

姓名	学号	论文名称	发表论文类型	发表论文年份	发表论文所属刊物名称	发表论文所属刊物级别	发表期刊的卷数	发表期刊的页码	是否EI	是否SCI	是否ISTP	第几作者
李步选	2013011636	Spreading and Breakup of Nanodroplet Impinging on Surface	期刊论文	2017	Physics of Fluids	国际期刊	29		是	是	否	1
李步选	2013011636	An Experimental Study on the Cavitation of Water with Effects of SiO_2 Nanoparticles	期刊论文	2016	Experimental Thermal and Fluid Science	国际期刊	79	195-201	是	否	否	2
李步选	2013011636	Measuring Graphene Adhesion on Silicon Substrate by Single and Dual Nanoparticle Loaded Blister	期刊论文	2017	Adv. Mater. Interfaces	国际期刊	4		是	否	否	3
李步选	2013011636	Laser Processed 2D Transition Metal Carbides (MXenes) for Flexible Pseudo Supercapacitors	会议论文	2017	第十九届国际固态传感器、执行器会议（Transducer 2017）				否	否	否	
李步选	2013011636	Foldable Paper Electronics: Direct Write Full Circuit with Functional Units on MG-Paper	会议论文	2017	第十九届国际固态传感器、执行器会议（Transducer 2017）				否	否	否	

续表

姓名	学号	论文名称	发表论文类型	发表论文年份	发表论文所属刊物名称	发表论文所属刊物级别	发表期刊的卷数	发表期刊的页码	是否EI	是否SCI	是否ISTP	第几作者
李步选	2013011636	Synthesis Of Single Layer MoS$_2$ Array For Surface Raman Enhancement Spectroscopy (SRES)	会议论文	2017	第十九届国际固态传感器、执行器会议（Transducer 2017）			894-897	否	否	否	4
李步选	2013011636	High Capacity TiS2 Coated CNT Forest Electrodes For Micro Energy Storage Devices2017	会议论文	2017	第十九届国际固态传感器、执行器会议（Transducer 2017）				否	否	否	
李步选	2013011636	含气量对液体抗拉强度影响的实验研究	会议论文	2017	工程热物理年会·传热传质分会				否	否	否	
包佳立	2013011605	Implementation of three DoFs small satellite ground simulation system	会议论文	2016	AIAA			12	是	是	是	4
巩浩然	2013011617	cooperation evasion in 2pursuer-1evader game	期刊论文	2017	IEEE-CCTA	国际期刊						
巩浩然	2013011617	Folding to Curved Surfaces: A Generalized Design Method and Mechanics of Origami-based Cylindrical Structures	期刊论文	2016	scientific report	国际期刊	6		否	是	否	

姓名	学号	论文名称	发表论文类型	发表论文年份	发表论文所属刊物名称	发表论文所属刊物级别	发表期刊的卷数	发表期刊的页码	是否EI	是否SCI	是否ISTP	第几作者
胡脊梁	2013011634	Cells Sensing Mechanical Cues: Stiffness Influences the Lifetime of Cell–Extracellular Matrix Interactions by Affecting the Loading Rate	期刊论文	2016	ACS nano	国际期刊	10	207-217	是	是	否	7
胡脊梁	2013011634	Integrin endocytosis on elastic substrates mediates mechanosensing	期刊论文	2016	Journal of Biomechanics	国际期刊	13	2644-2654	是	是	否	4
胡脊梁	2013011634	Substrate stiffness of endothelial cells directs LFA-1/ICAM-1 interaction: A physical trigger of immune-related diseases?	期刊论文	2016	Clinical hemorheology and microcirculation	国际期刊	61	633-643	否	是	否	2
胡脊梁	2013011634	Size and speed dependent mechanical behavior in living mammalian cytoplasm	期刊论文	2017	PNAS	国际期刊	114	9529-9534	否	是	否	1

续表

姓名	学号	论文名称	发表论文类型	发表论文年份	发表论文所属刊物名称	发表论文所属刊物级别	发表期刊的卷数	发表期刊的页码	是否EI	是否SCI	是否ISTP	第几作者
胡脊梁	2013011634	Rapid Assembly of Large Scale Transparent Circuit Arrays Using PDMS Nanofilm Shaped Coffee Ring	期刊论文	2017	Advanced functional materials	国际期刊	27		是	是	否	3
何泽远	2013010786	Passive Nonlinear Springs for Assisting the Deployment of Mesh Reflectors	会议论文	2016	The European Conference on Spacecraft Structures, Materials and Environmental Testing (14th. 2016. Toulouse. France).				否	否	否	
郝育昆	2014010621	Wrinkling patterns in soft shells	期刊论文	2018	Soft Matter	国际期刊	14	1681-1688		是		2
杨昊光	2014011619	Implementation of three DoFs small satellite ground simulation system	会议论文	2016	AIAA SciTech Forum							5
马天麒	2015011608	由机械能守恒给出第二类Lagrange方程的探究	期刊论文	2017	力学与实践	国家级期刊	39	214	否	否	否	1
赵靖宇	2015011545	由机械能守恒给出第二类Lagrange方程的探究	期刊论文	2017	力学与实践	国家级期刊	39	214	否	否	否	1

姓名	学号	论文名称	发表论文类型	发表论文年份	发表论文所属刊物名称	发表论文所属刊物级别	发表期刊的卷数	发表期刊的页码	是否EI	是否SCI	是否ISTP	第几作者
黄云帆	2015011578	平面运动刚体的动瞬心轨迹与定瞬心轨迹之间关系的探讨	期刊论文	2017	力学与实践	国家级期刊	39	306	否	否	否	
郭沫杉	2016011541	Design Optimization Of Multiple Tunable Vibration AbsorberWith Liquid Elastic Chamber For Suppressing Multi-Mode Vibration	会议论文	2018	25th International Congress on the Sound and Vibration				是	否	否	1
郭沫杉	2016011541	Dynamics analysis for spacecraft with a tendon-driven continuum manipulator	会议论文	2018	16th European Conference on Spacecraft Structures, Materials and Environmental Testing				否	否	否	3
张煜洲	2016011547	Design optimization of multiple tunable vibration absorber with liquid elastic chamber for suppressing multi-mode vibration	会议论文	2018	25th International Congress on the Sound and Vibration				是	否	否	1
张 楠	2015010444	A new physical model on the capillary phenomenon of granular particles	期刊论文	2019	Applied Mathematics and Mechanics (English Edition)	国际期刊	40(1)	127–138	是	是	否	第一作者

续表

姓名	学号	论文名称	发表论文类型	发表论文年份	发表论文所属刊物名称	发表论文所属刊物级别	发表期刊的卷数	发表期刊的页码	是否EI	是否SCI	是否ISTP	第几作者
李澍鹏	2015011606	Mechanics of buckled serpentine structures formed via mechanics-guided, deterministic three-dimensional assembly	期刊论文	2019	Journal of the Mechanics and Physics of Solids	国际期刊	125	736–748	是	是	否	1
刘 晨	2015012194	Development and Control of Four-Wheel Independent Driving and Modular Steering Electric Vehicles for Improved Maneuverability Limits	会议论文	2019	SAE Technical Paper		1	459	是	否	否	2
钟 源	2015011616	SimulCap : Single-View Human Performance Capture with Cloth Simulation	会议论文	2019	CVPR:IEEE Conf on Comp Vision and Pattern Recognition						是	2
曾治鑫	2015012209	Performance of Polymide Film Under Hypervelocity Impact of Micro Flyer: Experiments and Simulations	期刊论文	2019	Acta Astronautica	国际期刊				是		2

姓名	学号	论文名称	发表论文类型	发表论文年份	发表论文所属刊物名称	发表论文所属刊物级别	发表期刊的卷数	发表期刊的页码	是否EI	是否SCI	是否ISTP	第几作者
刘晏铭	2017011635	Two-Mode MoS$_2$ Filament Transistor with Extremely Low Sub-Threshold Swing and Record High On/Off Ratio	期刊论文	2019	ACS nano	国际期刊	13	2205-2212		是		3

历届学生申请专利信息汇总

姓名	学号	专利名称	专利类型	专利状态	申请年份	授权年份	申请专利号	授权专利号	申请人中排名
艾立强	2010011620	辐射降温捕水装置	发明专利	授权		2015		201310308419.9	1
王天宝	2010011632	辐射降温捕水装置	发明专利	授权		2015		201310308419.9	2
左 珩	2010011633	辐射降温捕水装置	发明专利	授权		2015		201310308419.9	3
李新浩	2011011564	辐射降温捕水装置	发明专利	授权		2015		201310308419.9	4
高政坤	2013011612	360度全向单边独立悬架系统	发明专利	申请	2016		2017103130829		2
高政坤	2013011612	一种四轮独立驱动和独立全向转向的电动车系统	发明专利	申请	2017		2017103136473		1
武 迪	2013011620	空气制水装置	发明专利	授权		2016		2015105498361	3
赵雪轩	2013010267	基于直觉驾驶理念的四轮独立转向独立驱动车辆控制系统	发明专利	申请	2016		201610517146.2		1
李步选	2013011636	空气制水装置	发明专利	授权		2016		2015105498361	2
何泽远	2013010786	一种非线性凸轮弹簧组合机构	发明专利	授权		2017		2016100071985	2
陈 煜	2014011629	一种远程操控的骨折复位手术机器人系统及复位控制方法	发明专利	申请	2017		2017111025928		1
陈 煜	2014011629	一种视觉伺服控制髓内钉远端锁紧螺钉钉入方法及系统	发明专利	申请	2017		2017110185370		3
陈 煜	2014011629	一种多任务手术机器人的视觉伺服控制方法	发明专利	申请	2017		2017103613561		2
陈 煜	2014011629	360度全向单边独立悬架系统	发明专利	申请	2017		2017103130829		4

续表

姓名	学号	专利名称	专利类型	专利状态	申请年份	授权年份	申请专利号	授权专利号	申请人中排名
杨昊光	2014011619	四轮独立驱动独立转向电动车的集中-分布式控制系统	发明专利	申请	2017		CN 201710758764.0		1
杨昊光	2014011619	用于电动车辆的模块化单车轮独立驱动模块	发明专利	申请	2017		CN 201710757219.X		1
杨昊光	2014011619	一种四轮独立驱动和独立全向转向的电动车系统	发明专利	申请	2017		CN 201710313647.3		7
杨昊光	2014011619	360度全向单边独立悬架系统	发明专利	申请	2017		CN 201710313082.9		1
杨昊光	2014011619	一种车辆全电传操纵系统	发明专利	申请	2017		CN 201710810098.0		1
杨昊光	2014011619	卫星的物理仿真系统	发明专利	申请	2015		CN 201510680932.X		4
杨昊光	2014011619	电动汽车的电子电气系统	发明专利	申请	2017		CN201710682317.1		2
孙嘉玮	2015011544	一种多任务手术机器人的视觉伺服控制方法	发明专利	申请	2017		2017103613561		6
黄轩宇	2016011542	复合电容结构及其制备方法与应用	发明专利	授权		2017	201710455461.1		

清华大学钱学森班历史片刻

钱学森班每年新生专程赴上海，参观钱学森图书馆，感悟钱老的伟大生平和教育思想。右图为钱学森图书馆馆长、钱学森独子钱永刚教授 2013 年亲自引导钱学森班学生参观留影

核心理念：以学生为中心的开放式培养

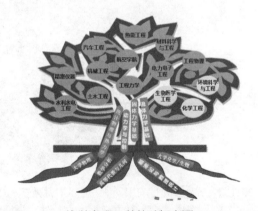

钱学森班工科基础概念图

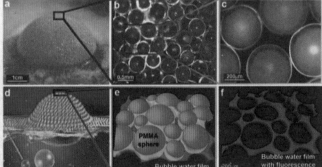

2009 级：陈吉宁校长在 2012 年全校新生迎新大会上，通过钱学森班 2009 级学生杨锦发现的"永久的泡泡"，号召全体新生们独立思考、批判性思维

2010 级：钱学森班首届国际顾问委员会会议(2010.10)

2011 级：钱学森班"有限元法"任课老师兼 2011 级班主任张雄教授，因在挑战性教与学的实践和担任
班主任方面杰出的工作，荣获钱学森班特殊贡献奖（2015 年度）

2012 级：开创了钱学森班开放性创新挑战研究（ORIC）实践，图为该班学生参加清华学堂班毕业典礼

2013 级：获得了包括清华大学优秀班集体第一名在内的几乎所有清华大学暨北京市学生班级的荣誉，促进了 CRC 体系的形成。图为该班学生创立的钱学森班跨年级学生互动会

2014 级：首席、班主任和部分同学，举行为期三天的重装徒步穿越北京云蒙山。体现钱学森班不畏艰难、追求卓越、互帮互促的精神

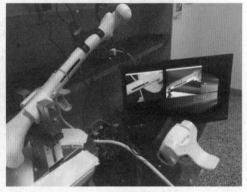

2015 级：外骨骼项目荣获清华大学 2016 年度 SRT 一等奖

2016 级：成为清华大学本科荣誉学位首个唯一试点，左图为钱学森班第二届顾问委员会共同主席，图灵奖获得者姚期智先生在开班仪式上热情致辞

2017 级：荣获清华大学第七届创意大赛新生专场决赛最高奖和最佳人气奖

2018 级：力 8 班级上海之行，探索了解钱学森先生的归国之路，感受历史中的钱学森的人格魅力，图为力 8 班级与主讲老师的合照